# 中国优秀运动员人力资本贬值及其投资补偿研究

王武年　姜苑　著

国家社科基金资助项目
江苏大学出版基金资助出版

江苏大学出版社
JIANGSU UNIVERSITY PRESS
镇江

**图书在版编目(CIP)数据**

中国优秀运动员人力资本贬值及其投资补偿研究 / 王武年,姜苑著. —镇江：江苏大学出版社,2013.12
ISBN 978-7-81130-572-2

Ⅰ.①中… Ⅱ.①王… ② 姜… Ⅲ.①优秀运动员-人力资本-研究-中国 Ⅳ.①G812.5

中国版本图书馆 CIP 数据核字(2013)第 266328 号

**中国优秀运动员人力资本贬值及其投资补偿研究**

ZHONGGUO YOUXIU YUNDONG YUAN RENLI ZIBEN BIANZHI JI QI TOUZI BUCHANG YANJIU

著　　者/王武年　姜　苑
责任编辑/柳　艳　米小鸽
出版发行/江苏大学出版社
地　　址/江苏省镇江市梦溪园巷 30 号(邮编：212003)
电　　话/0511-84446464(传真)
网　　址/http://press.ujs.edu.cn
排　　版/镇江文苑制版印刷有限责任公司
印　　刷/丹阳市兴华印刷厂
经　　销/江苏省新华书店
开　　本/890 mm×1 240 mm　1/32
印　　张/10.5
字　　数/320 千字
版　　次/2013 年 12 月第 1 版　2013 年 12 月第 1 次印刷
书　　号/ISBN 978-7-81130-572-2
定　　价/38.00 元

如有印装质量问题请与本社营销部联系(电话:0511-84440882)

# 序

当前我国正实施由体育大国向体育强国迈进的发展战略,我国大批的优秀运动员等专业人才是实现体育强国战略目标宝贵的人力资源。然而在我国竞技体育领域长期存在的一个突出问题是人们大多重视运动员专项成绩的提高,却牺牲了运动员文化知识等综合素质的全面发展,这为运动员人力资本发生贬值埋下了隐患。人力资本贬值是知识经济时代的重要课题,开展人力资本贬值及其应对研究,对于提高人力资本投资收益,增强个体、组织以及国家的竞争力意义重大。现阶段,如何避免我国优秀运动员人力资本的闲置和浪费,如何有效地进行投资补偿,防止运动员人力资本发生贬值,是当前迫切需要关注和解决的问题。

本书以人力资本贬值为切入点,结合我国优秀运动员培养和成长过程中存在的不足来研究运动员人力资本贬值问题,研究的视角和选题较为新颖,开辟了体育理论一个崭新的研究领域。通览全书,其突出特色和主要建树有:第一,全面分析了运动员人力资本的本质内涵以及形成投资等基础理论问题,拓展了人力资本贬值理论,深入分析了运动员人力资本贬值的内涵、概念、表现形式、类型,以及贬值的特殊性等重要理论问题,构建了运动员人力资本贬值理论体系分析框架。第二,在考察举国体制下形成的竞技体育管理体制和优秀运动员培养模式的基础上,分析了我国优秀运动员人力资本贬值的现状及表现,并展开与美、日等发达国家优秀运动员的比较分析，以此来考量我国运动员人力资本贬值的个体、组织以及社会等因素。第三，研究构建了运动员人力资本贬值风险评估的指标体系，建立我国优秀运动员人力资本贬值—补偿理论模型以及应对贬值的投资补偿机制，提出了应对我国运动员人力资本贬值的投资补偿策略与政策建议。

本书的实践价值在于结合我国运动员培养及管理体制、运动员退役安置等现存问题，通过实证分析，探寻了我国退役优秀运动员人力资本价值有效迁移的途径。研究成果可为我国政府管理部门和运动员个人在解决退役安置方面提供理论上的参考，研究符合市场经济条件下中国体育事业发展的内在要求，对于退役运动员群体人力资源的开发以及运动员职业生涯的持续发展具有十分重要的理论价值和现实意义。本书章节框架结构合理，研究资料翔实，论证全面深入，观点较为新颖，研究所提出的策略和政策建议具有一定的可行性，全书系统性、理论性和学术性较强。

2013 年 5 月于苏州大学

# 目 录

# 第一章　导　论

## 第一节　问题的提出

在知识经济时代，人力资本成为最稀缺的资源之一，人力资本的形成、配置与动力源问题是当今经济和社会发展的核心问题之一，也是一个国家核心竞争力的基础。随着中国经济的快速发展，中国劳动力市场出现了一般劳动力过剩和高层次人才结构性短缺等问题，社会就业形势日益严峻。在体育事业的发展中，出现了一些运动员职业适应性与事业发展之间的矛盾，给体育事业的发展带来消极影响，同时为体育事业发展过程中的运动员人力资源开发和管理提出了更多的挑战。

改革开放30多年来，中国竞技体育在举国体制的支撑与保障下迅速崛起，取得了辉煌的成就，特别是在2008年北京奥运会上，中国体育健儿获得的金牌数列世界第一，成绩令全球瞩目。然而在人们分享竞技体育带来的胜利和喜悦的同时，一批又一批的运动员从冠军领奖台悄然退役，还有更多的优秀运动员与奖牌和荣誉擦肩而过，黯然离开运动场。在运动员职业生涯中，他们承担了大量的训练和比赛任务，失去了许多接受正常文化教育和其他技能培训的机会。运动员在退役后面临着文化知识水平低下、就业技能缺乏以及二次就业困难等问题。昔日全国女子举重冠军邹春兰为生计当搓澡工、前国际马拉松冠军艾冬梅变卖奖牌养家糊口、退役的优秀运动员在收发室工作或者当门卫等现象时有发生，特别是在15年前因参赛导致高位截瘫的体操运动员桑兰近期为后半生的生计问题不得不打跨国维权官司更是备受关注，而沸沸扬扬的“张尚武卖艺”事件再次引发了人们对竞技体育举国体制的拷问。上述一系列事件无不刺痛着人们的神经,同时暴露出在中国优秀运动员退役后因其人力资本存量急剧贬损导致的就业、生存问题的严重性。

人力资本理论是研究社会经济运行中人的自身价值的理论。体育经济学家认为,运动员的训练和比赛,在本质上也是一种劳动(劳务),运动员的身价实际上体现了社会对运动员劳动成果与劳动能力的承认。[①] 运动员人力资本是指特定行为主体通过对运动员的体育天赋进行投资,形成的凝聚在运动员身上并能带来未来收益的健康、技能、知识、心理、声誉等因素的价值存量。中国运动员人力资本的形成是由国家、企业、家庭、个人等投资主体,国家、俱乐部、学校等管理组织,教练员、教师等教育者和运动员等受教育者共同完成的。中国优秀运动员人力资本的价值形成是多元化投资的结果,在其价值存量长期递增过程中各投资主体投入大量的人力、财力、物力等生产性要素,特别是运动员自身更是付出了常人难以忍受的艰辛劳动、大量的心理成本以及高昂的机会成本等。[②] 但是,作为一种生产要素,运动员人力资本也同样面临着价值存量贬损的市场风险,由于存在形态和使用形态的特殊性,运动员人力资本还存在因生理因素和社会因素而导致的贬损。在中国一批又一批的优秀运动员为祖国争得无上荣誉的背后,其人力资本存量贬损既是不争的事实,也是市场经济的常态。

在中国优秀运动员人力资本形成过程中,长期以来运动员职业发展环境过于封闭,运动员缺乏主动性、自主性。运动员基础教育不够扎实,综合素质不高,运动队保障水平低,运动员权益得不到保障,降低了整个运动员群体的职业效能感和就业期望值,造成了运动员市场意识不强,就业观念陈旧,“等、靠、要”等思想严重,缺乏主动的职业发展意识和就业竞争意识。据统计,每年大约有 15% 的退役运动员滞留在运动队,不仅影响了队伍的新陈代谢和运动员个人的发展,而且造成了社会资源的极大浪费。随着竞技体育的专业化发展,长期困扰中国优秀运动员的“学

① 李万来:《从人力资本理论看运动员的经济价值》,《体育文化导刊》,2005 年第 3 期。

② 邱红武:《市场经济下我国专业运动员人力资本投资分析》,《北京体育大学学报》,2011 年第 2 期。

训”矛盾不但未能得到有效解决，反而日益突出，运动员综合素质与社会需求之间的差距日益拉大，使运动员对运动员职业的自我评价下降。同时，伴随着社会职业类别发展不断多样化、自由职业不断涌现的趋势，运动员职业对比优势不断减弱，社会上也长期存在着对运动员群体“头脑简单，四肢发达”“社会再就业中的弱势群体”等负面评价。由于多年长期的高强度、大运动量训练，运动员群体伤病情况比较普遍，运动训练导致的损伤在运动员职业生涯中反复出现，在一定程度上影响了运动员的职业能力和职业转型的能力。

中国绝大多数的专业运动员的社会竞争意识不强，职业规划意识薄弱，对于退役后的就业及职业转换等问题比较茫然，加上对社会就业形势不了解，心理期望值高，而社会适应能力、人际沟通能力较差，其综合素质与社会需求之间的差距日益拉大，从而引发了普遍性的运动员职业危机，导致社会对运动员职业的综合评价下降。中国优秀运动员在其职业生涯中存在的上述一系列问题，都造成了运动员人力资本价值存量不同程度的贬损与下降，而在运动员退役后其人力资本贬值更为明显。在市场经济条件下，运动员不仅是运动场上的主角，而且是整个职业体育运动的核心，体育产业和体育市场的经济活动都围绕运动员这个核心来进行，而中国体育事业的社会化、职业化进程也为优秀运动员退役后的职业转换提供了新的契机。长期以来，优秀运动员退役安置问题已经成为制约中国竞技体育可持续发展的瓶颈，退役运动员安置难问题给运动队建设带来了限制人才更新、挤占有限经费、增加管理难度等问题，大大降低了体育行业的吸引力，给后继人才的储备、培养和更替带来了许多不良的影响，而主要原因就是优秀运动员退役后其人力资本出现不同程度的贬值，缺乏对运动员职业生涯的科学规划与管理，从而引发了运动员职业危机。

## 第二节 研究目的与意义

人力资本贬值是知识经济时代的重要课题。开展人力资本贬值研究，探索减少人力资本贬值的对策，对于提高人力资本投资收益，增强个体、组织以及国家的竞争力具有重大意义。当前中国经济健康、持续、快速发展，体育事业蒸蒸日上、全面腾飞，北京奥运会的成功举办更是向世界人民展现了改革开放后我国体育事业所取得的辉煌成就。北京奥运会后中国社会主义市场经济体制建设必将不断深入和完善，而为了使中国体育事业健康、可持续发展，体育界长期存在或近期涌现的一些问题也必须引起我们的重视并认真加以反思。在中国专业运动员培养过程中政府、社会、企业（俱乐部）和运动员家庭及个人的投资情况如何？如何突破培养运动员的体制瓶颈？运动员退役安置和再就业困难的根源在哪里？如何防范中国运动员人力资本贬值的普遍发生？新形势下政府管理部门、社会团体、企事业单位，以及运动员个人如何应对运动员人力资本贬值？如何进行有效的追加投资补偿其人力资本价值贬损？基于对上述问题的深度思考，本书结合中国社会转型的时代背景，以运动员人力资本贬值为切入点，拓展运用人力资本理论，针对中国运动员培养及管理体制、运动员退役安置等现存问题，展开对中国优秀运动员人力资本贬值问题的深入分析和研究。研究的主要目的是探寻优秀运动员人力资本价值转移的有效途径和应对人力资本贬值的补偿机制，提出中国优秀运动员人力资本贬值的应对策略与政策建议，以促进新形势下中国体育事业健康、可持续发展。

当前中国实施由体育大国向体育强国迈进的发展战略，中国大批退役的优秀运动员是践行体育强国战略目标宝贵的人力资源。研究中国退役的优秀运动员人力资本贬值及应对策略，使中国大批退役优秀运动员人力资本进行价值的有效迁移，使其人力资本保值或增值，在建设体育强国战略中发挥积极作用，避免大量体育类专业人力资源的浪费和闲置，具有重大战略意义。实践以理论为指导，理论的研究与探索必须走在实践的前面，成熟的理论模型有助于解决现实社会生活中存在的问题。目前，国内学者尚未从运动员人力资本贬值的视角研究运动员退役安置及其职业转换问题，关于运动员人力资本贬值的研究处于一个崭新的领域，研究具有一定的针对性和时效性。现阶段如何对中国优秀运动员职业生涯进行科学的规划与管理，化解其职业危机，减少或延缓其人力资本存量贬损，如何进行价值有效转移及再投资补偿等问题是政府相关部门和运动员个人都急切关注的问题，也是本书研究的中心内容，研究成果可为中国政府相关管理部门和运动员个人在解决退役安置方面提供理论上的参考。本书的研究符合市场经济条件下中国体育事业发展的内在要求,对于退役运动员群体人力资源的开发以及运动员职业生涯的持续发展具有十分重要的现实意义和理论价值。

## 第三节 国内外研究综述

### 一、人力资本国内外研究现状

#### (一) 国外人力资本理论的研究

20 世纪六七十年代,传统的资本理论有了新的重大发展,兴起于西方的人力资本理论突破了资本只是物质资本的束缚,认为资本包括人力资本和物质资本,这一理论上的重要创新增强了经济学对社会经济现象的解释力,有力地推动了经济学的发展。人力资本理论认为,人的经济价值由两部分构成:一是人的成本价值(Cost Value),二是人的投资价值(Investment Value)。人之所以具有经济价值,一是因为人的成长和劳动能力的形成与维持需要花费成本,二是因为凝聚在人体之中的知识、技能等因素具有创造经济价值的能力。① 人力资本理论的思想渊源,最早可追溯到古典经济学家亚当·斯密(Adam Smith),他认识到了人在社会生产中的举足轻重的经济价值,并对人力资本以及教育的经济意义做了较深刻的理论阐述。马歇尔通过对人力资本相关问题进行分析研究后明确指出,所有资本中最有价值的是对人本身的投资。1906 年,费雪发表了《资本的性质与收入》一文,首次明确提出了人力资本的概念,并将其纳入经济分析的理论框架中。虽然人力资本很早就引起了经济学家的注意,但在长达近 50 年的时间里,正统经济学并没有真正把人力资本理论纳入经济学的核心内容中,直到 1960 年,美国著名经济学家西奥多·W·舒尔茨(T. W. Schultz)在经济学年会上发表《人力资本投资》的主题演说,第一次系统、深刻地论述了人力资本理论,在学术界引起了轰动,从此开辟了经济学研究的新领域,此次演说标志着人力资本理论的正式创立,

---

① 李万来:《从人力资本理论看运动员的经济价值》,《体育文化导刊》,2005 年第 3 期。

舒尔茨也因此在1979年荣获了诺贝尔经济学奖。

舒尔茨的最大贡献在于他冲破重重阻力，第一次系统地提出了人力资本理论，使其成为经济学一门新的分支，而且舒尔茨还进一步研究了人力资本形成的方式与途径，对教育投资的收益率以及教育对经济增长的贡献也做了定量研究。舒尔茨对人力资本理论贡献重大，被人们称为“人力资本之父”。与舒尔茨同时，贝克尔(Gary S. Becker)弥补了舒尔茨只分析教育对经济增长的宏观作用的缺陷，把表面上与经济学无关的现象与经济学联系起来，运用经济数学方法，从微观角度系统分析研究了人力资本与个人收入分配的关系，进一步完善了人力资本理论。爱德华·丹尼森对舒尔茨论证的教育对美国经济增长的贡献率做了修正，他将经济增长的余数分解为规模经济效应、资源配置和组织管理改善，知识应用上的延时效应以及资本和劳动力质量本身的提高，等等，从而论证了1929至1957年间美国的经济增长中教育的贡献率应是23%，而不是舒尔茨所讲的33%。[①] 雅各布·明赛尔将人力资本投资与收入分配联系起来进行研究，建立了较为完整的人力资本收益分配模型，进而开创了人力资本研究的另一个分支，同时他还研究了人员的在职培训对其人力资本形成的贡献问题。

20世纪70年代后，更多的学者对人力资本进行了研究，特别是80年代以知识经济为背景的“新经济增长理论”的代表人物卢卡斯(Robert E. Lucas)和罗默(Paul Romer)，在古典的生产函数模型中加入了人力资本，从而确立了人力资本在经济增长中的重要地位。[②] 卢卡斯和罗默把人力资本视为最重要的内生变量，特别强调人力资本存量和人力资本投资在内生性经济增长和从不发达经济向发达经济转变过程中的首要作用，试图通过这些研究揭示人力资本投资水平及其变化对各国经济增长率和人均收入水平发展趋势的影响，进而确定人力资本和人力资本投资在经济

---

① Gary Becker. Investment in Human Capital: A Theoretical Analysis. *The Journal of Political Economy*, 1962.

② Roomer P. Increasing Returns and Long-Run Growth. *Journal of Political Economy*, 1986, 94(5).

增长和经济发展中的关键作用。①

20 世纪 90 年代以来,人力资本的研究思路伴随着知识资本理论的兴起发生了悄然变化。以加尔布雷恩、埃得文森、沙利文(Sullivan)、斯图尔特(Stuart)等人为代表的知识资本理论,侧重于从分析知识资本的结构角度来阐释人力资本,其目的在于揭示人力资本与结构性资本之间的相互关系。知识资本理论借助新制度经济学相关原理对人力资本特征和产权制度安排原因及其意义进行了深入研究,认为人力资本价值的实现必须有相对应的结构性资本的支持,即可以通过制度和组织的安排来促进人力资本价值的积累、提升和实现。

**(二) 国内人力资本理论的研究**

20 世纪 80 年代后期,人力资本理论被介绍到国内并渐渐被接受,学者们也广泛开展研究,其运用范围不断得以拓宽。中国专家学者对人力资本的研究主要集中在以下几方面:

1. 关于人力资本概念、内涵与特征的研究。中国的大多专家学者接受了舒尔茨对人力资本的定义,但对其内涵有所扩展。我国学者对人力资本概念的研究特别强调了内生与外生、个体与群体、宏观与微观、价值形态与实物形态的不同含义,同时结合人力资本所体现出的各种特点,从人力资本的内容、人力资本的形成角度、人力资本的价值属性、人力与资本相结合等角度对人力资本进行了定义,先后总共有十几种概念。我国学者给人力资本下的这些定义,各自从某个侧面反映了人力资本的含义或特征,有助于人们全面理解人力资本的内涵和本质属性。

2. 关于人力资本理论的分析和评价研究。人力资本理论引入国内后,中国学者从不同的角度展开了分析、讨论和评价,学者们对人力资本促进经济增长的重要作用普遍认同。同时我国学者在理论分析的基础上,借鉴新经济增长模型,大量采用定性方法研究中国人力资本问题,在取得相关数据和资料十分困难的情况下,尝试建立中国的人力资本经济模型,并取得了一定的成果。

3. 关于人力资本收益分配方面的研究。对于这方面的研究主要集

① Lucas R. On the Mechanics of Economic Development. *Journal of Monetary Economics*, 1988, 22.

中在90年代中期国内关于公司治理结构中人力资本所有者是否是企业所有权主体的大讨论的过程中。中国学者从人力资本与其所有者不可分离的特性出发进行研究,却得出了截然相反的结论。张维迎、牛德生、工学武等人从逻辑论证和转化现实条件出发,认为即使是社会主义市场经济条件下,非人力资本所有者拥有企业的完全所有权,人力资本所有者分享企业的所有权,即"资本雇佣劳动"是企业永恒的命题,而人力资本持股、管理层收购只是一种激励机制,而没有从根本上改变分配方式;周其仁、方竹兰等人则认为,非人力资本所有者在现代市场经济中容易规避风险,而人力资本由于其资本的专用性使其成为企业最终风险的承担者,因而劳动雇佣资本应该成为主流形式,而且人力资本所有者拥有企业所有权是一个趋势,即"劳动雇佣资本"是市场里的发展趋势,人力资本具有参与分配的特权。

综上所述,中国学者在人力资本理论方面研究取得的成果大多侧重于微观领域所进行的研究,而对人力资本形成和效率等核心理论方面缺乏研究。

## 二、人力资本贬值国内外研究现状

人力资本贬值是知识经济时代的重要课题。国外研究人力资本贬值的文献不多,且更多地从宏观角度切入,即在人力资本对经济增长的作用中考虑人力资本贬值率,相关研究主要集中在人力资本贬值的概念内涵、贬值—补偿模型、贬值的测量和影响因素等方面。在人力资本理论兴起后不久,西方学者在对人力资本存量、人力资本投资的研究中便考虑到了人力资本贬值的相关问题。Moreh 认为,人力资本贬值是随劳动者年龄的增长而导致人力资本盈利能力下降的各种因素的总称,包括缺少必要的培训、记忆力和体力下降等。Rosen 则认为,人力资本贬值包括过时与贬值两个维度,过时是指由于社会的进步,以前学习的知识和技能不再适用;而贬值则是指由于年龄的增长,个体获取知识和技能的能力下降。但是在更多的研究中,学者们并没有对人力资本贬值进行明确的定义,而只是在进行人力资本存量计算时加入一个贬值系数,将人力资本贬值简单地看作使人力资本存量下降的一个因素。与此同时,学者们开始关注员工工作技能的贬值,即职业人力资本贬值。职业人力资本贬值是指员工具有的知识、技术、能力从前可以满足工作与职责的要求，而现在不再满足。相对于人力资本贬值概念对通用性人力资本的关注而言，职业人力资本贬值这一概念更为关注组织情境中专用性人力资本的贬值。①

随着经济衰退现象在西方国家出现，经济学家加大了对人力资本的关注度，对人力资本贬值的研究也不断深入，人力资本贬值理论得到进一步丰富和发展。人力资本贬值理论的发展主要经历了三个阶段。在对人力资本贬值的早期研究中，西方学者仅仅关注劳动者年龄增长引起的人力资本贬值，Minter 提出的贬值—补偿模型是这一阶段的代表性理论。20 世纪七八十年代，研究者关注组织情境中的人力资本贬值，具有代表性的是 Fossum 等提出的职业人力资本贬值模型。在近期的研究中，西方学者继承 Rosen 的看法，将人力资本贬值的内涵归结为人力资本存量下降和市场价值降低两层含义。Neuman 和 Weiss 认为人力资本贬值包括内部贬值与外部贬值，前者是指由劳动者个体原因（如年龄增长）引起的体力和智力下降，后者是指由外部环境变化引起的人力资本市场价值降低。Jacob Mincer 认为人力资本贬值是年龄（时间）的一个函数，他将完成正规学校教育后的人力资本投资看做是应对人力资本贬值的一种补偿型投资，并提出了人力资本贬值—补偿模型，为学者研究应对人力资本存量贬损提供了理论依据。Vart Loo 等和 De Grip 等将人力资本贬值分为技术性贬值和经济性贬值，前者是指个体人力资本存量的下降，后者是指由工作环境变化导致的个体人力资本市场价值的降低，他们的观点得到了后续研究者的认同，并且 De Grip 等综合以往的研究成果，构建了更为完整的人力资本贬值模型。关于人力资本贬值的测量，现有研究中，人力资本贬值的测量方法主要有直接测量法与间接测量法两种。直接测量法通过实验、问卷等形式直接获取有关劳动者人力资本贬值的信息；间接测量法利用与人力资本贬值相关的收入、失业等方面的数据来计算人力资本贬值量或贬值率，从而间接测量人力资本贬值。间接测量法是现有研究使用的主流方法。关于影响人力资本贬值的工作因素的研究，主要集中在工作的挑战性与工作内容上。相比于国内的研究，国外的学者更偏

---

① 黄维德，郗静：《人力资本贬值研究评介》，《外国经济与管理》，2009 年第 12 期。

向于从外在因素出发，探寻外在因素对人力资本贬值的影响和相关度。近年来，西方关于人力资本贬值的研究虽然取得了一定成果，但是理论挖掘不够深入，研究的视角和层次较为单一，目前几乎没有形成系统的研究文献和资料。

我国目前少有学者关注关于人力资本贬值的问题，据国内现有的文献资料来看，涉及“人力资本贬值”主题的博士论文只有一篇，即中国人民大学2003届博士詹建强的论文《信息时代下的人力资本贬值研究》，该论文从信息时代的特征出发，分析了信息时代背景下人力资本绝对贬值和相对贬值的现状及影响因素，在人力资本贬值的理论构架和系统分析研究的基础上，提出迟滞和避免人力资本贬值的系统对策。国内涉及“人力资本贬值”的期刊文章也寥寥无几，相关研究主要集中在划分人力资本贬值的类型、分析人力资本发生贬值的原因以及如何应对贬值等，而且这些研究主要是从微观企业角度展开的。

黄维德、郗静的论文《人力资本贬值研究评介》和李燃的论文《人力资本贬值影响因素的国外研究综述》主要是对国外学者对人力资本研究的述评。唐晓云在《人力资本的正常贬值和非正常贬值》一文中将人力资本贬值分为正常贬值和非正常贬值，正常贬值指职工劳动技能和知识结构的落后，而非正常贬值则是指当前企业改革过程中出现的大量富余人员和下岗人员。① 张亚莉、杨乃定在《论企业人力资本贬值风险》研究中将人力资本贬值划分为有形贬值与无形贬值，研究认为人力资本的特性决定了它在其生命周期内有贬值的可能，即企业面临人力资本贬值风险，而影响风险的因素主要有科技发展、企业的投资行为和员工的积累、支配行为等。② 周源在《人力资本：贬值与增值》一文中认为人才的低度使用、对培训的漠视、人职的错位，以及环境的平庸化造成了人力资本贬值。而建立学习型组织，营造人力资本环境，才能留住人才保全人力资本，并通过教育培训，规划员工职业生涯以及进行岗位轮换合理配置人力

① 唐晓云：《人力资本的正常贬值和非正常贬值》，《中国中小企业》，1998年第9期。

② 张亚莉，杨乃定：《论企业人力资本贬值风险》，《科研管理》，2000年第4期。

资本,使人力资本进行流通,才能使人力资本不断增值。① 韩利红的论文《人力资本贬值及投资补偿策略》研究认为在职培训、适度流动、健康投入,以及有效激励就成为劳动者补偿贬值、实现人力资本保值增值不可或缺的重要手段。② 张杰、马斌在《论人力资本贬值的方式、成因及防范》一文中将人力资本贬值划分为不可逆转性贬值和可逆转性贬值两种方式。研究认为人力资本的专用性、与其载体的不可分离性、异质性和外部性是导致人力资本贬值的重要原因,并提出人力资本贬值的有效防范措施,一是加大健康投资,建立疾病预警机制;二是优化人力资本投资结构,改进投资方式;三是明晰人力资本产权;四是改善制度环境,强化市场功能。③ 张学英在《人力资本存量贬损研究》一文中界定了人力资本贬损的概念、特点,剖析了发生贬损的原因,研究认为人力资本存量贬损是市场的常态,人力资本承载者收入能力弱化、人力资本闲置、人力资本报废是引发其存量贬损的主要原因。④ 李晓风在《企业技术型人力资本贬值风险研究》中从技术性人力资本贬值成因分析入手,从科技发展、企业投资行为、员工积累和支配行为角度分析了影响人力资本贬值风险的因素,最后给出人力资本贬值风险评估的指标体系,帮助企业进行风险规避。⑤

## 三、运动员人力资本国内外研究现状

在欧美等发达国家,运动员人力资本方面的问题受到了经济学家的广泛关注与研究。由于欧美等发达国家的市场经济体系比较完善,运动员人力资本投资主要是个人或俱乐部等,故人力资本产权问题一般较清晰。关于运动员人力资本投资与收益方面的研究,更多是关注运动员的经营与收益方面。如:Bonnie L. Parkhouse 从职业体育的劳资关系出发,以美国的棒球运动为例对运动员收益方面的工资可能发生的问题,以及劳资关系的组成部分,集体议价协议的内容,资方与劳工的基本要素进行了分析。David Carter 和 Darren Rovell 从个人品牌塑造、雇员关系、挺进

① 周源:《人力资本:贬值与增值》,《人才开发》,2003 年第 3 期。
② 韩利红:《人力资本贬值及投资补偿策略》,《江淮论坛》,2005 年第 3 期。
③ 马杰,张斌:《论人力资本贬值的方式、成因及防范》,《岭南学刊》,2005 年第 2 期。
④ 张学英:《人力资本存量贬损研究》,《开放导报》,2008 年第 5 期。
⑤ 李晓风:《企业技术型人力资本贬值风险研究》,《价值工程》,2009 年第 2 期。

新市场等方面对优秀运动员如何从经营角度去获得更大收益进行了阐述。从以上研究可以看出,国外学者更注重对运动员人力资本投资与收益的市场化特征的研究,在某些方面完全是按照市场调节和法律调节的手段对运动员人力资本的投资与收益进行研究,这是市场经济发达国家的特点。

国内关于运动员人力资本方面的研究刚刚起步,据掌握的现有资料和在国家图书馆电子阅览室查询的结果,涉及“运动员人力资本”方面研究的博士论文有三篇。第一篇是上海体育学院2007届博士刘平的《中国运动员人力资本形成与收益分配研究》,该研究运用人力资本理论,研究了中国运动员人力资本收益结构、收益分享机制和收益分配制度建设等重要问题。第二篇是北京体育大学2008届博士刘建的《中国优秀运动员的人力资本投资风险及其应对研究》,在该研究中,刘建博士以运动员投资主体为视角,对中国优秀运动员人力资本投资风险问题展开研究,构建了运动员人力资本投资风险的理论框架,阐释了投资风险的形成机理,并提出了相应的应对策略。第三篇是北京体育大学2009届博士王武年的博士学位论文《中国运动员的人力资本投资及其产权制度研究》,该研究运用人力资本理论、产权理论、新制度经济学的相关原理,深入研究了中国运动员人力资本的形成、投资以及运动员人力资本产权内涵、权益分享、产权制度建设等问题,研究提出了中国运动员人力资本产权保护的策略及政策建议。课题研究方面,涉及“运动员人力资本及产权”的主题2005年第一次出现在国家体育总局社会科学课题指南中,2006年被立项三项,2007年立项二项,均为一般项目。2006年沈阳体育学院刘平的《中国运动员人力资本收益分配研究》首次获批国家哲学社会科学基金资助,而近三年每年均有关于“运动员人力资本”方面的研究课题获国家社科基金立项,可见中国政府管理部门对该领域相关问题的研究已经较为关注和重视。表1-1是近几年关于运动员人力资本方面的部分课题,主要是国家社科基金项目和国家体育总局哲学社会科学研究项目。

**表 1-1 我国近几年涉及运动员人力资本及其产权方面研究的部分课题**

| 年份 | 课题名称 | 课题性质 | 承担人 | 承担人单位 |
|---|---|---|---|---|
| 2006 | 我国运动员人力资本形成与收益分配研究 | 国家社科基金 | 刘 平 | 沈阳体育学院 |
| 2006 | 运动员人力资本的产权界定与保护研究 | 体育总局项目 | 杨再惠 | 中央财经大学 |
| 2006 | 我国优秀运动员人力资本投资与收益研究 | 体育总局项目 | 程 杰 | 上海大学 |
| 2007 | 职业运动员人力资本产权的界定和保护研究 | 体育总局项目 | 陈平平 | 上海大学 |
| 2009 | 运动员人力资本投资风险的形成与规避研究 | 国家社科基金 | 刘 健 | 沈阳体育学院 |
| 2010 | 我国运动员人力资本产权制度创新研究 | 国家社科基金 | 范存生 | 沈阳大学 |
| 2010 | 我国职业运动员产权问题分析与保障机制构建研究 | 国家社科基金 | 王建民 | 河海大学 |

以“运动员人力资本”为主题的研究在全国公开发表的期刊文章只有 20 余篇，而其中大部分论文都集中在对“运动员人力资本产权”方面，而对于运动员人力资本的内涵、性质、形成以及投资等重要基础性问题却涉及较少。以下是近些年国内学者对中国运动员人力资本问题较有价值的一些研究，对于中国运动员人力资本理论体系的构建及其产权界定具有一定的指导意义。武秀波在《中国运动员人力资本形成与收益分配的特殊性》中根据运动员人力资本的职业特点，指出运动员人力资本的特殊性体现在：运动员人力资本获得收益的时间短、投资机会成本高，具有高风险性和极强的专用性。① 宋君毅的文章《中国竞技体育高水平运动员人力资本市场化》从制度经济学角度分析了中国竞技体育运动员人力资本市场化的阻力，并从强制性制度变迁和诱致性制度变迁两个方面提出了深化中国竞技体育运动员人力资本市场化的建议。李红英、岳龙华在

① 武秀波，李艳清：《我国运动员人力资本形成与收益分配的特殊性》，《沈阳师范大学学报》，2006 年第 2 期。

《竞技运动员人力资本产权界定与"困境"的破解》中指出:在中国转轨时期,竞技运动员人力资本"困境"的彻底破解,应诉求于专业运动员培养机制的改变,随着社会的发展人力资本的承载者必将要求越来越多的产权。① 范存生在《基于"双产权"视角的奥运冠军产权边界与机制研究》一文中通过分析中国奥运冠军人力资本及其产权归属问题后认为:中国运动员的培养,国家是主要投资主体,因此运动员产权归国家所有。但是运动员本身也是使其成为奥运冠军的主要投资主体之一,也应该拥有自己的产权主体地位及相应权利。产权归属问题的界定既不能脱离中国现有的经济体制和体育发展现状,也不能忽视体育人力资本(奥运冠军)本身的产权主体。基于上述思想提出转型期"双产权"制度构想及其实现机制。② 吴晓阳在《不同运动技能职业运动员人力资本价值测度模式的探讨》一文中通过对人力资本价值核算理论分析和研究,采用计量经济学方法研究了不同运动技能职业运动员人力资本价值评价及其测度模式,试图为今后制定职业运动员薪酬、转会价格等方面提供较为科学、合理的参考依据。③

## 四、运动员人力资本贬值国内外研究现状

由于组织体系、管理制度和运动员培养体制的不同,很难检索到国外关于运动员人力资本贬值方面的研究文献,原因是由于欧美等发达国家的市场经济比较发达,运动员人力资本投资主体和产权等问题一般比较清晰,运动员就业渠道比较畅通,加上完善的社会保障体系,运动员退役后职业转换过渡平稳,其人力资本价值转移效率明显,价值存量贬损不多。相关研究大多集中在运动员退役职业的再投资、经营、收益,以及市场化特征方面,以追求各方效益的最大化,这是西方市场经济发达国家的

---

① 李红英,岳龙华:《竞技运动员人力资本产权界定与"困境"的破解》,《山东体育学院学报》,2006 年第 4 期。

② 范存生:《基于"双产权"视角的奥运冠军产权边界与机制研究》,《武汉体育学院学报》,2007 年第 3 期。

③ 吴晓阳:《不同运动技能职业运动员人力资本价值测度模式的探讨》,《体育科学》,2006 年第 11 期。

特点。

国内关于运动员人力资本贬值方面的研究目前属于空白领域，尚未见有这方面的期刊文章、学位论文和研究课题。国内只有对运动员人力资本及其产权相关问题的研究，主要集中在运动员人力资本投资与收益分配、运动员人力资本产权配置、产权制度建设等方面。但总体上这些研究起步较晚，文献较少，还处于零散、边缘化的研究状态，缺乏对中国运动员人力资本问题的系统性研究。国内尚没有学者从运动员人力资本贬值的视角研究运动员退役安置及其职业转换问题，特别是对于市场经济体制下中国优秀运动员人力资本贬值及其投资补偿等问题的研究更是处于全新的领域，目前国内还没有学者对该问题进行相关研究。

## 第四节 研究对象、思路与研究方法

### 一、研究对象

#### （一）理论研究对象

以中国优秀运动员人力资本贬值及其投资补偿为本研究的理论研究对象。

#### （二）实证研究对象

以中国省级以上体工队运动员、国家队运动员、各行业体协优秀运动员，以及上述类型的退役运动员为本研究的实证研究对象。

### 二、研究思路

#### （一）基本界定

**研究的理论依据** 以马克思政治经济学、制度经济学、人力资本理论、人力资本贬值理论为研究的理论依据。

**研究的时间纬度** 自1949年新中国成立后国家组建专业运动队至今，研究中国优秀运动员人力资本形成与人力资本贬值以及投资补偿等重要问题。

**优秀运动员** 中国各级国家队、省级体工队、计划单列市运动队、各行业体协优秀运动队参加运动训练和竞赛，享受国家体育津贴、奖金制的在役运动员，即国家队和各省区市体工队（运动技术学院）正式在编的运动员。

（二）研究思路

**理论探讨之一** 借鉴人力资本理论、人力资本贬值理论的基本原理，全面分析运动员人力资本的本质内涵以及形成投资等基础理论问题，界定“人力资本”“人力资本贬值”“运动员人力资本”“运动员人力资本贬值”等重要概念。（文献资料法、理论分析法）

**理论探讨之二** 借鉴社会学、政治经济学等相关原理，拓展运用人力资本贬值理论，深入分析运动员人力资本贬值的内涵、概念、表现形式、类型，以及贬值的特殊性等重要理论问题，构建运动员人力资本贬值理论体系分析框架。（文献资料法、理论分析法）

**实践研究之一** 在考察中国长期以来在举国体制下形成的竞技体育管理体制和优秀运动员培养模式的前提下，深入调查中国优秀运动员退役后就业安置和职业转换实际情况，分析优秀运动员人力资本价值存量贬损的现状及表现，探究引发中国优秀运动员群体人力资本发生贬值的主客观因素。（文献资料法、问卷调查法、数理统计法、访谈法）

**实践研究之二** 选取中国部分成功转型的优秀运动员和职业转换不成功的优秀运动员案例进行对比分析，并展开与美国、英国、澳大利亚、日本等发达国家优秀运动员职业转换问题的比较分析，考量中国优秀运动员人力资本贬值的个体、组织以及社会等因素，为运动员职业生涯转换提供实证依据。（文献资料法、访谈法、案例研究法）

**实践研究之三** 借鉴人力资本贬值理论，构建运动员人力资本贬值风险评估的指标体系，建立中国优秀运动员人力资本贬值——补偿理论模型，并选取案例进行实证分析。在全面考察中国运动员人力资本的市场化程度和运行情况基础上，进一步探寻应对中国优秀运动员人力资本存量贬损的补偿机制。（理论分析法、文献资料法、逻辑分析法）

**对策探讨** 依据中国相关法律法规、运动员聘用暂行办法以及运动员退役安置条例等，结合社会主义市场经济的内在要求，探寻中国优秀运动员退役后职业转换和人力资本价值转移的有效途径，从微观和宏观两

个层面提出中国优秀运动员人力资本贬值的投资补偿应对策略与政策建议。(文献资料法、问卷调查法、访谈法)

### (三)研究框架

依据本书的研究思路,拟定研究的基本框架,如图 1-1 所示。

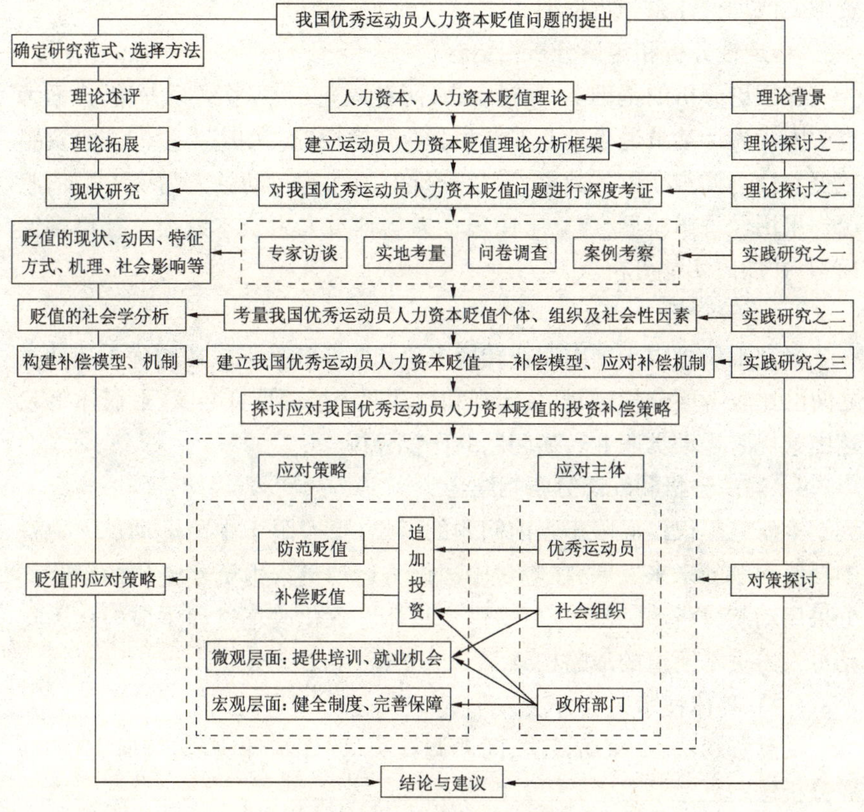


**图 1-1 本书研究的基本框架**

## 三、研究方法

### (一)理论研究方法

本书采用规范研究与实证研究相结合、学理研究与事理研究相结合、定性研究与定量研究相结合的理论研究方法。

1．归纳演绎和分析评价相结合

通过对国内外人力资本及人力资本贬值理论和相关实证研究进行广泛的归纳分析与评价，从一般规律的总结具体到中国优秀运动员人力资本贬值问题的研究。演绎、拓展运用人力资本贬值理论，构建运动员人力资本贬值理论体系分析框架。

2．定性分析和定量分析相结合

在理论分析的基础上，通过走访、问卷调查、个案考察等方式，全面考查中国优秀运动员退役就业安置和职业转换情况。引入大量的文献资料数据和社会调查获取的数据，定量分析中国优秀运动员人力资本贬值状况。采用经济学模型，建立了中国优秀运动员人力资本贬值—补偿理论模型，并加以实证分析。

3．比较分析

研究不仅着眼于国内职业转换成功和职业转换不成功的优秀运动员之间的比较考察分析，而且从宏观和微观两个层面展开与美国、日本等发达国家优秀运动员职业转换问题的比较分析。

4．静态分析和动态分析相结合

本研究不仅仅局限于当前问题的考量，更着眼于中国运动员人力资本贬值问题的未来发展，在应对中国优秀运动员人力资本贬值的策略部分采用动态分析法，展望今后中国竞技体育深化改革过程中应对优秀运动员人力资本贬值的战略构架。

（二）具体技术研究方法

文献资料法、专家访谈法、问卷调查法、数理统计法、案例研究法、博弈分析法。

1．文献资料法

以“运动员”“人力资本”“贬值”“athlete”“human capital”“deterioration”“depreciation”等词及其组合为关键词，通过中国学术期刊网、Google等电子搜索工具收集期刊等文献资料。通过国家图书馆、武汉体育学院图书馆、江苏大学图书馆、国家体育总局信息中心等处收集专著、期刊、研究报告、资料汇编等相关文献资料。根据本书的研究目的和研究内容的需要，研读产业经济学、制度经济学等方面的著作，对书中所涉及的理论、原理部分进行分析研究，为本书的研究分析奠定理论基础。

2. 专家访谈法

针对中国优秀运动员人力资本价值贬损的原因、特征、现状以及投资补偿机制等问题拟定访谈提纲，进行专家访谈。参与访谈的专家 20 余人，具体包括了体育领域、经济领域、体育类政府部门、国家体育总局项目管理中心及俱乐部等方面的人员。

3. 问卷调查法

为了全面了解中国优秀运动员人力资本贬值的基本情况，运动员对退役后职业转换和就业安置的想法和意见，如何防范中国优秀运动员人力资本贬值以及如何进行追加投资补偿其价值贬损等相关问题，根据研究的目的和需要，遵循体育科研方法中关于调查问卷设计的基本要求，设计了针对优秀运动员的调查问卷——中国优秀运动员人力资本贬值及投资补偿调查问卷，并进行了多次的修改和完善（附录 A）。

针对该问卷拟定了问卷效度专家评价表（附录 B），在调查问卷发放之前，请八位专家对调查问卷的内容效度、结构效度和整体设计进行评价，其中教授六人，副教授二人，四人具有博士学位。专家评价结果（表 1-2）表明，该问卷具有较高的内容效度和结构效度，整体设计合适，并根据专家的反馈意见再次对问卷进行了修改和补充。

**表 1-2 问卷效度专家评价结果**

| 评价程度 | 非常合适 | 合 适 | 基本合适 | 不合适 | 很不合适 |
|---|---|---|---|---|---|
| 内容设计 | 3 | 5 | 0 | 0 | 0 |
| 结构设计 | 3 | 4 | 1 | 0 | 0 |
| 整体设计 | 2 | 5 | 1 | 0 | 0 |

注：样本数为 80。

2011 年 10 月 10 日至 12 月 22 日，国家体育总局在浙江体育职业技术学院举办了全国退役运动员转型为教练员培训班，课题负责人利用这次难得的机会赴杭州亲自进行调研，与来自全国各地参加培训的优秀退役运动员进行了访谈，并现场发放、回收了调查问卷50余份，获取了宝贵的第一手调研资料。从2012年3月至7月期间，课题组对江苏、北京、湖北、湖南、陕西等部分省市体工队及部分国家队运动员进行调查，为了使调查顺利实施，保证调查质量和效果，问卷的发放与回收通过运动队领队或教练员来协助实施。调查总计发放问卷436份，回收395份，回收率为90.6%，其中有效问卷372份，有效率为94.2%。

为确保调查问卷内容的真实性和可靠性，保证研究能够获取到真实的调查内容，在调查问卷回收以后，用小样本重测法进行问卷的信度检验。在第一次调查两周后，从江苏省原调查对象中选取了20人再次填写问卷，两次问卷填写选择重复率达85.3%，表明调查结果具有较高的可信度，符合调查要求。

4. 数理统计法

利用Excel将调查数据及结果进行汇总分析，借助SPSS16.0社会学统计软件对所获数据进行统计处理。

5. 案例研究法

案例是理论观点实证的重要组成部分。本研究选取中国著名运动员邓亚萍退役后的成功转型、郭晶晶的职业生涯发展与规划两个案例，展开与邹春兰、艾冬梅、张尚武等数十名优秀运动员职业转换不成功的具体案例对比分析，剖析转型期中国优秀运动员人力资本贬值与投资补偿的相关问题。并通过分析西方发达国家优秀运动员的职业生涯发展模式与职业转型，为中国运动员职业生涯规划和职业转换提供可借鉴的实证依据。

6. 博弈分析法

博弈论是研究在利益相互影响的局势中，理性的局中人为了其利益最大化而选择采取何种策略以及这种策略的均衡问题。本书采用博弈论的方法，明晰中国优秀运动员人力资本价值形成以及存量贬值的各种复杂关系，以提出优秀运动员退役后职业转换的再投资补偿机制与策略。

# 第二章　人力资本理论与人力资本贬值

## 第一节　人力资本理论

### 一、人力资本理论的渊源

早在古希腊思想家柏拉图(Plato)的著作中就有关于人力资本思想的论述,在其名著《理想国》中他论述了教育和训练对增加人的经济价值的论述,认为可以通过基础教育来发展人的先天能力从而决定这个人所处社会阶层。人力资本理论的渊源却来自于人们开始对人的经济价值的思考,人的经济价值自古以来就是许多中外思想家和学者们所探索的命题。许多文献认为,关于人的经济价值的思想可能始自英国古典经济学创始人之一的威廉·配第(William Petty)。配第在其代表作《政治算术》中根据劳动价值论,提出了"土地是财富之母,劳动是财富之父"的著名命题,并充分肯定了人的经济价值。他认为,人力和物质对生产起着同样重要的作用,人力的作用甚至比物质资本的作用更大。一般认为,这是"首次严肃地运用了人力资本概念"。①然而,威廉·配第并没有将人力看作资本。第一个将人力视作资本的经济学家是古典政治经济学理论体系的建立者和杰出代表——亚当·斯密(Adam Smith),在其1776年出版的《国民财富的性质和起因的研究》(*The Wealth of Nations*)提出了初步的人力资本概念。他说:"学习是一种才能,须受教育、须进学校、须做学徒,所

① ［英］约翰·伊特韦尔,等:《新帕尔格雷夫经济学大辞典(第二卷)》,经济科学出版社,1992年,由舍温·罗森(Sherwin Rosen)撰写的词条Human Capital(人力资本)。

费不少，这样费去的资本，好像已经实现并且固定在学习者的身上。这些才能，对于他个人自然是财产的一部分，对于他所属的社会，也是财产的一部分。"他认为，劳动力是经济进步的主要力量，全体国民后天取得的有用能力，都应被视为资本的一部分。他还认为，人们学习有用的技能，是一种投资活动，学习中所花费的费用，可以得到偿还，赚取利润。① 但是，斯密也没有将人力资本概念引入经济学的理论框架当中。在亚当·斯密之后，约翰·穆勒(John Stuart Mill)在《政治经济学原理》中指出，"技能与知识都是对劳动生产率产生重要影响的因素"，并且强调人们通过教育和培训取得的能力应当同工具、机器一样被视为国民财富的一部分。

到了19世纪，英国"剑桥学派"创始人阿尔弗雷德·马歇尔(Alfred Marshall)明确地指出"所有的投资中，最有价值的是对人本身的投资"，"以一种抽象和数学的观点来看，无可否认，人是资本"。② 在马歇尔的研究中，学校教育和家庭培养可以看做是对一个人的总投资，对孩子的抚养和早期教育看做是父母的投资，认为这些投资都具有经济效应，这种效应相当于后来人们所说的"人力资本的代际效应"。由此可见，当时马歇尔已经清楚地意识到人力资本的存在。然而，马歇尔对当时的人力资本思想，持有一种矛盾的观点：一方面承认教育的经济价值，另一方面却不接受甚至反对人力资本概念。他个人认为，虽然从一种抽象的和数学的角度来看，人是资本无可否认，但在现实生活中把人当作资本来分析，与市场的实情是不相吻合的。马歇尔对人力资本的这种认识使他最终将人力资本概念排除在经济学的核心内容之外。

进入20世纪，美国著名的经济学家费雪(Fisher)做了大量的研究后认为，任何可以带来收入的财产都可以看做是资本，他对资本的概念重新给予定义，对其内涵也进行了扩展，于1906年出版了《资本的性质和收入》一书，书中首次提出人力资本概念，并将其纳入经济学的核心内容当

① [英]亚当·斯密：《国民财富的性质和起因的研究》，郭大力，王亚南译，商务印书馆，1964年，第257－258页。

② [英]马歇尔：《经济学原理(上卷)》，朱志泰译，商务印书馆，1964年，第229－233页。

中。1935 年,美国经济学家、哈佛大学教授沃尔什(J. R. Walsh)发表了《运用于人的资本概念》一文,第一次对人力资本概念做了正式阐述,并试图运用人力资本概念分析社会经济现象。尽管在 1906 年费雪就提出了人力资本概念,但是由于历史的原因以及人们思想行为意识的限制,人力资本概念一直没有得到主流经济学派的接受和认可。直到 20 世纪 60 年代初,舒尔茨在他著名的人力资本投资的演讲中,明确提出人力资本概念,并首次阐述了人力资本投资、形成过程以及人力资本在经济增长、工资增长等方面的作用,并与他的另一些研究成果一起形成了现代人力资本理论的基本框架,开创了经济学中一个崭新的领域。

## 二、人力资本的概念及内涵

关于人力资本的概念,国内外大部分学者接受了舒尔茨的定义,即人力资本就是指体现于劳动者身上,通过投资形成并由劳动者的知识、技能和体力所构成的资本。但针对人力资本理论,一些学者从不同视角予以剖析和研究,在研究过程中对人力资本的概念也作了进一步的引申,给出的定义累计有 20 余种表述,这里不一一罗列,概括起来其中有以下六种具有代表性的观点:一是认为人力资本具有层次性。人的健康、体力、经验、生产知识和技能等属初级层次的人力资本,而人的天赋、才能和智慧等属高级层次的人力资本。① 二是认为人力资本具有质态差异性,人力资本有异质和同质之分。异质性人力资本是指在特定历史阶段中具有边际报酬递增质态的人力资本;同质性人力资本是指在特定历史阶段中具有边际报酬递减质态的人力资本。② 三是认为人力资本具有群体和个体共存性。个体人力资本指存在于个人身体之中,后天获得的具有经济价值的知识、技术、能力和健康等质量因素之和;群体人力资本指存在一个国家或地区人口群体每一个个体之中,后天获得的具有经济价值的知识、技术、能力及健康等质量因素之和。③ 四是认为人力资本内涵具有伸缩

---

① 周坤:《论人力资本的特征及其价值实现》,《中国科技论坛》,1997 年第 3 期。

② 丁栋虹:《从人力资本到异质型人力资本》,《生产力研究》,1999 年第 3 期。

③ 李建民:《人力资本通论》,上海三联书店,1998 年,第 42 页。

性,其概念有广义和狭义之分。广义的人力资本包括人的体质、智力、知识和技能四部分;狭义的人力资本只包括凝聚在人身上的知识和技能两部分。① 五是认为人力资本的外延具有宽广性。人力资本不仅包括人的知识、技能和健康,还应包括人的信誉、个人魅力、社会关系和公共知名度等。② 这与柯武刚、史漫飞的观点类似。柯武刚等认为,人力资本一词有时只与体现在个人身上的那些资产(技能、知识、诀窍)有关;但有人持一种广义的人力资本概念,这种概念包括了共同的、非有形化的知识,诸如共同的价值观、习俗、法则和法律(即"制度")。因此,人力资本远远超出了正式知识或知识分子所了解的知识,它包含着各种不可言传的非正式知识、习性和基本价值观,以及各种全社会共有的规则体系。③ 六是认为人力资本具有种属性。人力资本的属概念是人,种概念是资本,整个定义应体现这种"种""属"差别,由此人力资本可分为效率性人力资本、动力性人力资本和交易性人力资本。④

人力资本理论突破了传统理论中的资本只是物质资本的束缚,将资本划分为人力资本和物质资本,人力资本理论把人的生产能力的形成机制与物质资本等同,提倡将人力视为一种内含于人自身的资本——各种生产知识与技能的存量总和。人力资本除了具有许多与其他资本一样的共性外,还具有自己鲜明的特点。这些特点对人力资本投资与形成、人力资本效能的发挥等具有十分重要的影响。概括起来人力资本的主要特点表现在以下几个方面。

(1) 人力资本是存在于人体之中,与其承载者不可分离,因此,人力资本不能像物质资本那样直接转让或买卖,除非是在失去人身自由的条件下。在全体社会成员都拥有人身自由的社会中,人力资本只能被出租,或转让人力资本的使用权。

---

① 王建民:《人力资本生产制度研究》,经济科学出版社,2001 年,第 49 页。

② 吴震棚,韩文秀:《人力资本概念的扩展》,《天津大学学报(社会科学版)》,2004 年第 4 期。

③ 柯武刚,史漫飞:《制度经济学》,商务印书馆,2000 年,第 25 页。

④ 程承坪:《对人力资本概念的新认识》,《江西财经大学学报》,2001 年第 5 期。

(2) 人是具有高级思维和主观能动性的高级生命体,人力资本的形成与效能的发挥都与人的生命周期紧密地联系在一起,因此,人的年龄及其身体健康状况的变化对人力资本具有决定性的影响。

(3) 一个人所能拥有的人力资本是有限的,不同人的人力资本的存量也不同,这种有限性和差异性主要受到一个人的体力、精力、生命长度,以及知识技能等自身条件的约束。另外,人所具有的非互补性的人力资本也不能同时使用,其经济意义在于,在市场经济条件下,人们难以像对物质资本垄断那样对人力资本进行垄断和使用。

(4) 人力资本的形成与效能的发挥受其承载者个人条件、性格、偏好等因素的影响。对于物质资本所有者,其目标既明确直观,就是追求经济利益的最大化。但是人力资本的所有者却不同,他不仅仅追求收入的最大化,也可能追求其他方面效用的最大化,如自我价值的实现、自我感觉良好、生活幸福满意等。因此在向市场提供人力资本时,人力资本的承载者一方面会考虑收入水平或经济收益,另一方面也会考虑职业的社会声望等方面的因素。此外,人力资本承载者还会关注工作环境,因为他本人必须出现在人力资本使用的现场。

(5) 人力资本是以内隐的形式存在于人体之中,也就是说一个人可能拥有不同形式的人力资本,这些不同形式的人力资本有些是彼此可以互补的,在生产过程中可以或必须同时使用。但也有些人力资本,例如,彼此不相关联的知识和技术,是不能同时使用的。因此在同一时间内就一个人或一个人口群体的人力资本而言,有些人力资本在发挥效能,而另外一些人力资本则会闲置,这一不同于物质资本的特性会给人力资本的价值带来影响。

(6) 人力资本效能的发挥往往需要彼此互补的各种形式人力资本的共同作用,因此,其效能发挥的程度并不一定取决于存量水平最高的那种人力资本,而是在很大程度上受到存量水平最低的人力资本的制约,即"短边"人力资本的存量水平,也就是人力资本存在"短边效应"。比如,一个具有较高技术资本存量的人,如果其健康状况很差或者说健康资本存量很低,那么其技术资本效能发挥的程度必然低于在健康资本存量较高条件下的发挥程度。

(7) 人力资本的形成需要投资,因此人力资本的形成一般是在消费领域,当然有时也会在生产领域。例如,某些技术和经验是在物质产品生产和服务的过程中获得和积累的,而与此相联系的是,家庭是人力资本的重要生产单位,人力资本的生产单位还包括各种各类教育机构和医疗机构等。

(8) 人力资本与物质资本及其他形式的资本所不同的是,人力资本不仅是一种经济资源,而且还是一种含义丰富的社会资源,除了可以给所有者带来经济收益外,人力资本还可以直接或间接地带来许多社会方面的收益。可见,人力资本收益的两重性或者说多重性对人类社会的进步和发展以及对人类文明具有十分重要的意义。

国内外学者对人力资本概念从不同视角的多种界定,充分表明人力资本概念内涵的不稳定性和外延的不确定性。尽管当前经济理论界对人力资本概念没有一个统一的界定,但也形成了一种共识,即人力资本是人的教育、知识、技能等的综合体,存在于高级别的人力资源中,能够为所有者带来未来收益的增加,具体包含以下三个方面的内涵:

(1) 人力资本是以潜在的形式体现、凝结和贮存在人体之中的知识、技能、健康等因素的总和,与作为其载体或天然所有者的个人不可分离。

(2) 人力资本必须通过一定费用的投资转化而来,没有费用的投人就不会形成和获得,即人力资本的形成需要投资。

(3) 人力资本可以带来一定的未来收益,是具有经济价值的生产能力,也就是说,人力资本具有资本增值的特征。

综合分析国内外学者从不同视角给出的数十种人力资本概念,结合经济理论界对人力资本概念内涵的共识,本书给人力资本做出如下定义:所谓人力资本是指特定行为主体通过对人的投资形成的凝聚在人身上并能带来未来收益的知识、技能、能力、健康、声誉等因素的价值存量。笔者认为上述定义能够揭示人力资本以下本质属性:第一,从本质上看,人力资本是一种能力,是劳动力发展到一定阶段的产物,并且由劳动力转化而来,揭示了人力资本的劳动力属性。第二,指出人体是人力资本存在的载

体,揭示出人力资本的人身依附性,这是人力资本区别于物质资本最本质的特征。第三,表明人力资本属于价值范畴,是一种以复杂劳动力为载体的可变资本,是一种具有自我增值能力的价值。第四,该定义揭示了人力资本的核心内容,包括知识、技能、能力、健康、声誉等质量因素。

## 三、人力资本的性质

人力资本的性质问题,实质上就是要回答人力资本为什么可以被视为一种"资本"的问题。对于将人的知识、技能和健康等称为资本的原因,舒尔茨的解释是:"我们之所以称这种资本为人力的,是因为它已经成为人的一个部分,又因为它可以带来未来的满足或者收入,所以将其称为资本。"①人是现代社会进步的决定性因素,但人力的取得即知识、技能、健康的形成和获得,是人们投资的结果,掌握了知识和技能的人力资源是一切生产资源中最重要的资源,人力资本已经成为现代经济增长的主要因素。李建民在《人力资本通论》一书中归纳出人力资本的性质主要为生产性、稀缺性、可变性和功利性。②

### (一) 人力资本的生产性

人力资本的生产性是人力资本最基本的性质。人力资本是社会生产过程中必不可少的生产要素,是人类社会重要的经济资源,特别是在现代社会经济生活中,人力资本相对于物质资本的重要性更加显著。

### (二) 人力资本的稀缺性

由于人力资本的形成和获得需要进行专门的投入,因此人力资本也是一种稀缺性资源。人力资本的稀缺性一方面表现在个体所能获得的人力资本以及其维持的时间终究是有限的,另一方面是因为人力资本的形成和存量的增加需要投入劳动、时间和金钱等稀缺性资源。在现实生活中,人力资本存量水平越高,越是高品级的人力资本,其稀缺性也就越大。

---

① [美]西奥多·W·舒尔茨:《论人力资本投资》,吴珠华等译,北京经济学院出版社,1992年,第92页。

② 李建民:《人力资本通论》,上海三联书店,1999年,第43-45页。

（三）人力资本的不稳定性（可变性）

人力资本人身依附性的本质特征，也就决定了人力资本存量水平或价值具有不稳定性，其价值存量是可变化的。人力资本的不稳定性一方面表现在通过人力资本投资和社会需求的变化使其存量价值会增加，另一方面表现为负增长变化，即人力资本的消耗、闲置和贬值，人力资本同物质资本一样，在使用过程中也会有不同程度的消耗。

（四）人力资本的功利性

资本的本质是增值，人力资本既然属于资本的范畴，在使用和交易过程中就必然具有功利的性质，也就是说人力资本是其所有者用来谋取经济利益的一种手段。人们之所以愿意牺牲或放弃眼前的利益进行长期的人力资本投资，主要目的就是为了在将来能够从中获得更多的收益。

**四、人力资本的特征**

人力资本与物质资本作为资本有其共同属性：二者都是生产性资本，都必须通过投资形成，都能通过投资使用带来收益。然而由于人力资本是与人相联系的，是一种不同于物质资本和一般可变资本的特殊资本，这些区别构成了人力资本的特点，概括起来，人力资本主要有以下特征。

（一）人身依附性

人力资本凝聚于人体之中，不可脱离其承载者而独立存在，这是人力资本与其他任何形式的资本最重要的区别，同时人身依附性特征也揭示出人力资本是一种能动的活资本，因此，人身依附性是人力资本最本质的特征。正如周其仁所说："人的健康、体力、经验、生产知识、技能和其他精神存量的所有权只能不可分的属于其载体，这个载体不但是人，而且必须是活生生的人。"① 而人身依附性这一本质特征又派生出如下一系列特点：私有性、递增性、积累性、再生性、可变性、层次性、不可视性、难以度量性、时效性、弹缩性、主动性、不可逆性、外在性、相互依存性、互补性、私利性、有限理性、合作性、社会性等，这些特点都是人身依附性在人力资本的

① 周其仁：《市场里的企业：一个人力资本与非人力资本的特别合约》，《经济研究》，1996 年第 6 期。

各个环节、各个领域的具体体现。

（二）高品质性

人力资本是一种以复杂劳动力为载体的高品质人力资源，这是人力资本区别于一般可变资本或一般性人力资源的另一个基本特征。一般可变资本的载体是无需专门学习和培训而自然形成的简单劳动力，其效能不超过社会平均水平。人力资本则是以人的复杂劳动力为基础和内容的特殊资本，没有复杂劳动力，就没有人力资本，基于此，人力资本在质量品级、使用效能上高于一般可变资本。①

（三）高投资收益性

人力资本的投资收益率高于物质资本和一般可变资本。人力资本高投资收益性表现在两个方面：静态地看，等量资本投资于人力资本所获得的收益高于投资于其他对象所获得的收益，据统计，企业人力资本投资所产生的收益是投资于厂房、机器等物质资本所得收益的两倍；动态地看，人力资本投资收益具有递增的趋势，而单纯的物质资本投资则具有递减趋势。

（四）外部性

人力资本的外部性特征是指人力资本自身的变化，不仅影响到人力资本的载体本身，而且还会影响到其他的生产要素。卢卡斯的研究指出，每个人力资本的提高都直接引起了社会产出的提高，同时也引起社会平均的人力资本提高。人力资本同物质资本一样，也是生产性资本，是生产过程中必不可少的生产要素，是社会重要的经济资源，对经济发展起着重要的促进作用。部分发达国家经济增长的事实说明，人力资本比物质资本更能有效地推动社会和经济发展。

（五）人力资本形成的长期性

物质资本的投资形成期比较短，相比而言，人力资本形成从动态角度看可能需要十几年、几十年的时间，甚至伴随着一个人的终生，人力资本较长的投资期限还增加了投资的不确定性。基于投资的长期性和投资中的风险，人力资本所有者会要求收益回报来补偿自己的投资。这样的投

---

① 余文华：《人力资本投资研究》，四川大学出版社，2002年，第17－18页。

资回报与物质资本的投资回报是一样的,因为两者都是生产要素。

### (六) 人力资本具有无限的创造性

人是生产力中最为活跃的要素,人的主观能动性具有无限的发展潜力,人力资本和物质资本相结合能够创造无限的价值。人类社会之所以发展,科技之所以进步,全靠人类自身不断增长的智慧与创造性劳动,在社会发展和经济运行中,人力资本具有无限的创造性。

## 五、人力资本价值的形成及表现

### (一) 人力资本价值的形成

人力资本的价值由内生价值和外生价值两部分组成。人力资本的内生价值是从内因的角度来探讨人力资本价值的生成。根据马克思劳动价值理论,劳动力价值是维持劳动者所需的生活资料的价值,包括其所必需的生活资料的总和,也包括其子女必需的生活资料。同时,劳动力天然具有价值增值的特性。它通过劳动创造价值,能创造出比自身价值更大的价值。根据这种观点,人力资本其自然根源是劳动力,是劳动力发展到一个较高阶段的产物。人力资本的这种内生价值是由劳动力的价值和使用价值决定的,也是人力资本在市场交易中定价的一个基本依据。劳动力的内生价值是形成人力资本的基本内容,人力资本的内生价值不仅仅是劳动力的体力,更重要的是指其潜在的思想、认识、运用能力和创新能力。人力资本内生价值包含天赋人能、自然造化、自我教化三个价值形成过程。

人力资本的外生价值主要指有意识的、自觉的价值生成,是从外因角度探讨人力资本价值的生成。舒尔茨认为,人力资本是指体现在人身上的技能和知识的存量,它是通过教育、培训、保健等方面的投资形成的。这些知识、能力在其使用中,具有资本的基本属性——增值性。人力资本的外生价值是人们有目的地通过后天投资形成的,并基于先天的内生价值完成,人们投资意识的产生往往都依赖于内生价值。人力资本外生价值的形成主要包括成长及教化投资、医疗保健投资、学校教育投资、职业技能培训投资、“干中学”投资、信息和迁徙投资等,投资的渠道一般有政府投资、个人投资、企业投资、社会团体投资及慈善投资等。

人力资本的内生价值和外生价值相辅相成,相互统一形成人力资本

的价值。人力资本内生价值的存在是外生价值得以形成的基础，是外生价值的载体，又通过外生价值表现出来；人力资本外生价值是对内生价值的开发与发挥，通过内生价值发挥其收益性效用。①

（二）人力资本价值的表现

人力资本作为一种商品，同样具有商品的二要素，即使用价值和价值。人力资本的使用价值就是创造价值，由自身价值和价值增值两部分组成，人力资本价值增值部分要比传统劳动力的使用价值的价值大的多。人力资本的价值范围比较宽泛，主要包括维护高级劳动力再生产的生活资料价值、维护高级劳动者家属再生产的生活资料价值，以及用于教育、培训、健康和“干中学”的费用等。事实上，在商品经济条件下，由于资源的稀缺性，人力资本的价值不仅包括人力资本生产中耗费的活劳动价值，而且还包括其中投入的物质资本价值。因为，人力资本也是商品，它的价值也分为$(C+V)+M$两部分。② 人力资本价值形成过程及价值构成如图 2-1 所示。

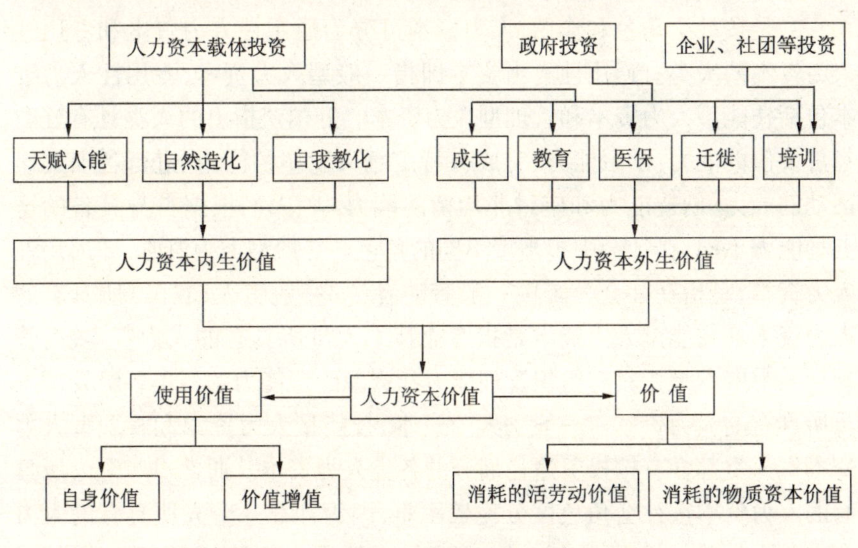


**图 2-1 人力资本价值形成过程及价值构成**

① 段兴民：《中国人力资本定价研究》，西安交通大学出版社，2005 年，第 45 - 47 页。

② 张文贤：《人力资本》，四川人民出版社，2008 年，第 124 - 125 页。

## 六、人力资本的分类

人力资本是一个总体上的概念，现实生活中由于每个人的禀赋、教育程度、努力程度不同，其人力资本的价值存量是不同的。人力资本作为劳动力发展的高级产物，其意义就在于强调劳动力的异质性，而要准确把握人力资本存量的异质性，就必须通过对人力资本的分类来揭示。国内外学者从不同的角度、以不同的划分标准在各自的研究中将人力资本分为各种不同的类型，综合分析这些分类方法以及结合专家学者的评价意见，大家比较认可以下两种分类方法。

一是按其投资形成的方式和途径，人力资本可以分为教育资本与非教育资本两大类。教育资本是人力资本的核心要素，也是最重要的组成部分，这部分人力资本决定或影响着其他形式人力资本效应的发挥。人力资本教育资本又可分为普通教育资本、专业技术知识教育资本；人力资本非教育资本包括"干中学"的经验资本、健康资本和迁移与流动资本。

二是按社会角色和作用，人力资本可分为通用性人力资本和专用性人力资本两大类。通用性人力资本即指一般型人力资本，专用性人力资本包括技能型人力资本和管理型人力资本。舒尔茨指出的人类具有五类经济价值的能力：学习能力、完成有特定意义工作的能力、进行各项文娱活动的能力、创造能力和应付非均衡的能力。① 人们根据自身具备的这五种能力不同，在社会中担当着不同的角色。一般型人力资本，即通用性人力资本，是指在社会分工中一般劳动者（如一般工人、农民）所具有的人力资本。技能型人力资本是指专业技术人员所具有的人力资本，而管理型人力资本是指具有组织管理能力和资源配置能力的各类各级管理人员所具有的人力资本。一般型人力资本、技能型人力资本和管理型人力资本每一类都含有按投资途径划分的各类人力资本。通常对一个人所具有的人力资本按社会角色区分比较困难，因为往往一个人所具有的人力资本并不是单一的，而是复合的，但多数人的人力资本的类型构成会偏重

① Schultz T W. The Value of the Ability to Deal with Disequilibia, *Journal of Economic Literature*, 1975,1(13).

某一类,对人力资本类型的准确判断有利于人力资本的配置和有目的的人力资本投资。人力资本分类见图2-2。

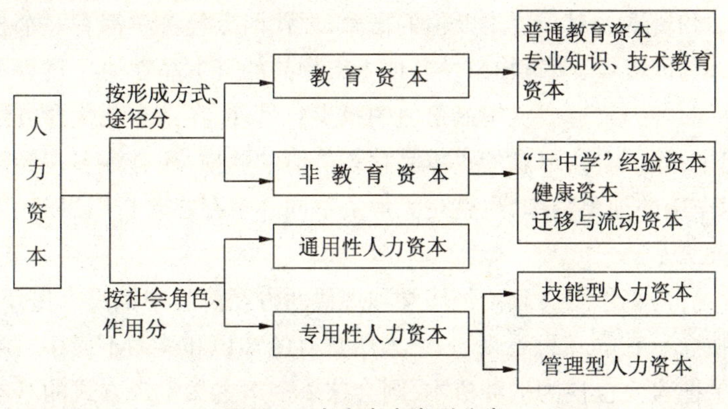


**图2-2　人力资本类型分类**

## 第二节　人力资本贬值

### 一、人力资本贬值的思想渊源

在研究资本的生产过程中,马克思深入地探讨了资本增值和贬值的相关问题,并明确指出:"资本增值和贬值的意思是不言自明的。它们不外乎就是指:现有资本由于某些共同的经济情况在价格上增加或减少了,也就是说,预付在生产中的资本,撇开它所使用的剩余劳动造成的增值不说,在价值上提高或降低了。"① 在马克思主义政治经济学中,资本的增值与贬值是一个广泛的概念,无论是不变资本还是可变资本在特定的条件下,都可以发生价值的增加或减少。正如马克思所言:"资本的增值和贬值,既可以发生在不变资本上面,也可以发生在可变资本上面,或者同时发生在二者上面。当它们发生在不变资本上的时候,它们又可以发生在固定资本上面,或者发生在流动资本上面,或者同时发生在二者上面。"②

① ［德］马克思,恩格斯:《马克思恩格斯全集(第25卷)》,人民出版社,1980年,第127页。
② 同①,第128页。

由此可见,资本的增值和贬值始终贯穿于资本生产过程之中,成为一对并存的矛盾体。现代西方经济学理论把一切生产要素划分为三大类,即土地、劳动和资本。对于资本贬值的概念,现代西方经济学都有一个相对统一的认识,即机器、建筑物以及其他生产物品的资本品在使用过程中由于磨损、折旧等因素造成资本品价值的减少。另外,在许多现代西方经济学的研究中,除了实物形态的资本品存在价值的贬损,还有许多在经济活动中发挥作用的抽象资本,也就是无形资本同样也存在着折旧、损耗以及贬值的特征。①

可见,马克思主义政治经济学和现代西方经济学中都没有提及"人力资本"概念。在马克思看来,一个人所具有的知识和能力不属于资本的范畴,如果把人力也视为一种资本,则会抹杀资本主义生产方式的基本矛盾和资本家对劳动者的剥削关系。而西方经济学所定义的一般意义资本则认为是可以为资本所有者带来利益的一切手段。正是由于上述认识,人力资本理论在其产生之初就颇受包括马克思在内的一些西方经济学家的批评和挑战。本书的研究是基于广义的资本含义中对运动员人力资本贬值问题进行研究,因此必须辩证地指出,不论马克思主义还是西方经济学的理论中对人力资本的理解与批判如何,在当今社会发展的过程中,人的知识、能力以及人们由此创造出来的技术和那些投入于生产中的其他生产要素一样,可以看作是一种重要的资本,而且对社会与经济发展中的作用与贡献越来越重要,特别是在知识经济时代,人力资本所创造的社会价值和财富更是无可替代的。同样,作为资本的内在含义的延伸,人力资本也具有资本的一般属性,可以利用这一资本生产出更大的财富,强有力地推动经济增长与发展。因此,人力资本的价值规律中也同样存在着增值与贬值动态变化的属性。② 需要指出的是马克思主义政治经济学中的可变资本、现代西方经济学中的无形资本无不内敛和包含着人力资本的基

① 詹建强:《信息时代下的人力资本贬值研究》,中国人民大学博士学位论文,2003 年,第 11 - 14 页。

② 同①,第 15 - 16 页。

本特性与本质内涵,而其中可变资本和无形资本的价值折旧、损耗也必然成为人力资本贬值思想产生的理论渊源。

20 世纪 60 年代初,舒尔茨明确提出了人力资本概念,他的一些重要的研究成果形成了现代人力资本理论的基本框架,并由此开创了经济学中一个崭新的领域。随后一些西方经济学家在对人力资本存量、人力资本投资的研究中便考虑到了人力资本贬值的问题。对人力资本贬值问题进行研究的学者主要有 Moreh, Roy J. Shephard, Jacob Mincer 和 Lance Lochner 等。学者们的研究主要涉及人力资本贬值的概念与内涵、从技能和健康的角度分析了人力资本贬值的原因、人力资本贬值的表现、引起人力资本贬值的内外因素,以及应对人力资本贬值的补偿模型等方面,而这些研究成果也直接成为人力资本贬值理论体系形成和发展的思想源泉。

## 二、人力资本贬值的含义及概念

在经济学领域,"贬值"一词更多地与货币联系在一起,表述为货币贬值。在百科大辞典中,"贬值"指当一国货币相对外币价格下降时,称该货币发生贬值,解释为三个释义:① 货币购买力下降;② 降低本国单位货币的含金量或降低本国货币对外币的比价,即贬值;③ 泛指一事物的价值降低,与"升值"相对应。"贬值"对应的名词性英文则有两个词语:"depreciation"和"devaluation",这两个词语的差异很小,并在很多情况下通用。大英汉词典中"depreciation"的解释为"(货币的)贬值、减值、购买力降低、跌价;轻蔑、蔑视、贬低;折旧等"。"devaluation"的解释为"货币贬值、降低货币的兑换价值;(地位、价值、重要性的)降低、下降、跌落"。针对人力资本的特殊性及其贬值内涵的复杂性,英文单词"depreciation"涵盖"贬值"的意境比"devaluation"一词相对更为宽泛,因此在本研究中用选用"depreciation"一词作为"贬值"的英文表述。

关于人力资本贬值的英文术语,在已有的研究中,西方学者采用英文词组"human capital depreciation"或"human capital deterioration"来表述"人力资本贬值"的含义,在大多情况下二者相互混用,都能够表示人力资本贬值的概念,即人力资本承载着收入减少、收入能力下降和拓展收入空间能力的弱化。但张学英研究认为这两个英文短语的含义是有根本区别的,是不能相互替代使用的,她认为西方学者对人力资本贬值的研究存在一定的局限性。张学英通过对西方关于人力资本贬值研究文献的归纳和分析发现,"human capital depreciation"大多表示源自人力资本价值下降的贬值,即人力资本的市场价值下降;而"human capital deterioration"则表示源自人力资本承载者健康状况的改变或恶化导致其生产率下降,即源自人力资本使用价值下降而引发的贬值。上述两个英文短语的区别在于,源自价值变化的人力资本贬值指的是承载者虽有知识和技能的市场价值发生改变,承载者收入下降、获取收入能力以及拓展收入空间的能力下降,但承载者知识和技能的生产能力或人力资本的使用价值或许并未改变。源自健康状况改变的人力资本贬值指的是健康状况降低了承载者的生产率或迫使其退出市场,承载者收入减少、获取收入能力弱化,这是人力资本使用价值的减少,承载者的知识和技能本身的市场价值并未发生改变。① 由此看来,在张学英的研究视域里,西方已有的研究文献中人力资本贬值概念只是覆盖了人力资本市场价值的减少,并不能同时囊括源自承载者健康存量改变等因素引起的人力资本使用价值减少,这样的认识和观点为我们深入洞悉人力资本贬值真正的内涵意义具有积极的指导意义。在本书中,鉴于"depreciation"一词的释义更接近于"贬值"的汉语意境,同时考虑到科学研究传承性特点以及研究规范的需要,我们继承大多数学者的观点,采用"human capital depreciation"作为"人力资本贬值"概念的理论研究英文术语。

关于人力资本贬值的概念及定义,据掌握的现有文献资料来看,仅有少量的研究文献涉及。Moreh 将人力资本贬值定义为随劳动者年龄的增长而导致人力资本盈利能力下降的各种因素的总称,包括缺少必要的培训、记忆力和体力下降等。② Moreh 的定义具有明显的片面性,只是片面地强调人的年龄增长、体力下降其劳动生产率降低而引致的贬值,这仅仅是承载者人力资本存量贬损的一个层面。Rosen 认为人力资本贬值概念

① 张学英:《人力资本存量贬损及应对策略研究》,人民出版社,2010 年。

② Moreh J. Human Capital: Deterioration and Net Investment. *Review of Income & Wealth*, 1973.

包括过时与贬值两个维度，过时是指由于社会的进步，以前学习的知识和技能不再适用；而贬值则是指由于年龄的增长，个体获取知识和技能的能力下降。① Neuman 将人力资本贬值的内涵归结为人力资本存量下降和市场价值降低两层含义，他认为人力资本贬值包括内部贬值与外部贬值，前者是指由劳动者个体原因（如年龄增长）引起的体力和智力下降，后者是指由外部环境变化引起的人力资本市场价值降低。② 但是在国外更多的研究中，学者们并没有对人力资本贬值进行明确的定义。国内詹建强博士在其博士学位论文中将人力资本贬值定义为：人们的知识、技能和健康受到各种外界因素（经济发展、知识更新、教育背景、工作性质等）以及内在因素（生理、心理、资质、偏好等）的影响，而导致人力资本的存量水平（包括数量和质量）以及价值水平的减少和损失。③ 张学英认为用人力资本存量贬损概念拓展表述人力资本贬值概念更为恰当，她认为人力资本存量贬损能够涵盖人力资本市场价值贬值、生产率下降（损失）引致的使用价值减少两重含义，同时能够表明人力资本承载者收入减少、收入能力弱化的特征，是人力资本的逆态增值或负增值。④ 国内其他的研究文献大多对人力资本的损耗、贬值等问题有所提及，但没有给出一个系统的定义，只是针对企业改制和企业投资风险等具体问题提出了人力资本贬值的表层现象以及应对措施。

由于人力资本存在形态的特殊性，加之其概念内涵的不稳定性和外延的不确定性，而在现实经济社会中导致人力资本发生贬值的原因也是多方面的，不同学者从不同的视角、纬度去考量人力资本贬值，其认识必然是不尽相同的。综合国内外学者对人力资本贬值的研究成果，人力资本贬值基本上可以归结为承载者价值存量的下降和减少，包含以下三个

---

① Rosen S. Measuring the Obsolescence of Knowledge. In Thomas Juster (ED.). Education, Income and Human Behavior. *National Bureau of Economic Research*, 1975.

② Neuman S, Weiss A. On the Effects of Schooling Vintage on Experience Earnings Profiles: Theory and Evidence. *European Economic Review*, 1995, 39(5).

③ 詹建强：《信息时代下的人力资本贬值研究》，中国人民大学博士学位论文，2003 年。

④ 张学英：《人力资本存量贬损及应对策略研究》，人民出版社，2010 年，第 37－39 页。

方面的基本内涵：

（一）人力资本贬值包含着人力资本价值下降的贬值和源自人力资本承载者健康存量贬损引发的贬值两层含义，即从人力资本市场价值的下降和人力资本承载者使用价值下降两个维度来考量。

（二）与资本增值一样，人力资本贬值也是市场的常态。人力资本贬值集中体现为人力资本承载者收入下降、获取收入能力下降以及拓展收入空间的能力下降三个方面。

（三）人力资本存量发生贬损，既可能是其市场价值下降，也可能是承载者生产率下降导致使用价值下降，还可能是市场价值和使用价值同时发生下降引发的贬值，贬值发生的维度和过程较为复杂。

结合人力资本贬值上述基本内涵，在借鉴和分析国内外学者对人力资本贬值概念诠释的基础上，本书将人力资本贬值定义如下：人力资本贬值是指因各种内外因素的变化使承载者知识、技能、能力、健康、声誉等价值存量降低而导致其人力资本价值或使用价值的减少和损失。笔者认为该定义首先明确了引发人力资本贬值的原因具有多样性，不仅包括各种内部因素和外部因素，还有许多市场性因素、自然因素（健康因素）以及社会性因素的介入。其次，该定义囊括了源自人力资本市场价值存量和使用价值存量两个层面的贬损，能够涵盖因人力资本市场价值减少而导致的使用价值下降、收入下降、收入能力和拓展收入空间能力弱化等多维含义。最后，该定义表明了人力资本发生贬值时其价值存量要素的变化，包括知识、技能、能力、健康、声誉等核心因素。

## 三、人力资本贬值的表现及特征

### （一）人力资本贬值的表现

人力资本并非天赋，而是其内生因素——劳动力与外生因素——投资的有机统一体，是劳动力与投资共同作用的结果。劳动力并非一开始就是人力资本，而是社会发展到一定阶段才转化为人力资本的，劳动力转化为人力资本也需要一定的客观历史条件、特定的转化途径和转化机制。人类自身的生产是以家庭为基本单位或基础部门，以教育培训为主要手段成主导产业，以医疗卫生作为生理养护条件或社会保障措施，来进行的

一种投入产出活动。通过这种生产活动,人身在生物或生理学意义上得以存在和成长,身心素质得以形成和提高,知识、技能等价值存量得以增加。借助这种生产和再生产过程,人们结合一定的投资形式进行健康、教育、培训等投资活动,从而形成各自的人力资本,并与其他形式的资本相结合形成一定的生产能力。① 可见,人力资本形成是把人力资本投资要素转化为人的生产能力的过程。人力资本形成后承载者便凭借其多年集聚的知识、技能等生产性要素开始分享经济剩余,依据价值存量水平获取相应的经济收益。

人力资本作为一种特殊形态的资本,在市场交易中其人力资本存量水平或价值具有不稳定性,其价值存量总是伴随着内外条件和环境的变化而发生改变。人力资本的不稳定性一方面表现在通过人力资本投资和社会需求的变化使其价值存量会增加,另一方面表现为负增长变化,即人力资本同物质资本一样,在使用过程中也会有不同程度的消耗、闲置和浪费而导致其价值存量产生贬损。任何形式的人力资本贬值最终都体现在承载者收入的减少,如人力资本的承载者失去收入来源、获取收入能力降低以及拓展收入空间的能力弱化等。现实的经济社会中,部分人力资本承载者往往会因不能就业、失业、自动放弃工作或因病、伤、残疾、犯罪服刑等诸多因素暂时或永久性退出市场,使承载者失去收入来源,导致其人力资本发生贬值。另一层面,科学技术水平的不断进步与提升加快了社会的发展,旧有的人力资本不断被新技术、新工艺所淘汰,人力资本承载者面临的市场风险和竞争日益激烈。此外,劳动力市场长期存在供给大于需求的状况更是加剧了人力资本承载者的就业压力,承载者无法获得与其人力资本存量相匹配的收入水平,加上社会普遍存在的不充分就业、人职不匹配、人力资源配置效率低下等因素,导致在强烈的就业需求下,人力资本承载者合意的收入水平降低,收入机会减少,收入量下降,承载者获取收入能力以及拓展收入空间的能力进一步弱化,其人力资本价值

① 李宝元:《人力资本运营——新经济时代企业经营战略与制胜方略》,企业管理出版社,2001年,第14-16页。

存量要素在不同层面发生不同程度的贬值。

（二）人力资本贬值的特征

在对人力资本相关问题的最初研究中，在关注人力资本对社会经济发展巨大的贡献力同时，一些西方学者就注意到了由于人的生命周期和健康状况的改变而导致人力资本利用的效率低下以及人力资本的闲置或浪费的问题。人力资本贬值的特征是伴随着社会生产的发展逐渐突出显现的，在生产力不够发达的社会条件下，科学技术发展相对缓慢，社会经济的发展更多地依赖物质资本，人力资本对社会生产和经济运行的影响相对较弱，人力资本贬值的特征不明显。伴随着科学技术的快速发展，社会生产力发展水平远远超过传统的农业经济社会和工业经济社会，特别是知识对社会的贡献率越来越高，相对于物质资本来讲，人力资本更加成为社会发展和经济运行关键的生产要素，人力资本贬值的特征对社会经济发展的影响也越来越明显。人力资本贬值的特征主要有以下几个方面。

1. 人力资本增值与贬值是共生的矛盾体

人力资本凝聚于人体之中，不可脱离其承载者而独立存在，这是人力资本与其他任何形式的资本最本质的区别，人具有的主观能动性和人力资本的人身依附性特征表明人力资本是一种能动的活资本。从普遍意义的价值观来说，理性的经济人都有追求自身价值最大化的意愿，不管是个人、企业还是国家在花费大量的时间、金钱和其他成本进行教育、培训、健康等人力资本投资时，都希望在未来有一个理性的预期收益，这些收益包括经济收入、社会地位、名誉以及其他收益等。从人力资本价值的角度来看，承载者也都希望自身的价值存量处于一个增值的状况而非贬值，因此在健康稳定的社会经济运行当中人力资本增值是社会发展的共同诉求。

然而现实中由于各种复杂因素的影响，人力资本投资者、使用者对人力资本的价值规律认识不明确，往往忽略了人力资本贬值的问题，缺乏对人力资本贬值的客观认识，难免会在人力资本投资过程中产生误区和偏差，人力资本价值存量要素出现不同程度的贬损，直接导致了人力资本的投资者或承载者不能获得预期收益。另外由于技术进步、知识更新加快

等因素使旧有的人力资本不能适应社会生产与经济运行的需要，其人力资本的效能不能得到最大限度的发挥，往往会造成人力资本使用效率低下或人力资本的闲置、浪费等，引发了人力资本的相对贬值，而且这样的人力资本相对贬值往往具有普遍性。可见，人力资本的增值和贬值始终贯穿于人力资本的生产过程之中，成为一对并存共生的矛盾体，没有人力资本的增值也就不存在人力资本的贬值，而人力资本贬值又是催生人力资本进行增值的重要动因。

2. 人力资本贬值的普遍性和特殊性并存

与物质资本不同，人力资本贬值具有普遍性。对于任何一个人力资本所有者来说，由于都面临着客观存在的不可抗拒的自然规律——人的生命周期过程，随着承载者的年龄老化、体能精力下降、健康状况的衰退以及智力、思维水平的弱化，人力资本必然存在着绝对贬值。这种人力资本贬值的特点是普遍存在的，对于每一个人力资本所有者来说都是可能存在和发生的情况。此外，人力资本贬值的普遍性还在于无论是处于就业状态的人力资本还是非就业状态的人力资本，由于新知识新技术的不断涌现，市场供求关系的变化以及受相关因素的制约，都随时面临着人力资本贬值的风险，都需要个人、企事业单位、国家等积极的应对，对现有的人力资本进行追加投资，不断提高其价值存量水平，规避人力资本贬值风险。

人力资本作为一种特殊的资本形态，其价值存量贬损具有特殊性。人力资本是凝聚在人身上的知识、技能、能力、健康、声誉等因素的价值存量，引致人力资本发生贬值的原因具有多样性，人力资本发生贬值时可能只是某个单一的价值要素发生了贬损，而其他的价值要素也许并没有出现减值现象。另外人力资本存量发生贬损，既可能是其市场价值下降，也可能是承载者生产率下降导致使用价值下降，还可能是市场价值和使用价值同时发生下降引发的贬值，呈现出人力资本贬值的特殊性。

3. 人力资本贬值具有时效性和隐蔽性

人力资本形成从动态角度看可能需要十几年、几十年的时间，甚至伴随着一个人的终生。尽管人力资本形成具有长期性并承担了较高的投资风险，但人力资本贬值却具有较强的时效性。这不仅仅是由于人的生命周期而使人力资本贬值具有时效性，更主要的是人力资本从最初的生产投资过程到其后的利用与发挥效用的过程具有本身特定的经济生命周期。从一般意义上来说，一个人的经济生命周期可以根据实践分配的情况划分成三个不同的阶段，即将全部的时间和人力资本都用于人力资本投资的专门投资阶段，将时间和人力资本分别用于人力资本生产和收益的混合阶段，以及停止人力资本投资而把全部时间和人力资本用于收益的阶段。这个经济生命周期具有很强的时效性，它不仅和人本身的自然生命周期密切相关，也和人力资本价值的表现过程相对应。① 人力资本贬值的时效性更直观地体现在现实生活中的人因疾病、伤残等不可抗力的突发事件导致其人力资本在瞬时部分或完全丧失，且无论承载者人力资本存量水平有多高，其人力资本贬值呈现出较强的时效性特征。

在通常情况下，人们往往更多地看到了人力资本承载者因年龄老化、体力下降以及健康状况的衰退等引起的人力资本的绝对贬值，而这样的人力资本贬值比较显著，能够引起人们的重视并更加关注自身的健康状况，以避免其人力资本存量进一步发生贬损。而因知识和技能老化、技术进步、人力资本利用效率低下和闲置等引致的人力资本相对贬值则具有隐蔽性特征，人们在人力资本使用过程中容易忽视这些内隐的贬值形式，往往会造成人力资本配置效率低下或者过渡使用人力资本的现象，从而加速了人力资本贬值的进程。由此可见，人力资本贬值的隐蔽性特征应该引起人们更多的重视和积极的应对。

4. 人力资本贬值的阻力与动力互补

在生产力相对落后的农业经济社会和工业经济社会，知识对社会的贡献率不高，人力资本的贬值不是太明显，对社会和经济发展的影响相对较小。随着社会生产力的不断发展，科学技术和知识逐渐成为社会发展的关键性生产要素，人力资本贬值特别是高品级的人力资本贬值对社会发展和经济运行的负面作用愈加明显，在一定程度上成为社会发展的阻

① 詹建强:《信息时代下的人力资本贬值研究》，中国人民大学博士学位论文，2003 年。

力。首先，由于人的生命与身体健康状况引起的人力资本贬值使承载者不能完全发挥其效用，或者只能在短期发挥效用，承载者健康的恶化缩短了人力资本的经济生命周期，这种绝对性的人力资本贬值不仅给个人带来损失，还对所在企业、国家造成一定的损失，而这种群体性人力资本贬值必然会成为社会经济发展的阻力。其次，由于管理体制的制约以及相关外部环境因素的影响，社会管理部门和生产部门还存在着局部的人力资本配置错位，导致社会生产过程中潜在的人力资本利用效率低下，甚至出现大批人力资本的闲置和浪费，这样的人力资本贬值造成的负面影响较为广泛，往往成为社会生产和经济运行的阻力因素。

因此，个人、企业和国家都应采取积极地应对措施，以降低人力资本贬值对社会经济发展产生的负面影响。由于人们投资人力资本具有较强的理性，投资的目的是获得预期的收益，当潜在的人力资本贬值可能发生的同时会形成一种有效的推动作用，即产生一种使人力资本价值存量再次得以提升的动力，因此人力资本所有者和使用者都能够潜意识地通过各种方式规避面临的贬值风险，尽可能将存在的人力资本贬值程度降到最低点，或者采取措施迟滞人力资本贬值的发展速度。在现实生活中，为应对人力资本贬值，国家政府部门会不断加强教育培训、医疗卫生以及公共服务等建设与保障力度，企业则会为职工提供继续教育学习、职业技能培训的条件，从业者个人积极参与体育锻炼以维护自身健康，并主动进行知识的更新，学习新技术掌握新技能，上述措施和行为都是由于人们受到人力资本贬值的压力而做出的应对策略。总之，人力资本贬值的阻力催生了人力资本所有者和使用者应对贬值的动力，应对人力资本贬值的动力促使人力资本价值存量水平不断得以提升，人力资本贬值的阻力和动力的互补运动成为人力资本实现增值的内在助推机制。

## 四、人力资本贬值的类型

人力资本凝结和贮存在人体之中，价值也以潜在的形式在市场交易中得以体现，由于人力资本投资存在着一定的风险，因而其所形成的人力资本也显示出很大的不确定性，存在着贬值的可能，而引发人力资本贬值的原因是多样化的，可见人力资本贬值是个较为宽泛的概念，人力资本发生贬值往往以不同的形式体现出来。根据人力资本贬值不同表现形式及不同的划分依据和视角，人力资本贬值可以划分为以下几种类型。

**（一）绝对贬值和相对贬值**

根据引发人力资本贬值的不同原因，可以将人力资本贬值划分为绝对贬值和相对贬值。人力资本绝对贬值是指由承载者生理和心理健康因素、非市场性社会因素引致的生产能力或生产率的下降甚至丧失，即是既有人力资本使用价值的减少。比如，人力资本承载者因疾病、伤残、女性生育等原因导致在市场竞争中处于劣势，导致生产率下降，收入能力降低；甚至有的人力资本承载者的生产能力有可能完全丧失，无法再投入市场的生产环节，不得不永久性退出劳动力市场，其收入能力彻底丧失；或者由于生命的终结而使人力资本存量不复存在。这是客观存在的普遍性特征。上述形式的人力资本贬值均归结为绝对贬值，因其价值存量发生贬损的表现形式比较明显，也可以称为人力资本的有形贬值。人力资本发生绝对贬值时，承载者的生产能力低于贬值前，带来的收入量、收入机会以及拓展收入空间能力均减少、下降或完全丧失。

人力资本相对贬值是指由市场性、社会性因素引致的人力资本存量贬损，即由外在客观因素的影响而导致人力资本的贬值。这种贬值是由于政治经济制度、经济发展以及科学技术的迅速发展、知识更新等因素的影响，而导致人力资本价值的变化。不合理的政治经济制度与企业运营方式以及人力资本市场供求关系，会导致人力资本配置效率低下甚至闲置和浪费，人力资本利用效率低下，从而相对地造成现有的人力资本贬值。此外，知识更新和技术进步使得人力资本承载者现有知识、技术老化，不适应当前社会的生产要求，导致人力资本无法充分利用而导致相对贬值。以上因素最终导致承载者的既有人力资本市场价值减少、获得收入机会减少，或者因为被市场淘汰其人力资本彻底报废。比如，不能就业、失业、不充分就业、人力资本价格下降、退休、退出劳动力市场成为非劳动力人口，包括因为长期找不到工作而退出劳动力市场成为失业人口和因为偏好闲暇自愿退出劳动力市场的人口。以上人力资本发生贬值时具有相对性，可归结为相对贬值的范畴，因其价值存量发生贬损时内隐于

承载者本身，外界不易觉察，也可以称为人力资本的无形贬值。

针对人力资本绝对贬值与相对贬值的不同特点，其应对策略也是不尽相同的。应对人力资本价值存量的绝对（有形）贬损，人力资本的所有者和使用者要更多地加大对承载者的医疗、卫生、保健等健康要素的投资，尽快恢复其生产能力，避免人力资本的持续贬损或闲置浪费。应对人力资本的相对（无形）贬值，要更多地选择继续教育、在职培训、适度迁移与流动等典型的人力资本投资形式，积极消除因市场供求变化、技术进步等引起人力资本发生贬值的负面影响，尽量降低人力资本发生贬值的市场风险。①

**（二）可逆贬值和不可逆贬值**

根据人力资本所发生的贬值是否可以逆转，可将人力资本贬值划分为可逆贬值和不可逆贬值。人力资本的可逆贬值是指通过采取有效措施或后续投资使人力资本发生贬值的趋势得以逆转，使其价值存量恢复到贬值前状态甚至有所增值。针对已经发生的人力资本贬值，通过对人力资本进行的健康要素、继续教育、技能培训等再投资，能够改善和提高承载者的生产能力，使其主动适应市场的变化和职业岗位的劳动技能需求，再次发挥出人力资本创造价值的能力。此外人力资本的使用者以及企业、政府管理部门应积极完善相关管理制度，建立相应的激励机制，改善生产和工作环境，合理有效地配置人力资本，尽量消除人力资本产生贬值的人为等外部因素，遏制和逆转人力资本价值存量贬损的趋势和方向。埃里克·G·费兰霍尔茨（Eric G. FLamholtz）认为，作为组织资源的人的价值是其管理方式的函数，如果人力资本配置不合理，人力资本的价值得不到认可，缺乏必要的激励机制和约束机制，人力资本所有者会关闭其部分甚至全部人力资本，这将极大地降低了人力资本的利用效率，导致人力资本的贬值。然而，只要改善人力资本所有者的外部环境，充分调动其主观能动性，促使其人力资本的积累速度快于其贬值的速度，人力资本贬值

① 张学英：《人力资本存量贬损及应对策略研究》，人民出版社，2010 年，第 40－42 页。

的趋势就能得以逆转，人力资本就能实现不断的增值。①

人力资本的不可逆贬值是指人力资本发生贬值的趋势无法扭转，即使采取措施或进行追加投资都不能恢复承载者的生产能力，不能有效遏制其价值存量的贬损趋势，其人力资本不能恢复到贬值前的状态。人力资本承载者达到一定年龄以后，其健康、精力及体力开始由强转弱，人力资本存量呈现出由多到少的动态变化，而且由于人的知识、技能具有人身依附性，其积累速度也必然受到人的健康、精力及体力的影响，呈现出同样的变化规律。比如，个体因疾病、伤残等健康状况恶化失去劳动能力，或因死亡、犯罪入狱被判处终身服役等原因致使承载者必须退出劳动力市场，基本丧失了追加人力资本投资的意义，这种形式的人力资本的彻底贬值，便不可逆转。发生人力资本不可逆贬值的不同承载者人力资本存量都体现出上述同样的规律，所不同的是达到顶峰的值及达到顶峰的年龄，会因个体自身生理、心理、资质等差异，以及环境、工作性质等差异而有所不同，但发生不可逆贬值的趋势无法改变。

针对人力资本可逆贬值和不可逆贬值的发生特点，应对的措施和进行追加投资的选择策略是不同的。对于人力资本价值存量发生的可逆贬损，有针对性地进行事后补偿型追加投资可以有效地抑制贬值的发展趋势，而人力资本不可逆贬值一旦发生，事后无法补救，因此为防止发生不可逆贬值，人力资本使用者和所有者都应该采取事先的防范型投资以及预防性措施。

### （三）正常贬值和非正常贬值

人力资本贬值除可以划分为上述两种不同的类型外，根据人力资本贬值的表现形式，还可以分为正常贬值和非正常贬值。人力资本的正常贬值首先是指人力资本达到最高值后，随着承载者年龄老化，体力精力衰减，其人力资本价值存量呈现递减的趋势，这样的贬值与人的生命周期特征息息相关，是任何人无法抗拒的自然规律，具有普遍性。此外，部分劳动者劳动技能和知识结构往往落后于社会生产的发展，不能适应劳动力

① 张杰，马斌：《论人力资本贬值的方式、成因及防范》，《岭南学刊》，2005 年第 2 期。

市场的多层次需求，市场中技术工人大量短缺，高技术人才奇缺，人力资源开发落后于经济调整与结构升级，教育脱离生产，不但没能提供满足需要的人力资源，使得原有人力资本存量没有得到再投资、再开发，这些现象和问题是社会经济发展过程中难以避免和逾越的，由这些因素导致的人力资本贬值可归结为正常贬值。人力资本的非正常贬值是指承载者因疾病、意外事故造成的伤残、死亡以及犯罪入狱等致使其人力资本存量急剧下降，甚至完全丧失。另外人力资本非正常贬值表现为当前企业改制过程中出现的大量富余人员和下岗人员，由于长期在某一部门某一岗位从事工作，这些人员多数只具有一技之长，他们失业的根本原因在于体制存在的弊端，这些形式的人力资本贬值在某种意义上也可归结为非正常贬值。

人力资本贬值的概念较为宽泛，尽管根据不同的依据将人力资本贬值做了如上类型的划分，而现实经济社会中发生的人力资本贬值较为复杂，表现形式多样，往往并不能简单地将其归结为上述任何一种贬值类型，很可能同时具备多类贬值特征。例如，人力资本的绝对贬值具有不可逆性，同时又属于正常贬值的范畴，应对其贬值可以同时采用防范型策略和健康要素的投资；人力资本的相对贬值具有可逆性，既有正常贬值的发生，也有非正常贬值的发生，可以同时采取补偿型和防范型策略以及典型的人力资本投资形式来应对相对贬值的发生。

### 五、人力资本贬值的原因

社会发展和经济运行的复杂性，使得引发人力资本贬值的因素是多方面的。除了技术进步、知识更新和人力资本承载者的生理、心理健康状况会造成人力资本的贬值外，人力资本的人身依附性、异质性以及不稳定性等特殊性质也是造成人力资本贬值的重要原因。本书综合分析了国内外研究关于引发人力资本贬值原因的研究文献，在全面考量人力资本发生贬值复杂性的基础上，将引发人力资本贬值的原因归纳为自然因素、市场性因素和社会性因素三大类。其中自然因素主要是因承载者自身内在的原因自发地起作用，可将其归结为引发人力资本贬值的内部因素，而市场性因素和社会性因素主要从外部对承载者直接或间接施加影响，因此

将其归结为引发人力资本贬值的外部因素。

**（一）人力资本贬值的自然因素**

引发人力资本贬值的自然因素就是指人力资本承载者自身的健康状态，身体健康且劳动能力能稳定、持续地投入生产是劳动力的基本特征，人力资本要在市场生产、流通和交易中发挥作用，创造价值，其承载者必须首先是一个具有身心健康的合格劳动力。对于一个缺乏身心健康的人来说，其前期的人力资本投资也具有不确定性，并不能保证将来能获得预期的收益。人力资本健康存量的贬损会削弱、延迟人力资本效能的发挥，甚至迫使其承载者暂时或永久性退出市场，引发人力资本的绝对贬值，而有时候这样的贬值是不可逆转的。人力资本承载者的健康状态一般包括生理健康和心理健康两个方面。

人是具有高级思维和主观能动性的高级生命体，人力资本的形成与效能的发挥都与人的生命周期紧密地联系在一起，因此，人的年龄及其身体健康状况的变化对人力资本具有决定性的影响。与人的生命周期规律一样，人力资本是依附于人体的一种活资本，人力资本价值存量的变化过程也具有生命周期特征。人力资本的存量是人们在学习和生产中不断积累形成的，就个体而言，人力资本存量表现出一个由少到多、再由多到少的动态变化过程。在人力资本存量生命周期内，健康要素存量的贬损可直接导致人力资本承载者获得收入及获取收入能力下降，健康资本是其他形式人力资本存在与效能正常发挥的先决条件。随着年龄的增长及老化，承载者的生理健康状况、精力、反应能力、记忆力等逐渐下降，而下降速度越快，人力资本的贬值程度越严重，特别是当承载者因疾病、意外事故、自然灾害导致的伤残、死亡或因犯罪判刑等原因会造成人力资本价值存量的暂时性贬损甚至彻底报废，这种形式的人力资本贬值对承载者个人、家庭、所在企业甚至社会造成的负面影响往往比较严重。承载者生命周期内人力资本健康存量变化规律如图 2-3 所示。

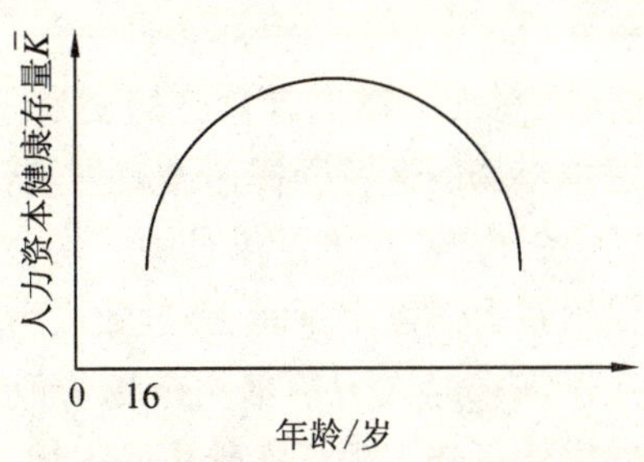


**图 2-3　承载者生命周期内人力资本健康存量变化规律**

此外,人具有感情丰富的内心世界,人力资本是具有能动性的活资本,健康、愉悦的心理状态和良好的人际关系会使人力资本效能在生产中得到最大化的发挥,人力资本需求方的激励制度和措施会直接影响承载者的心理状态。美国哈佛大学管理学院的詹姆斯对人力资本能动性的研究结果表明,在没有激励的条件下,个人的能力只能发挥出 20% ~30%,在得到激励的条件下,个人的能力可以发挥到 80% ~90%。因为,在人力资本承载者受到激励时,心理会被调试到愉悦状态,因而人力资本的效能能够得到充分发挥;反之,人力资本承载者在受到挫折时,心理状态会被调适到谷底,一部分人力资本被关闭,这会制约人力资本效能发挥,闲置的人力资本面临存量贬损风险。

**(二）人力资本贬值的市场性因素**

人力资本贬值的市场化特征是伴随着社会生产的发展逐渐显现的,在生产力不够发达的传统农业社会,人类一直无法摆脱生产的不足和基础物资的匮乏,而且社会总财富相对比较恒定,财富主要依靠有限的自然资源来供给,引发人力资本贬值的市场因素并不明显。在人类社会生产发展进入到商品经济时代后,人力资本作为一种生产要素逐渐彰显其重要的市场价值,人力资本承载者遭遇的市场风险和竞争的日益激烈,尽管价值增值是人力资本的基本特性,但在现实的经济生产活动中人力资本却时刻都面临着贬值的市场风险。引发人力资本贬值的市场性因素主要有人力资本的市场供求关系、技术进步和相关竞争性资本等。

1. 市场供求关系

人力资本与其他生产要素一样也有自己的交易市场，也存在着供给和需求的问题，人力资本市场的运行同样遵循着供给和需求的市场规律。人力资本市场的供求关系和产品市场的供求关系均会带来人力资本存量变动，人力资本市场供给量大于需求量时，会导致人力资本承载者收入下降，而产品市场供给大于需求时人力资本的市场价值就会发生贬值。一方面，市场中人力资本供给量与人力资本价格呈正相关关系，即人力资本供给量伴随着其市场价格的提高而增加，随着市场价格的下跌而减少，同样人力资本价格的涨跌意味着人力资本价值存量的增加或贬损。在市场交易中，影响人力资本供给变动的主要因素包括人力资本投资成本、投资机会、承载者的受教育机会、生产技术、社会歧视以及社会等级制约等。另一方面，市场中人力资本需求量与人力资本价格呈负相关关系，即人力资本需求量随着其市场价格的提高而下降，随着市场价格的下跌而增加，也就是说人力资本价格下跌，人力资本需求量就会增加，人力资本价值存量表现为贬损。市场中人力资本的需求变化受经济增长方式、技术进步、产品和技术结构的转变以及产业结构的升级等因素的影响。此外，市场对人力资本的需求是基于人力资本承载者生产出的产品和服务的需求所派生出的需求，产品市场需求下降或供大于求都会减少市场对人力资本的需求，在人力资本市场上表现为既有人力资本供大于求，最终引发人力资本内在价值发生贬值，可见，产品市场供过于求意味着人力资本承载者就业不足、人力资本闲置或报废，可判定人力资本存量发生了贬损。

2. 技术进步

生产新技术的不断涌现与进步，知识更新频率的加快，社会分工的精细化、专业化发展趋势，极大地促进了生产技术结构的转变和产业结构的升级，不断加大了生产领域中人力资本面临贬值的风险。分工的专业化、新技术、新设备对从业人员的要求逐步提高，人力资本承载者原有的知识、技能储备相对落后，在日益激烈的市场竞争中处于劣势，人力资本价值存量会发生不同程度的贬损。生产领域中技术型人力资本的所有者一般以脑力劳动为主，而技术进步、知识更新会加速智力资本的无形损耗，

导致技术型人力资本迅速贬值。此外,每个技术都会经历产生、成长、发展、成熟、衰退的生命周期,存在更新淘汰快、变通性差、退出障碍等缺陷。在知识经济时代,技术的更新换代周期逐渐缩短,导致技术型人力资本贬值的风险加大。①人类历史发展的事实证明,社会分工和专业化,无论在广度上还是深度上,都是不断发展的。技术进步导致社会分工更加精细、专业,致使人力资本对专业岗位的依赖程度提高,一旦岗位调整、削减或产业结构转换升级,承载者会因为技能单一而难以适应新岗位,即使退出企业也因为这种企业专有的人力资本在外部得不到充分评价,而难以进入市场进行交易,造成大量的专用性人力资本价值发生贬值。② 人力资本的专用性越强,其人力资本的淘汰率越高,人力资本贬值的程度就越高。

随着社会的快速发展,知识积累速度逐渐加快,科技成果转化为商品的时间大大缩短,知识的累积效应使得新技术不断取代原有技术,而且更新周期越来越快,技术进步的加快致使人力资本承载者的知识和技能老化加剧,人力资本发生贬值的速度加快。技术进步通过影响人力资本价值和人力资本生命周期进而影响人力资本投资决策。无论是技术进步引发的人力资本价值贬损,还是人力资本生命周期缩短导致的贬值,二者的共同特点都体现在影响承载者的就业状况和收入能力,最终影响到人力资本投资决策。技术进步对就业的直接影响体现为,科学技术的进步使得生产手段更加现代化,管理技术进步使生产组织更加合理,生产效率更高,人力资本配置更科学,从而对劳动力就业产生直接的排斥效应,社会化大生产对劳动力的需求减少,造成大量人力资本的闲置或浪费。技术进步不断以新的人力资本替代既有人力资本,技术进步同时可能替代与其互补的人力资本和物质资本,这意味着既有人力资本内在价值贬值。此外,技术进步是引发传统生产部门人力资本存量贬损的重要因素之一。技术进步使得经济体对传统部门产品和服务需求减少,进而导致传统部

---

① 靳卫茹:《技术性人力资本贬值的成因及风险防范研究》,《商业经济》,2012 年第 1 期。

② 张杰,马斌:《论人力资本贬值的方式、成因及防范》,《岭南学刊》,2005 年第 2 期。

门利润下降，传统部门对人力资本的需求下降，不仅使既有人力资本承载者处于工资减少或失业的风险当中，还会导致部分人力资本闲置或浪费，最终引发人力资本贬值。在经济生产领域，技术进步引发的结构性失业、技术性失业等具有长期性和不可逆性，既有人力资本的优势已经不复存在，承载者必须进行相应的进修、培训等人力资本的再投资活动才能实现再次就业，以避免其人力资本价值存量的持续贬损。

3. 相关竞争性资本

竞争是市场的基本特性，在实际的市场运行中，人力资本价值存量的变化还受到相关竞争性人力资本和物质资本价格变化以及需求变动的影响和制约，既有人力资本存量是增值还是贬损取决于相关竞争性资本对其施加影响的结果。相关资本对人力资本存量的影响主要体现为人力资本市场价值贬值，此处的相关资本包括互补性资本和替代性资本两种资本形态。生产活动中，根据增加或减少一种生产要素是否使另一种生产要素的生产率增加或减少的关系，将投入生产的不同要素划分为互补性生产要素和替代性生产要素。给定两种生产要素 A 和 B，如果生产要素 A 数量的增加引起生产要素 B 边际生产率上升，则生产要素 A 和 B 是互补的；反之，如果生产要素 A 数量的增加导致生产要素 B 边际生产率下降，则生产要素 A 和 B 是替代的；如果生产要素 A 数量的增加对生产要素 B 边际生产率没有影响，则生产要素 A 和 B 是相互独立的。① 作为投入的生产要素，不同种类的人力资本之间以及人力资本和物质资本之间同样也存在互补或替代关系，当一种人力资本生产要素或物质资本生产要素的价格以及需求发生变动时，往往会导致相关人力资本边际生产率发生变化，其人力资本市场价值也发生波动。在竞争的市场里，相关物质资本和相关人力资本可能同时对既有人力资本存量产生影响的结果是不确定的，最终结果取决于引起既有人力资本存量贬损与增值的幅度大小的对比，如果人力资本存量贬损幅度大于增值幅度，则既有人力资本存量

① 曾湘泉：《劳动经济学》，中国劳动社会保障出版社，2005 年，第 61－62 页。

贬损；如果人力资本存量贬损幅度小于增值幅度，则既有人力资本存量增值。①

### （三）人力资本贬值的社会性因素

除自然因素和市场性因素外，人力资本价值存量的贬损还受到诸多社会性因素的影响。社会系统是一个复杂的巨系统，社会是由人参与并支配的，人是社会系统的中心，是其中最重要、最活跃的因素。同时人是万事万物中最复杂的现象，人是理性（智慧、谋略、计划、目的等）与非理性（情感、意志、喜好、欲望等）的统一，主动与被动的统一，主观与客观的统一。② 人的复杂性主要表现在其主观能动性上，一个人家庭背景、教育经历、知识能力、思维方式、性格偏好，以及社会关系等不同，其社会行为趋向必然会不同。社会生活中，人的一切活动都与人的利益、需要有关，马克思说过："人们奋斗所争取的一切，都与他们的利益有关。"③ 尽管处于经济生产活动中的人都有追求自身利益最大化的强烈诉求，但社会经济活动的复杂性，人力资本的特殊性，决定了人力资本效能的发挥必然受到人力资本所有者所处的政治、经济、文化等社会环境的影响和制约，因此人力资本承载者所处的社会生活环境对其价值存量的贬损有着重要的影响，引发人力资本贬值的社会性因素是非市场的、非自然的因素，包括政治性、制度性、体制性、政策性等因素。

人们的经济生产活动都在相对固定的社会体制下，在一定的制度安排、法律规定、政策约束、生产规范等既定框架下进行的生产实践活动。体制的不健全、不完善，制度存在的缺陷、政策的使用不当以及相关的人为因素均会造成生产、流通、销售等环节中人力资本的闲置、浪费，或使用效率低下等问题，导致人力资本发生贬值，这样的现象存在于社会各个领域及各行各业当中，由此引发的人力资本贬值对社会经济发展具有消极的负面影响。

---

① 张学英：《人力资本存量贬损研究》，《开放导报》，2008 年第 5 期。

② 李永胜：《关于社会系统复杂性的哲学思考》，《系统科学学报》，2006 年第 2 期。

③ ［德］马克思，恩格斯：《马克思恩格斯全集（第一卷）》，人民出版社，1956 年，第 82 页。

首先,一种人力资本在社会生产中能否产生高效率,取决于承载者的技术知识类型与含量是否适合所处的经济社会的需要,人力资本供给与经济社会需求相吻合,是人力资本效能得以充分发挥的前提。但是,如果人力资本投资或开发与社会需求不相吻合,那么人力资本利用的实际效率肯定不高。一般来说,一个国家或地区的人力资本,投资或开发能否与经济社会相吻合,在很大程度上受制于其经济体制以及生产管理制度。人力资本市场不健全,人力资本投资机制不完善均会造成工作岗位中的“学非所用”“用非所学”等现象,这不仅削弱了承载者原有人力资本的使用价值,而且会导致人力资本利用效率低下,最终导致人力资本存量贬损。

其次,无效的或者不当的生产管理制度对人力资本利用效率也具有很大的影响。科学的管理本质上在于提供一种有效的激励与监督、约束机制。在现代社会化大生产的条件下,人力资本的合理配置对人力资本的利用效率产生着重要的影响,人力资本配置的目标就是连接市场中的人力资本供给与需求,使每一种类型的人力资本都进入到社会对其最需要的岗位,实现人力资本使用的“人尽其才”。而现实经济社会中由于生产管理制度的不健全和不完善,往往导致人力资本配置不当。特别是中国计划经济时期指令性的资源配置方式,对人力资本的配置手段也是单一的计划调节,对劳动人口实行统包统分,劳动者不能自主择业,更不能合理流动,这种“一次分配定终生”的配置方式,使人力资本无法适应市场的变化,导致人力资本利用效率低下。另一方面,生产制度的不健全和管理机制的弱化会导致人力资本所有者效能发挥不足。由于相关激励机制、约束机制功能的缺失,尽管人力资本配置得当,人职也匹配,但部分人力资本的有效投入程度以及实际的生产贡献率却可能很低。在职人员的有效投入不足可以有多种表现,其中最主要的便是工作积极性不高,责任心不强,缺乏自律性,发挥能力不足以及有偷懒倾向,等等。据中国管理科学研究中心对全国范围内大中型企业的工程技术人员抽样调查,被调查者中有64.1%的人称,只发挥了不足50%的能力,整体人力资本浪费

率达52.3%。[①] 可见,社会经济活动中存在着部分人力资本承载者的实际产出往往达不到其在正常情况下的可能产出,造成人力资本效率损失,人力资本价值存量产生贬损。

最后,除体制性、制度性、政策性等因素会导致人力资本产生贬值外,社会发展过程中的统治阶层、统治力量的意志以及一些人为因素也会造成人力资本不同程度、不同范围的贬值,且这样的人力资本贬值对人类社会进程的负面影响比较严重。比如15—18世纪,西方基督教因循守旧,反对新的科学理论和进步思想,基督教教会先后对哥白尼(意大利科学家,著有《天体运行论》)、布鲁诺(意大利科学家,因接受哥白尼的太阳中心说思想被烧死)、伽利略(意大利科学家,因捍卫科学真理而遭迫害)等数十名科学家和进步人士进行了迫害和镇压,基督教的残酷镇压不仅使科学家们的人力资本完全报废,而且阻碍了先进科学技术和思想在全世界的传播和发展,对人类社会的发展和进步影响极大。更值得一提的是,在20世纪中叶由统治阶级领导者意志发动的第二次世界大战所造成的参战双方人力、物力、财力巨大的损耗,堪称人类历史上最大的人为性灾难。第二次世界大战从1939年9月开始到1945年9月结束,以德国、意大利、日本等轴心国以及保加利亚、匈牙利、罗马尼亚等国为一方,以反法西斯同盟和全世界反法西斯力量为另一方进行了为期六年的第二次全球规模性战争。战争从欧洲到亚洲,从大西洋到太平洋,先后有61个国家和地区、20亿以上的人口被卷入战争,作战区域面积2 200万平方千米。据不完全统计,战争中军民共伤亡9 000余万人,4万多亿美元付诸流水,战争造成所有参战国不同领域各个行业的人力资本极大的浪费和报废,全世界人力资本损失的程度可想而知。

通过以上对引发人力资本贬值诸多因素进行的不同层面、不同视角的分析,可以看出引发人力资本价值存量贬损的原因是复杂而多样的。现实的经济生活中人力资本发生贬值不仅仅是某个单一的因素起作用,承载者面临的内部因素与外部因素、市场因素与非市场因素、自然因素与

---

① 詹建强:《信息时代下的人力资本贬值研究》,中国人民大学博士学位论文,2003年。

社会性因素往往同时对其施加多种影响最终导致人力资本价值存量产生贬损。但无论人力资本存量贬损是由哪种因素所引发的,其人力资本贬值最终都必然归结为人力资本的收入能力、拓展收入空间能力的弱化,人力资本闲置,人力资本报废三种一般性原因上,反映为人力资本承载者获得收入的能力、拓展收入空间能力的弱化甚至丧失。

## 本章小结

前期理论的分析和基础理论的建构是科学研究过程重要的步骤。本章以人力资本为切入点,以人力资本——人力资本贬值为逻辑主线,在全面分析现代人力资本的概念、内涵与外延、性质与特征、价值与分类等相关理论知识的基础上,根据研究设计,进一步分析研究了人力资本贬值的概念与内涵、贬值的表现及特征、贬值的类型,以及引发人力资本贬值的各种原因等重要基础性问题,并初步构建了较为完整的人力资本贬值理论体系,为研究运动员人力资本贬值问题奠定了理论基础,构建了分析框架。

研究认为:人力资本是指特定行为主体通过对人的投资形成的凝聚在人身上并能带来未来收益的知识、技能、能力、健康、声誉等因素的价值存量。人力资本具有生产性、稀缺性、可变性和功利性等基本性质。人身依附性是人力资本区别于其他任何形态资本最本质的特征,此外人力资本还具有高品级性、高投资收益性、外部性、形成的长期性,以及无限的创造性等特殊特征。人力资本是其内生因素——劳动力与外生因素——投资的有机统一体,是内生价值和外生价值的统一。人力资本贬值是指因各种内外因素的变化使承载者知识、技能、能力、健康、声誉等价值存量降低而导致其人力资本价值或使用价值的减少和损失。任何形式的人力资本贬值最终都体现在承载者收入的减少、收入能力下降以及获取收入能力和拓展收入空间的能力弱化等方面。人力资本增值与贬值是一对共生的矛盾体,人力资本贬值具有普遍性和特殊性并存、阻力与动力互补以及时效性和隐蔽性等基本特征。根据人力资本贬值不同表现形式及不同的

划分依据和视角，人力资本贬值可以划分为相对贬值和绝对贬值、可逆贬值和不可逆贬值、正常贬值和非正常贬值等类型，现实经济社会中发生的人力资本贬值原因较为复杂，表现形式多样，往往并不能简单地将其归结为上述任何一种贬值类型，很可能同时具备多类贬值特征。社会发展和经济运行的复杂性，使得引发人力资本贬值的因素是多样而复杂的，本书将引发人力资本贬值的原因归纳为自然因素、市场性因素和社会性因素三大类，其中自然因素主要是因承载者自身内在的因素自发地起作用，可将其归结为引发人力资本贬值的内部因素，而市场性因素和社会性因素主要从外部对承载者直接或间接施加影响，将其归结为引发人力资本贬值的外部因素。

# 第三章 运动员人力资本及其贬值

## 第一节 运动员人力资本

### 一、运动员人力资本概念与内涵

竞技体育是体育的重要组成部分,是体育中最为活跃、最具魅力、最具代表性的部分。竞技体育通过高水平的竞技、竞争,优胜劣汰,催人奋进,推动着一个国家体育事业的不断发展。作为社会发展的一项重要内容,竞技体育依托社会的发展而发展,同时又对社会的发展起促进作用。运动员是竞技体育活动的基本要素,运动员是一个阶段性的特殊职业,运动员群体是一个国家体育事业发展不可或缺的人力资源,运动员人力资本更是竞技体育产业最重要的生产力。

田麦久主编的体育院校通用教材《运动训练学》给出运动员的定义是:指经常从事体育锻炼、运动训练和运动竞赛,有一定运动能力和技术水平的人员。① 在职业属性方面,运动员所从事的运动训练和竞赛属于职业活动范畴。运动员以参与运动训练和比赛为职业活动方式,通过其特殊形式的劳动为人们生产出非实物形式的、极具观赏价值的精神产品——竞技体育服务产品,这种服务产品有着广泛的社会需求和社会存在,它为社会提供了一种其他文化形式或实践活动无法替代的体育产品,满足了人们的精神文化生活需要,运动员也以此从国家、社会团体获取劳

① 田麦久:《运动训练学》,人民体育出版社,2000 年。

动报酬，作为其主要的生活来源。运动员是竞技体育活动的基本要素，是竞技体育以为国争光为核心的精神价值、以市场为依托的经济价值和以技术表现为载体的审美价值的创造者，是竞技体育产业最重要的生产力。[①] 在市场经济条件下，运动员不仅是运动场上的主角，而且是整个职业体育运动的核心，体育产业和体育市场的经济活动都围绕运动员这个核心来进行。

运动员之所以能够成为一种职业，是因为其拥有能够生产出劳动产品的特殊的劳动能力，即运动员经过长期艰苦训练获得的运动技能，而运动员也正是依靠自己所拥有的这种技能作为谋生手段，获取必要的生活资料。人力资本理论是研究社会经济运行中人的自身价值，探索人力资本的形成、投资与收益等相关问题的理论。现代社会人力资本是经济的第一生产要素，无论什么样的社会和经济形态，以劳动能力为核心的人力资本都是决定个人、组织以至整个民族存在与发展的关键因素。所谓人力资本是指特定行为主体通过对人的投资形成的凝聚在人身上并能带来未来收益的知识、技能、能力、健康、声誉等因素的价值存量。依据人力资本理论，凝聚在运动员身体上的专业体育技能是通过对人的体育天赋进行投资培训而形成的，同时这种技能使投资者能够得到一定的收益回报。因此，运动员的专业体育技能才能称为“资本”，而且是一种资本存量，可以成为运动员现在及未来产出和收入增长的一个源泉。

国内一些学者根据运动员从业的特点，在人力资本概念的基础上，从不同的角度对运动员人力资本进行了定义。如从人力和资本两方面将运动员人力资本定义为在整个运动生涯和全部生活区间上能够带来现期和未来收益的存在于人自身的知识、技能和体能的投入存量。[②] 也有学者把运动员人力资本称作职业体育人力资本，即指职业体育运动员拥有的知识、体力、技能、智慧、胆识、声誉等一切具有经济价值的职业体育资源

---

① 刘平，张贵敏：《论我国运动员人力资本研究的当代价值》，《沈阳体育学院学报》，2007 年第 1 期。

② 何世权：《论我国运动员人力资本的形成和特征》，《北京体育大学学报》，2004 年第 8 期。

的总称。[①] 还有从产权的角度来界定运动员人力资本，即指产权主体（运动员）为实现效用最大化，通过有意识的投资活动而获得的，凝结在运动员身上的竞技能力（知识、技能、体能）、非智力性因素和社会活动力（道德、信誉和社会关系）的总和。[②] 从以上几个对运动员人力资本概念的描述不难看出，运动员人力资本包含以下几个方面：一是运动员的知识、技能、声誉等价值因素是通过投资获得的；二是运动员是知识与技能等价值存量的自然载体；三是知识、技能、体能、声誉等投入存量是运动员所拥有的资源；四是投资具有现期和预期的收益性。

基于以上分析，本书认为运动员人力资本是指特定行为主体通过对运动员的体育天赋进行投资，形成的凝聚在运动员身上并能带来未来收益的健康、技能、知识、心理、声誉等因素的价值存量。运动员人力资本的核心价值要素是通过对人的体育天赋进行投资培训而形成的专项竞技能力，运动员人力资本属于技能型人力资本范畴。运动员人力资本主要内涵是凝结在运动员身上具有经济价值的生产能力，其本质是运动员从事体育生产活动的劳动能力，由运动员劳动力转化而来，直接表现形式是运动员在比赛中的竞技能力，其内涵关系如图 3-1 所示。

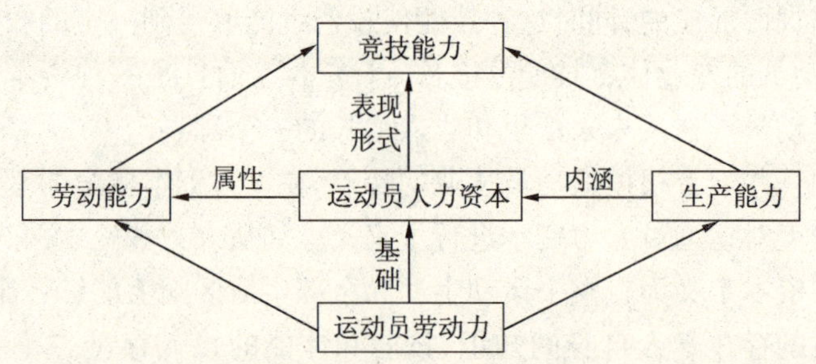


**图 3-1　运动员人力资本内涵结构**

## 二、运动员人力资本特征

相对于一般性生产劳动，运动员生产劳动能力具有特殊性。运动训

① 杨年松：《职业体育人力资本所有权性质特点与政策建议》，《体育学刊》，2005 年第 1 期。
② 董伦红：《论竞技运动员人力资本与产权价值》，《武汉体育学院学报》，2007 年第 10 期。

练是一个专门组织的职业教育过程,运动训练过程更注重运动员运动技能的培养与提高,运动员在接受职业教育的同时也在生产着竞技体育产品,在比赛当中运动员生产产品的过程与观众消费产品的过程同步进行。正是由于运动员这种特殊的劳动、生产活动过程以及其独特的职业特点,决定了运动员人力资本特殊的一面,运动员人力资本除了具备人力资本的一般性特征外,与其他领域的人力资本具有很大的差异。构成运动员人力资本核心内容的体能、技能、知识、经验、心理等质量因素凝聚于人体之中,不可脱离其承载者而独立存在,因此人身依附性同样是运动员人力资本最本质的特征。除了人身依附性之外,运动员人力资本还有以下特征。

### (一)形成的长期性和使用的时效性

人力资本的形成过程是人的复杂劳动力的生长过程,从简单劳动到形成复杂劳动,形成是一个长期不断积累的过程,相对于物质资本而言人力资本的形成从动态角度看可能需要几年、十几年甚至几十年的时间。运动员人力资本是由不同层次的知识、体能、技能等质量因素所构成的复杂劳动力,特别是人力资本的核心价值要素——高水平的专项运动技能,必须通过运动员多年坚持不断的反复训练才能获得。一般来讲,中国专业运动员从开始训练到进入省市队平均需要大约三年时间,入选国家队平均需要大约 7 年时间,而成为奥运会选手平均需要大约 10 年时间。①

由于其载体的生命特点,决定了人力资本的形成和使用具有一定时限。一般性人力资本伴随劳动者终身,一直在发挥作用,而运动员的人力资本使用却存在严格的时间规定性。体育是高强度的体力和脑力劳动,对运动员的健康状况、体能储备、生理、心理等素质要求非常高,运动员只有处于人生的一定阶段,才能满足这种特殊要求。依据运动训练学理论,运动员只有在“最佳竞技阶段”和“竞技保持阶段”才能发挥出整个运动生涯最高水平的专项竞技能力,而这一时间段大约能维持 6 ~ 13 年。②

① 田麦久:《运动训练学》,人民体育出版社,2000 年。

② 田麦久:《论运动训练过程》,四川体育出版社,1988 年。

所以运动员人力资本受生命体的支撑程度所限，其人力资本效用的最大化必须处在运动员职业生涯的黄金时间段，与一般性人力资本相比，相对较为短暂，在使用方面具有较强的时效性。

（二）极强的专用性和稀缺性

任何一种人力资本知识、技能和体能都具有范围局限性，受生命周期和能力的局限，一个人不可能在有生之年掌握所有的专业领域的知识和技能。由于运动员职业的专业性，运动员只能在一定时间内、在特定的专业领域掌握和发展某一个或几个方向的专业知识、技能和体能。运动员在自己的专项领域进行了多年的持续投资，其人力资本资产专用性程度较高，如果他们离开体育职业进入其他领域，其职业转换成本相当高。按照人力资本发挥作用范围的不同，通常将人力资本分为通用性人力资本和专用性人力资本，每个人拥有的人力资本基本都是二者的结合，只是结合的程度不同，运动员人力资本就具有极强的专用性，甚至可以说是纯粹的专用性，因为其人力资本存量的可用性只局限在体育领域内或局限在某个项目上，因此这是一种高级专用性人力资本。运动员一旦退役，其自身原有的人力资本在其他职业领域几乎派不上用场，即出现所谓的人力资本失灵，不能再给其所有者带来收益。

一般来讲，资本存量水平越高的人力资本，其稀缺性也就越大，运动员人力资本极强的专用性必然导致这种资本的稀缺性。运动员所具备的高水平的专项竞技能力是经过长期反复练习形成的一种连锁的、复杂的、本体感受性的条件反射，只有在一定场所和特定时刻其体能、生理、心理、心智等要素达到高度协调一致时，运动员才能发挥出最高的竞技水平，并且这种高水平的竞技能力是别人在短时间内无法模仿和轻易获得的。运动员人力资本特别是处于竞技体育“金字塔”顶端的优秀运动员人力资本，由于其投资成本大、形成周期长、获得途径少、先天资质和后天努力的要求高、形成过程中面临的不确定因素多，加之竞技体育极高的竞争性，导致了高品级的运动员人力资本获取相当困难，因此，与一般性人力资本相比其稀缺性是显而易见的，特别是在一定的时期这种高品级的运动员人力资本更是极其稀缺。

（三）生产的特殊性和异质性

人力资本的生产性是人力资本最基本的性质，人力资本是任何生产过程中必不可少的生产要素。运动员是社会结构中的一种特殊职业，其劳动方式是运动训练和竞赛。运动员通过其特殊的劳动方式生产出的非实物形式的精神产品——竞技体育服务产品，供人们观赏和消费，满足人们精神文化生活的需要，并以此作为实现自己价值的途径，而且运动员的生产过程和观众的消费过程是同时进行的。运动员在生产中所需要的特殊技能——专项运动技能，决定了其生产活动和生产过程具有不同于一般性生产的特殊性。

根据人力资本的生产力形态及质态性差异，人力资本有异质性人力资本和同质性人力资本两种形态，前者是指在特定历史阶段中具有边际报酬递增生产力形态的人力资本，后者是指在特定历史阶段中具有边际报酬递减生产力形态的人力资本。人力资本的载体是具有主观能动性的人，不同层次的人力资本是有差异的，而同一层次的人力资本由于其载体存在着较大的个体差异也表现出一定的差异。运动员人力资本属于技能型人力资本，在运动员开始从事基础训练一直到其竞技能力达到巅峰状态的这一阶段，除去运动员因意外重大伤害事故退役外，一般情况下运动员人力资本边际报酬均呈现出递增状态。运动员各自从事的运动项目，具有不同的运动形式，运动员竞技能力的构成要素差别较大，这些个体差异、项目差别以及竞技能力差异等使得运动员人力资本具备典型的异质性特征。

（四）价值的不稳定性和度量标准的单一性

人力资本的存量、增量及其构成要素的价值都处于不断的变化之中，其经济价值受各方面因素的影响具有很大的不稳定性，它可以在短期内迅速升值，为其所有者带来巨大的收益；也可以迅速贬值甚至瞬时变的荡然无存，即出现人力资本失灵现象。由于缺乏准确的价值传递信号，人力资本价值就成为其载体的私人信息，而现实社会中信息的不对称也给人力资本的价值度量带来了很大的不确定性。运动员人力资本投资主体的多元性、投资客体的异质性、核心要素竞技能力的不稳定性、意外的伤害等风险因素的不可预知，以及形成过程中个人的主观努力程度和客观条件的限制等不确定性因素，决定了运动员人力资本价值的不稳定性，其价值随着运动员职业年龄、训练年限、竞技水平、知名度与社会影响力的变化而处于波动之中。

运动员人力资本及其价值凝聚于复杂的人体之中，具有很强的不可视性，特别是其价值在从业过程中处于不断的变化和波动之中，更是很难找到适当的价值单位来进行同步衡量和控制。尽管目前对人力资本价值计量的研究已进入到理论建模和量化分析的阶段，但是至今尚未找到令人信服的精确计算投资收益的方法。运动员特殊的生产活动及其产品的特殊属性，使运动员人力资本价值计量的难度进一步加大，至于运动员通过竞技体育活动给社会带来的影响和收益更是难以评价和估量的。在竞技体育领域，所有的运动员参加比赛都力求创造理想的运动成绩，运动成绩是运动员参加比赛的结果，是运动员竞技水平和比赛胜负或名次的最终体现。运动员人力资本价值的度量方法主要以运动成绩为尺度，并且运动成绩的等级和数量是目前衡量运动员人力资本价值和决定收益分配的唯一尺度和依据。人们在衡量一个运动员时就看他参加了什么级别的比赛以及在比赛中获得的名次和成绩。

### 三、运动员人力资本的构成

人力资本是其内生因素与外生因素即劳动力与投资的有机统一体，人的劳动能力——劳动力是人力资本的核心和根源。① 人力资本是对人的一种“开发性投资”，是人们在教育、医疗、保健、迁移、劳动技能等方面的资源投入和费用支出。人力资本的价值存量因素不仅仅是知识、技能和体力，还包括人的能动性、声誉、社会影响力等，在其他条件相同的情况下，主观努力程度高、社会声誉更好的人，其人力资本收益会更高。因此，人力资本的构成要素不仅包括知识、技能和体力等这些效率性人力资本，还包括动力性人力资本以及交易性人力资本。所谓效率性人力资本，是指完成一项生产活动所必需的知识、技能、体力及心理素质，它回答的是

① 冯子标：《人力资本运营论》，经济科学出版社，2000 年，第 57 – 60 页。

对解决一个问题或事情能与否的问题；动力性人力资本是指影响劳动者能动性发挥程度的因素，包括需要、兴趣、动机、情感、意志和性格等非智力因素，它回答的是"是否有积极性"的问题；交易性人力资本是指个人的道德因素、声誉和社会交易资本等影响人力资本未来收益的因素，它回答的是经济社会相互交往的"交易效率"问题。上述三种人力资本中，动力性人力资本是一个矢量，当对完成一项工作起积极作用时为正，当起破坏作用时为负，效率性人力资本和交易性人力资本为标量。由此可见，人力资本的价值量是上述三种形式人力资本综合作用的结果，仅仅看到其中一种形式人力资本的价值作用而忽视另外两种形式人力资本的价值作用的看法是偏颇的。①

运动员人力资本的形成，是运动员所具有的能够带来现期和未来收益的存在于人自身的知识、技能和体能的投入存量的投资过程，是在载体（人）上"凝聚"知识和技能的过程，是具有特定运行规律和实现机制的系统工程。② 运动员人力资本的形成、交易活动及价值实现等过程都处于社会经济生活之中，运动员的训练和竞赛活动也在特定的社会环境中进行，必然受到特定的生产方式及各种社会条件的制约和影响。因此，运动员人力资本也是效率性人力资本、动力性人力资本和交易性人力资本的复合体，而其价值也是上述三种形式人力资本各构成要素，即健康、知识、技能、兴趣、动机、情感、道德、声誉等价值的综合体现。运动员人力资本属于专业技能型人力资本，运动员职业特点决定了构成运动员人力资本的核心要素是其专项竞技能力。运动员专项竞技能力由具有不同表现形式和不同作用的体能、技能、战术能力、运动智能，以及心理能力所构成，并综合地表现于专项竞技的过程之中，而运动员所具备的专项运动技能又是其竞技能力的核心要素。运动员人力资本构成各要素如图 3-2 所示。

---

① 肖兴政，彭礼坤：《人力资本论》，西南交通大学出版社，2006 年，第 6－8 页。

② 何世权：《论我国运动员人力资本的形成和特征》，《北京体育大学学报》，2004 年第 8 期。

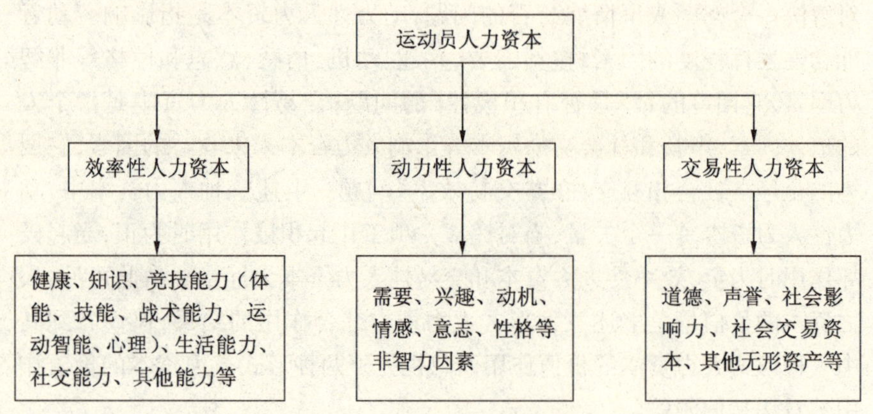


**图3-2　运动员人力资本各要素**

## 第二节　运动员人力资本贬值

### 一、运动员人力资本贬值的含义

作为市场中一种特殊的资本形态，运动员人力资本与人力资本贬值一样，在其职业生涯和生命周期内也必然存在着价值存量发生贬损的现象。运动员人力资本投资主体的多元性、投资客体的异质性、竞技能力及水平发挥的不稳定性、意外伤害等风险因素的不可预知，以及形成过程中个人的主观努力程度和客观条件的限制等不确定性因素，使得运动员人力资本具有不稳定性，其价值存量随着运动员身体健康状况、职业年龄、训练年限、竞技水平、社会知名度和影响力等内外因素的变化而处于波动之中。

运动训练和参加竞赛是运动员职业生涯中最重要的两项实践活动，运动员必须坚持长期不间断的大运动量、高强度的运动训练，不断提高其专项竞技水平，并不定期地参加相应级别和水平的比赛，在比赛中检验平时的训练成效和已经达到的竞技能力水平。在运动员职业生涯长达十几年甚至数十年的训练和比赛过程中，运动损伤、受伤以及意外伤害事故是不可避免的，加上其他各种内外因素的影响，可以说运动员人力资本始终

都面临着价值存量贬损风险，只不过是贬值发生的方式因人而异。此外，在运动员整个生命周期内，无论其人力资本价值在职业生涯结束后是否进行了有效的迁移，也就是说即使运动员退役后就业良好或职业转换顺畅，其人力资本价值发生了有效的迁移，但运动员退役、停止训练后其人力资本的核心价值要素——专项竞技能力的快速消退和下降是不可避免的，而生命周期内运动员人力资本又不可避免地因知识更新、技术进步、身体健康状况以及其他多种因素而发生贬值。因此，运动员退役后其人力资本贬值具有普遍性，贬值的发生是难以避免的，这是运动员这种技能型人力资本贬值具有的独特性质，与生产领域中一般技术工人的技能型人力资本因技术熟练程度的不断提高其价值产生增值是截然不同的。由此可见，作为一种特殊形态的技能型人力资本，运动员职业属性的特征决定了其人力资本在生命周期内有贬值的可能，运动员人力资本在运动员职业生涯周期和整个生命周期内面临贬值的风险始终存在，运动员人力资本贬值是市场的常态，受各种内外因素的影响，运动员人力资本面临着三重贬值风险：自然贬值、市场贬值和社会贬值。

需要特别指出的是，运动职业生涯是运动员生命周期内一个特殊的阶段，任何专业或职业运动员在其专项竞技能力达到顶峰并持续一段时间后，都面临着退役的必然选择，结束其运动职业生涯，这是由竞技体育训练和竞赛的特点所决定的，只是运动员职业生涯周期的持续时间会因运动员个体的差异、运动项目的特点而有所差异。基于以上分析，我们认为运动员人力资本贬值的内涵包含着两个层面的贬值意义，即运动员职业生涯期间的人力资本贬值和运动员整个生命周期内的人力资本贬值，运动员职业生涯期间人力资本价值存量的变动包含在运动员整个生命周期人力资本价值变化之中。运动员整个生命周期内的人力资本价值变化不同于一般通用性人力资本价值的变化，绝大多数运动员在退役时人力资本价值波动比较明显，其人力资本效能的发挥往往受到一定限制导致效率低下，如果退役运动员就业安置及职业转换不顺畅，会进一步加剧其人力资本存量的贬损，造成运动员人力资本的闲置、浪费甚至报废，可见运动员退役后其人力资本价值的有效迁移或顺畅延续对于运动员后职业时期的人生具有非常重要的影响。因此，本书的研究正是考虑到运动员在职业生涯期间其人力资本的特殊性以及运动员退役后人力资本贬值对其后职业时期人生的重要影响，将重点研究运动员职业生涯期间以及运动员退役到就业这段时期的人力资本贬值及投资补偿问题，而退役运动员就业后的人力资本价值存量的变化与经济生产领域中一般通用性人力资本的变化规律基本相似，退役运动员就业后生命期间的人力资本贬值问题不作为本书的研究重点。

我们可以用图 3-3 中的两条曲线来说明在生命周期内运动员人力资本和一般通用性人力资本价值变化趋势，其中实线表示运动员人力资本价值变化，虚线表示一般通用性人力资本价值变化。从图 3-3 中两条曲线的不同变化趋势可以看出，运动员人力资本价值曲线坡度较陡，相对于一般通用性人力资本投资形成期较短，衰退较快，大多数运动员人力资本价值存量往往在 20 岁后达到最高值。一般通用性人力资本价值曲线坡度平缓，人力资本存量积聚和衰退过程相对平稳，价值存量往往在 30 ~ 40 岁达到最高值。图 3-3 中两条曲线仅仅是运动员人力资本和一般通用性人力资本存量在生命周期内变化的泛泛描述，而由于人与人之间的个体差异（包括生理、心理、资质、偏好等）和外界因素的影响（如市场因素、教育差异、工作性质分工等），不同的承载者人力资本价值曲线也有所差异。

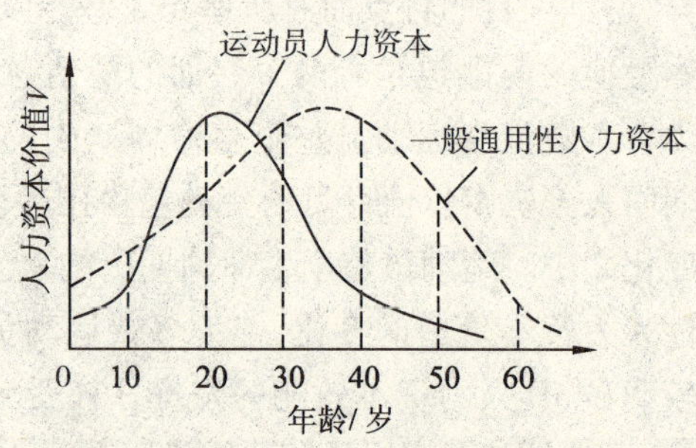


**图 3-3　运动员人力资本和一般通用性人力资本价值变化规律**

运动员人力资本形成过程中前期投资过于专一，绝大多数投资都集

中在提高运动员专项竞技能力要素上，特别是在中国举国体制下形成的运动员培养方式和途径，长期以来忽视运动文化知识教育，运动员综合素质教育缺失，影响了运动员人力资本其他价值存量的积聚，各价值要素不均衡，影响了整体价值存量水平，一旦运动职业生涯结束，其人力资本面临贬值的风险加大。在运动员职业生涯阶段，因训练和竞赛受伤、伤残、退役以及其他原因过早结束运动生涯均会导致运动员人力资本的闲置和浪费，运动员人力资本会发生不同形式的贬损。与其他形式的人力资本贬值一样，运动员人力资本贬值最终也体现为运动员收入减少（失去收入来源、收入机会减少）、合意的收入水平降低、运动员获取收入能力减弱，以及拓展收入空间的能力弱化等方面。

综合以上分析，作为市场交易中一种特殊的以专项竞技能力为核心价值要素的技能型人力资本，运动员人力资本贬值的基本内涵可归结为以下五个方面。

（1）运动员职业属性的特征决定了其人力资本在生命周期内有贬值的可能，运动员人力资本在运动员职业生涯周期和整个生命周期内面临着三重贬值风险：自然贬值、市场贬值和社会贬值，运动员人力资本贬值是市场的常态。

（2）运动职业生涯是运动员生命周期内一个特殊的阶段，运动员人力资本贬值包含着两个层面的贬值含义，即运动员职业生涯期间的人力资本贬值和运动员整个生命周期内的人力资本贬值。

（3）运动员人力资本贬值更多地集中在其核心价值要素——专项竞技能力的衰退和下降，运动员退役后其人力资本价值的有效迁移或顺畅延续对运动员后职业时期影响极大。

（4）与人力资本贬值一样，运动员人力资本贬值也包含着运动员人力资本市场价值的降低和运动员使用价值降低两个维度。

（5）运动员人力资本贬值最终体现为运动员收入减少（失去收入来源、收入机会减少）、合意的收入水平降低、运动员获取收入能力减弱，以及拓展收入空间的能力弱化等方面。

## 二、运动员人力资本贬值的概念

据现有的文献资料信息，目前国内外尚没有关于“运动员人力资本贬值”方面的研究，本书将结合运动员人力资本的概念与人力资本贬值的内涵来进行分析。

运动员是社会生产实践中较为特殊的从业人员，运动员的训练竞赛属于职业活动的范畴，运动员通过其特殊的劳动技能生产出极具观赏价值的竞技体育服务产品，满足了人们精神文化生活的需要。人们通过对运动员的体育天赋进行开发和投资，使其经过长期的运动训练形成并凝聚在运动员身上的健康、技能、知识、心理、声誉等因素的价值存量，便构成了运动员人力资本。通过对运动员人力资本内涵的深刻分析，我们认为运动员人力资本是指特定行为主体通过对运动员的体育天赋进行投资，形成的凝聚在运动员身上并能带来未来收益的健康、技能、知识、心理、声誉等因素的价值存量。运动员人力资本的核心价值要素是通过对人的体育天赋进行投资培训而形成的专项竞技能力，属于技能型人力资本范畴。运动员人力资本形成是内生和外生因素共同作用的结果，以运动员专项竞技能力为核心的劳动能力是形成运动员人力资本的自然基础和根源，而多年坚持不断的投资是其形成的外在条件，而且这种投资只有作用于合适的载体才能形成高级劳动力进而转化为运动员人力资本。①

社会经济运行的复杂性，人力资本价值的不稳定性，以及人力资本所处内外环境和条件的不断变化，使得市场中人力资本时刻面临着贬值的风险。人力资本贬值是指因各种内外因素的变化使承载者知识、技能、能力、健康、声誉等价值存量降低而导致其人力资本价值或使用价值的减少和损失。现实的经济社会中引发人力资本贬值的原因较为复杂多样，不仅有各种内外因素，还有许多自然因素、市场因素和社会因素，这些因素单一或综合地对人力资本施加影响，都能使得人力资本价值存量发生变化。与一般通用性人力资本贬值一样，运动员人力资本在职业生涯和生命周期内也必然面临着贬值的风险。运动员职业生涯期间其人力资本价

---

① 王武年:《我国运动员人力资本形成与投资研究》,《首都体育学院学报》,2012 年第 5 期。

值存量往往随着运动员身体健康状况、职业年龄、训练年限、竞技水平、社会影响力等因素的变化而处于波动之中，而且运动员人力资本价值有时会因运动员伤病、退役或参加高级别比赛获得较好名次而出现大幅度的变化，这是运动员人力资本价值变化的显著特点。结合运动员人力资本的特殊性和运动员人力资本发生贬值的内涵及其表现，本书认为运动员人力资本贬值是指因各种内外因素的变化引起运动员在其运动职业生涯和生命周期内专项竞技能力、知识、能力、健康、声誉等价值存量的降低，进而导致运动员人力资本价值或使用价值的减少和损失。该定义阐明运动员人力资本贬值包括运动员职业生涯期间的人力资本贬值和整个生命周期内的人力资本贬值两个层面的贬值含义，突出了运动员人力资本发生贬值时其核心价值要素——专项竞技能力的衰退和减弱，囊括了运动员人力资本市场价值的下降和运动员使用价值降低两个维度的贬值，能够反映运动员人力资本贬值的基本内涵。

## 三、运动员人力资本贬值的形式及表现

人们投资运动员人力资本的目的是为了获得未来预期的收益，运动员人力资本是具有经济价值的生产能力，具有资本增值的特性，可以为各投资主体及运动员带来一定的未来收益。现实经济社会中，人力资本的增值和贬值始终贯穿于人力资本的生产过程之中，成为一对并存共生的矛盾体。在竞技体育领域，运动员之间的竞争异常激烈，“更高、更快、更强”的奥林匹克口号，使“竞争”成为竞技体育的灵魂。每个运动项目每次比赛的冠军只有一个，运动员人力资本价值的增长在某种意义上是排他的，残酷的竞争使只有极少数的运动员才能成为高存量人力资本载体。动态地看，尽管运动员人力资本投资收益具有递增的趋势，但运动员较低的成材率、竞技能力发展过程中诸多的不确定因素、运动训练和竞赛过程意外伤害事故等，使得运动员人力资本投资具有不确定性，承担着较高的投资风险。与资本增值一样，运动员人力资本贬值也是市场的常态，运动员人力资本形成的特殊性，投资过程的不确定性，加上各种自然性、市场性和社会性等因素的影响，运动员人力资本价值存量发生贬损是难以避免的，并且会以不同的方式表现出来。为了更加直观地了解运动员在运

动职业生涯期间和退役时其人力资本发生贬值的不同表现形式，我们将一些常见的运动员人力资本贬值形式进行分类归纳，并以大家比较熟悉的中国部分优秀运动员案例作为印证，具体分类见表3-1。

**表3-1 常见的运动员人力资本贬值的形式、类型及表现分类归纳**

| 贬值形式 | 贬值类型 | 贬值的表现 | 代表性案例 |
|---|---|---|---|
| 训练和竞赛中受伤 | 可逆贬值<br>非正常贬值<br>绝对贬值 | 瞬时发生，运动员人力资本暂时退出竞技体育市场 | 刘翔在2008年北京奥运会、2012年伦敦奥运会时受伤 |
| 训练和竞赛中因受伤被迫退役 | 可逆贬值<br>非正常贬值<br>绝对贬值 | 运动员人力资本退出竞技体育市场，进入资本市场 | 程菲在备战2012年伦敦奥运会训练时受伤退役 |
| 训练和竞赛中导致伤残 | 不可逆贬值<br>非正常贬值<br>绝对贬值 | 运动员人力资本永久退出资本市场，人力资本报废 | 桑兰在1998年美国友好运动会受伤、汤淼在2007年交流比赛中受伤，分别导致高位瘫痪 |
| 运动员正常退役 | 可逆贬值<br>正常贬值<br>相对贬值 | 运动员人力资本退出竞技体育市场，进入资本市场 | 每年退役的优秀运动员 |
| 运动员退役后就业或职业转换良好 | 可逆贬值<br>正常贬值<br>相对贬值 | 运动员人力资本价值发生顺畅延续或有效迁移 | 李宁、田亮等成功转型，退役运动员从事教练员、管理人员等实现良好就业者 |
| 运动员退役后进入高校继续学习深造 | 可逆贬值<br>正常贬值<br>相对贬值 | 运动员人力资本贬值得以有效补偿，价值发生有效迁移 | 邓亚萍攻读剑桥博士，北京体育大学奥运冠军班 |
| 运动员退役后未能就业或职业转换失败 | 可逆贬值<br>非正常贬值<br>相对贬值 | 运动员人力资本出现闲置、浪费、效率低下甚至报废 | 邹春兰、艾冬梅、张尚武等大批退役后未能实现就业或职业转换失败的运动员 |

表3-1的内容只是对竞技体育领域内运动员人力资本贬值常见的一些形式的分析和归纳，需要说明的是表中的可逆与不可逆贬值、正常与非正常贬值、相对于绝对贬值的类型划分也是基于特定视角和不同维度下的相对描述，竞技体育市场也是相对于宏大的资本市场的一种狭义层面

的界定，在这里仅仅指竞技体育领域的竞赛表演市场。现实经济社会的复杂性、运动员人力资本的特殊性以及引发运动员人力资本贬值原因的繁杂多样性，使得运动员人力资本价值存量的变化存满不确定性。除表3-1中一些常见的运动员人力资本贬值形式外，在竞技体育领域还存在着体制因素、管理因素以及人为因素导致的运动员人力资本贬值现象，比如，特定的管理体制会影响运动员人力资本价值的形成，政府管理部门也会通过控制本国的体育竞赛表演市场对运动员人力资本加以约束，这些都会影响部分运动员人力资本效能的发挥，造成运动员人力资本效率低下。

由于竞争激烈，现代体育不再是简单的强身健体，竞技体育已经由运动员和教练员构成的单一参赛系统发展到众多人员高度合作的复杂系统。尽管训练和比赛的合理性、科学性日益提高，但在运动训练和比赛过程中，运动员遭遇伤害事故的风险远远高于其他职业领域，特别是一些危险性较高的运动项目，比如体操、自由滑雪的空中技巧、拳击以及同场对抗等项目，其中运动员受伤的概率非常高，也就是运动员人力资本发生贬值的风险很高。据《英国运动医学杂志》报道，在2010年冬季奥运会上，有至少十分之一的参赛运动员受了伤，7%的运动员生病。① 报告显示，在被检测的2 567名运动员中，有287人在赛会期间受伤，另有185人生病。根据具体的受伤率，最危险的运动项目是有舵雪橇、冰球、短道速滑、高山滑雪和单板滑雪越野，这些项目的受伤率在15%～35%之间。另外在本届冬奥会的无舵雪橇项目中，发生了一起运动员死亡事故：格鲁吉亚选手诺达尔·库马里塔什维利在训练中飞出滑道，头部撞在赛道边的钢架上导致死亡。在竞技体育领域运动员在训练和比赛中受伤、伤残甚至发生意外事故死亡的现象并不少见，这些事件的发生均能导致运动员人力资本在瞬时发生贬值甚至报废。而对于一些冷门的重竞技项目，比如从事铁饼、标枪、链球、举重、摔跤等项目的运动员就业口径较窄，就业相

---

① 数据来自温哥华冬奥会期间82个国家和地区奥委会的主任医师监测本代表团运动员的健康状况报告，以及温哥华的“奥运会门诊部”的病历数据。

对困难，其人力资本更容易被闲置或浪费，引致运动员人力资本贬值。尽管运动员人力资本贬值以不同的形式表现出来，但与其他形式的人力资本贬值一样，运动员人力资本贬值最终都体现在运动员收入减少、获取收入能力下降以及拓展收入空间的能力弱化等方面。

## 四、运动员人力资本贬值的特殊性

竞技体育在经历了有组织的社会化过程之后，已不仅仅是一种具有竞争性、娱乐性的身体活动，而是被特定的群体或集团赋予了工具性或功利性价值。随着竞技运动的商业化、职业化趋势日渐增强，功利性已经逐渐成为运动员参与或从事竞技运动的最主要的动力因素。竞技运动的娱乐本质属性被运动员淡化，运动员是在按照特定社会群体或集团的价值意志、价值理想和价值需要，以社会工具的形式参与竞技运动，以期望获得可观的社会收益和物质收益。① 人们投资运动员人力资本旨在获得未来预期的收益，然而运动员人力资本价值的形成及增长具有排他性，在投资过程中投资主体不仅承担着较高的机会成本和投资风险，而且始终面临着运动员人力资本发生贬值的风险。运动员从事训练和竞赛特殊的劳动形式和生产活动过程，以及其独特的职业特点，决定了运动员人力资本贬值具有特殊的一面。与其他人力资本贬值相比，运动员人力资本贬值除具有一般通用性人力资本贬值的增值与贬值共生、普遍性与特殊性并存、时效性和隐蔽性较强、贬值阻力与动力互补等基本特征外，运动员人力资本贬值还具有自身独特的一些属性。

### （一）运动员人力资本发生贬值时过程较短，瞬时性贬值特征明显

运动员人力资本是由不同层次的知识、体能、技能等质量因素所构成的复杂劳动力，特别是人力资本的核心价值要素——高水平的专项运动技能，必须通过运动员多年坚持不断的反复训练才能获得。与一般通用性人力资本的生命周期特征不同的是，运动员职业生涯期间其人力资本价值存量的巅峰期到来早，持续时间短，一般在 10 年以下。运动员一般在十几岁到二十岁左右开始进入巅峰期，在巅峰期后运动员人力资本的

① 苏雄，曹春宇：《“邹春兰式”悲剧的社会学审视》，《体育文化导刊》，2006 年第 8 期。

衰退期就会到来，而且衰退较快，也就是说运动员人力资本价值存量在短时期内下降很快，贬值发生的过程较短。体育是高强度的体力和脑力劳动，对运动员的健康状况、体能储备、生理、心理等素质要求非常高，运动员只有处于人生的一定阶段，才能满足这种特殊要求。因此运动员人力资本使用存在严格的时间规定性，运动员只有在职业生涯的“最佳竞技阶段”和“竞技保持阶段”才能发挥出最高水平的专项竞技能力。运动员人力资本受生命体的支撑程度所限，其人力资本效用的最大化必须处在运动员职业生涯的黄金时段，与一般性人力资本相比，这个黄金时段相对较为短暂，在使用方面具有较强的时效性，而在运动员人力资本效用发挥最大化后，其人力资本价值存量呈现快速下降的趋势。此外，运动员在运动训练和参赛期间遭遇的伤病及意外伤害事故比其他职业从业人员高出许多，运动员的伤病、意外伤残、训练过程中被淘汰，以及退役都会导致运动员人力资本瞬时发生贬值，其价值存量在短时间内急剧下降，呈现出运动员人力资本瞬时发生贬值的鲜明特征。

### （二）运动员退役时其人力资本贬值幅度较大，部分运动员在职业转换过渡期人力资本出现暂时失灵现象

运动员是特殊行业的从业人员，运动员特殊的职业特点决定了运动员专项竞技能力的发展、身体健康的保护、文化知识的教育，以及职业转换与再就业都具有自身的规律。运动员人力资本的价值要素包括凝聚在运动员身上的健康、技能、知识、心理、声誉等因素，其中通过对人的体育天赋进行投资培训形成的专项竞技能力是运动员人力资本的核心价值要素。在运动员培养过程中，为了使运动员在尽可能短的时期内大幅度提升其专项竞技能力水平，人们通常把时间、精力、物力、财力等投资要素更多地集中在如何提高运动员专项竞技能力上，而忽视了运动员人力资本其他价值要素的发展。这样长期的不均衡投资最终造成了运动员人力资本核心价值要素——专项竞技能力的存量水平远远高于其他知识、技能、心理、社会适应能力等价值要素水平，使得运动员人力资本价值具有内在的不平衡性、不稳定性。运动员人力资本这种内在价值的不平衡程度普遍高于一般通用性人力资本，因此其无论在市场中还是在社会中面临贬

值的风险也高于一般通用性人力资本，而一旦运动员退役，随着其专项竞技能力的急剧下降，运动员人力资本价值存量就出现较大幅度的下降或贬损，进而影响到退役运动员的职业转换和就业问题。

此外，人力资本的专用性越强，其人力资本的淘汰率越高，人力资本贬值的程度也就越高。运动员的职业特点和竞技体育激烈的竞争性决定了运动员人力资本具有极强的专用性，甚至可以说是纯粹的专用性。运动员人力资本的可用性只局限在体育领域内或局限在某个项目上，因此这是一种高级专用性人力资本。运动员一旦退役，其自身原有的人力资本到其他职业领域几乎派不上用场，其职业转换成本相当高。面对年龄增大、体能下降、竞技能力衰退，以及伤病等健康状况恶化诸多因素，选择退役结束运动职业生涯是任何运动员都必须要面对的问题。因此，运动员人力资本内在价值的不稳定性和极强的专用性都造成了运动员退役时其人力资本价值存量在短时间内迅速下降，发生较大幅度的贬值。大多数运动员退役后对于职业转换和二次就业等问题比较茫然，职业规划意识薄弱，社会适应能力不强，对社会就业形势不了解，心理期望值过高，其综合素质往往不能满足社会及市场的需求，在竞技体育领域以外的行业没有竞争优势，就业比较困难。当运动员退役后，其原有的以专项竞技能力为核心的运动员人力资本不能再给其投资主体和所有者带来相应的经济收益时，运动员在职业转换过渡期人力资本便出现暂时失灵的现象。

**（三）运动员退役时其人力资本贬值对运动员后职业时期影响较大**

竞技体育激烈的竞争性是竞技运动区别于其他体育运动最本质的特点之一，同时竞争性也是竞技体育不断发展的杠杆，它既增加了竞技比赛胜负的不确定性，也使得竞技运动更具魅力，成为人们社会生活必不可少的一部分。运动员在比赛中总是力求最大限度地发挥自己的竞技能力和潜能去战胜对手，每个运动员都怀有一颗冠军的心，都希望有一天能站在奥运会冠军的领奖台上。竞技体育领域运动员的培养过程是层层淘汰、层层选优的过程，这是一个“金字塔”的培养结构，是由运动员成才规律所决定的，只有塔基和塔身又粗又壮，才可能支撑住、涌现出塔尖的世界冠军。由此可见，从一个人选择从事运动员职业那一刻起，他所选择的就是一条机会成本

很高、风险收益不高的道路。因为运动员较低的成材率、竞技能力发展过程中诸多的不确定因素、运动训练和竞赛过程意外的伤害事故等,使得运动员人力资本投资具有不确定性,承担着较高的投资风险,只有极少数的运动员最终能够成为高品级存量人力资本载体。一般来讲,资本存量水平越高的人力资本,其稀缺性就越大,获取的收益回报也就越丰厚。运动员人力资本特别是处于竞技体育"金字塔"顶端的优秀运动员人力资本,与一般性人力资本相比其稀缺性是显而易见的。因此,这些处于"金字塔"顶端的少数运动员因其专项竞技能力具备了夺取各类比赛冠军的水准,往往能在比赛中获取好的名次,从而能够获得较高的经济、名誉、社会地位等收益,即使这些运动员退役其人力资本发生贬值,但这些运动员依靠在职业生涯期间积聚的财富、社会地位在一定程度上能够弥补其人力资本存量的贬损,职业转换和就业往往比较成功,退役时其人力资本贬值对后职业时期影响不大。

然而处于运动员培养"金字塔"结构中塔基和塔身的绝大多数运动员,往往占到一个国家全部专业运动员总数的80%~90%。竞技体育残酷的竞争性和运动员培养较高的淘汰率,许多优秀的运动员在成长过程中会因为先天禀赋不足或后天训练中某些因素的制约,导致其竞技能力难以达到夺取省市、全国甚至世界冠军的水平,在长达十几年职业生涯中往往默默无闻,未能获得预期的经济收益以及一定的社会名誉和地位。但是在一个国家或地区运动员人力资本的生产过程中,这些绝大多数的运动员承担了大量的训练和比赛任务,付出了常人难以忍受的艰辛劳动、大量的心理成本以及高昂的机会成本等,在其青少年的黄金时期大量的时间和精力都花费在运动训练和参加比赛当中,失去了许多接受正常文化教育和其他技能培训的机会。这些运动员在退役时其人力资本价值存量出现较大程度的贬损和下降,面临着教育时间不足,文化知识水平低下等现实问题,导致他们在二次就业的社会竞争中处于相对劣势。此外,对于绝大多数与奖牌和荣誉无缘的退役优秀运动员来说,由于年龄偏大、文化底子薄,缺乏其他职业技能,而长期高强度、大运动量训练导致的伤病情况在运动员职业生涯中反复出现,在一定程度上影响了运动员的职业转型的能力,在二次就业时往往会遇到较大的困难。随着社会职业类别发展不断多样化、自由职业不断涌现，而退役运动员职业对比优势却不断削弱，社会上也长期存在着对运动员群体“头脑简单，四肢发达”“社会再就业中的弱势群体”等负面评价。由此可见，绝大多数的运动员退役时其人力资本发生较大程度的贬值对于其二次就业以及后职业时期的人生具有很大的影响，而且这种影响往往会持续较长的时间，甚至于影响部分退役运动员的一生。

## 本章小结

本章研究拓展运用人力资本及其贬值理论，以运动员人力资本——运动员人力资本贬值为逻辑主线，在全面分析研究运动员人力资本的概念、内涵与外延、性质与特征、价值与分类等相关理论知识的基础上，进一步展开对运动员人力资本贬值相关问题的探讨，深入研究了运动员人力资本贬值的本质、内涵、概念、表现形式，以及运动员人力资本贬值的特殊性等基础性问题，研究构建了较为完整的运动员人力资本理论体系、运动员人力资本贬值理论体系的分析框架，为本书研究中国优秀运动员人力资本贬值及其投资补偿等问题奠定了坚实的理论基础。

研究认为：运动员人力资本是指特定行为主体通过对运动员的体育天赋进行投资，形成的凝聚在运动员身上并能带来未来收益的健康、技能、知识、心理、声誉等因素的价值存量。运动员人力资本的核心价值要素是通过对人的体育天赋进行投资培训而形成的专项竞技能力，运动员人力资本属于技能型人力资本范畴。运动员人力资本主要内涵是凝结在运动员身上具有经济价值的生产能力，其本质是运动员从事体育生产活动的劳动能力，由运动员劳动力的转化而来，直接表现形式是运动员在比赛中的竞技能力。人身依附性是运动员人力资本最本质的特征，此外运动员人力资本具有形成的长期性和使用的时效性、极强的专用性和稀缺性、生产的特殊性和异质性、价值的不稳定性和度量标准的单一性等主要特征。运动员人力资本是效率性人力资本、动力性人力资本、交易性人力资本的复合体，而其价值也是上述三种形式人力资本各构成要素健康、知

识、技能、兴趣、动机、情感、道德、声誉等价值的综合体现。运动员人力资本贬值是指因各种内外因素的变化引起运动员在其运动职业生涯和生命周期内专项竞技能力、知识、能力、健康、声誉等价值存量的降低,进而导致运动员人力资本价值或使用价值的减少和损失。运动员人力资本在运动员职业生涯周期和整个生命周期内面临贬值的风险始终存在,运动员人力资本贬值是市场的常态,受各种内外因素的影响,运动员人力资本面临着三重贬值风险:自然贬值、市场贬值和社会贬值。尽管运动员人力资本贬值以不同的形式表现出来,但与其他形式的人力资本贬值一样,运动员人力资本贬值最终都体现为运动员收入减少、获取收入能力下降以及拓展收入空间的能力弱化等方面。运动员人力资本贬值除具有一般通用性人力资本贬值的基本特征外,还具有自身的独特性,具体表现为运动员人力资本发生贬值时过程较短,瞬时性贬值特征明显;运动员退役时其人力资本贬值幅度较大,部分运动员在职业转换过渡期人力资本出现暂时失灵现象;运动员退役时其人力资本贬值对运动员后职业时期影响较大。

# 第四章　中国优秀运动员人力资本及其形成与投资

改革开放 30 多年来，随着经济体制的转轨和政治体制改革的不断深入，中国的综合国力显著增强，国际地位不断提高。进入新世纪，借助中国经济的全面腾飞，竞技体育、体育健身、体育产业、体育消费呈现出全方位发展的良好势头。竞技体育是体育的重要组成部分，是体育中最为活跃、最具魅力、最具代表性的部分。竞技体育通过高水平的竞技、竞争，优胜劣汰，催人奋进，推动着体育事业的不断发展，作为社会发展的一项重要内容，竞技体育依托社会的发展而发展，同时又对社会的发展起促进作用。中国竞技体育在举国体制的支撑与保障下，在短短 20 多年的时间内迅速崛起，跻身奥运三强，取得了辉煌的成就。特别是在 2008 年北京奥运会上，中国体育健儿更是以 51 枚金牌、100 枚奖牌的骄人战绩列金牌数第一、奖牌数第二（不含中国台北、中国香港获得的奖牌数），取得历史性突破，成就令全球瞩目。新中国成立 60 多年来，中国一代又一代的体育健儿，肩负着祖国和人民的希望，胸怀壮志，吃苦耐劳，锐意进取，奋勇拼搏，以非凡的勇气和骄人的战绩不断攀登世界体育高峰，向全世界展示了中华民族自强不息、奋发有为的精神风貌。国运盛，体育兴，在中国竞技体育由弱到强的发展历程中，中国数十万体育健儿在勇创佳绩的同时，为中国积聚起了宝贵的竞技体育人力资源和丰厚的运动员人力资本存量，这必将成为中国践行体育强国战略目标中极其宝贵的人才优势。为全面了解中国优秀运动员人力资本及其形成与投资情况，本书从分析中国运动员职业属性、运动员“劳动”属性入手，结合中国竞技体育管理制度、运动员培养体制来深入分析研究中国优秀运动员人力资本的形成与投资问题。

## 第一节　中国运动员人力资本

### 一、中国运动员职业分析

"职业"一词在《汉语大词典》中解释为："今指个人服务社会并作为主要生活来源的工作。"《中华人民共和国职业分类大典》(1999 年版)将职业定义为："从业人员为获取主要生活来源所从事的社会工作类别。"从哲学的角度讲，属性是对一个事物本质特征的概括和描述，是对一个事物进行分类的前提。职业的根本属性是一种社会活动，是一种劳动生产活动。职业活动是随着经济社会的发展及技术的进步，社会生产力发展水平不断提高，社会分工不断细化和专业化而产生的，是现代文明的产物，同时职业活动对社会发展、个人发展又都具有重要的促进作用。职业活动具有社会性、稳定性、长期性、专门的技术性和经济回报性等特征。

《现代汉语词典》中对运动员的定义为：参加运动训练和竞赛的人。这是从通用的运动员活动的内容及训练和比赛的角度来定义运动员的。田麦久主编的体育院校通用教材《运动训练学》给出运动员的定义是：指经常从事体育锻炼、运动训练和运动竞赛，有一定运动能力和技术水平的人员。① 1992 年为配合《劳动法》的实施，劳动部专门下发《关于界定文艺工作者、运动员、艺徒概念的通知》对运动员的概念进行了界定，"运动员，系指专门从事某项体育运动训练和参加比赛的人员"。② 这个文件标志着国家在政策法规层面上第一次将运动员作为一种职业身份正式予以确认。

运动员属于一种职业，主要是运动员活动具备了职业活动的基本特征。从职业的社会学角度看，运动员职业是随着社会的发展，在社会分工日益细化和专业化背景下产生的，是社会分工的产物，因此具有社会性。运动员的竞技水平要达到一定的高度必须要经历多年甚至数十年的连续

---

① 田麦久：《运动训练学》，人民体育出版社，2000 年。

② 劳动部：《关于界定文艺工作者、运动员、艺徒概念的通知》(劳力字(1992)25 号)。

不断的专业训练，其活动方式具有一定的长期性。在运动员多年的生活中，其主要活动就是从事运动训练和体育竞赛，活动内容保持了相对的稳定性。运动员是专门从事某个项目运动训练和竞赛的从业人员，每个运动项目都有专门的技术动作、技术要求、技术规范，运动员必须通过专门的训练才能习得和掌握，由此可见，运动员活动具有专门的技术性。运动员通过多年艰苦的训练不断提高自己的竞技水平，以通过参加比赛获得较好的运动成绩为目标，参加运动训练和体育竞赛是运动员最基本的、唯一的劳动形式，也是运动员获得相应的劳动报酬作为生活来源的主要方式，因此运动员活动具有经济回报性特征。通过以上分析，可见运动员活动完全具备职业活动的社会性、稳定性、长期性、专门的技术性和经济回报性等特征，运动员活动属于职业活动范畴，运动员可以作为一种职业。1999 年由中国劳动与社会保障部、国家质量技术监督局、国家统计局会同国务院相关行业主管部门等 40 个单位联合制定并正式颁布出版的《中华人民共和国职业分类大典》八个大类的社会职业中，将运动员职业归属到专业技术人员大类中的体育工作人员，与教练员、裁判员及其他体育工作人员并列为一种职业类别，如表 4-1 所示。

**表 4-1　中国运动员职业分类表**

| 类　别 | 大　类 | 中　类 | 小　类 | 细　类 |
|---|---|---|---|---|
| 职业划分 | 专业技术人员 | 体育工作人员 | 体育工作人员 | 教练员<br>裁判员<br>运动员<br>其他体育工作人员 |

运动员作为一种职业，必然具有社会属性和经济属性。根据中国职业分类大典的分类方法，运动员职业的社会属性可归纳为在社会生活中利用专业技术工作的从业人员。而运动员的经济属性则正是本研究的主题之一，因为凝聚在运动员身上的健康、知识、运动技能、参赛能力、社会声誉等因素的价值存量将被认定为一种人力资本，既然是资本，必然就有经济属性，而且这种人力资本能够为运动员带来一定的收益。

从中国运动员历史和现实的情况分析，在中国运动员职业群体包括

专业运动员和职业运动员。专业运动员是由国家培养、政府管理为主的隶属于各省、区、市体育管理部门或体育事业单位以及军队、各行业协会的运动员。钟秉枢将中国专业运动员界定为:“中国计划经济体制下由国家和地方政府设立的专业体育工作队培养的肩负着在国际竞赛中为国家争得荣誉,并以技术上的成就推动和影响群众体育开展双重任务的运动员。”①职业运动员是市场投资培养、社会组织管理为主的专门从事体育竞赛及表演,从中获取报酬,并以此作为生活来源的自由职业者。除了上述两类运动员外,中国还存在着学生运动员的类别,包括各级竞技体校、体育院校运动系和武术系以及业余体校的普通中小学学生等。这些人具有学生和运动员的双重身份,也常年从事高强度、大负荷的训练和比赛,但却不享受国家职工的待遇,没有训练津贴和补助,这些运动员所从事的训练和比赛不属于职业活动的范畴。

## 二、中国运动员“劳动”及其“劳动产品”的属性分析

既然运动员从事的训练和竞赛活动属于职业范畴,运动员职业身份的确认也体现了社会对运动员劳动成果和劳动能力的承认,因此运动员的训练和竞赛活动本质上也是一种劳动。马克思劳动和劳动价值论认为劳动是人类有目的的活动,是人类社会特有的范畴,市场经济条件下,劳动的内涵进一步扩大,不仅生产物质产品的活动是劳动,而且生产精神产品和劳务的活动也是劳动。劳动具有生产性和非生产性,凡是能够创造价值并带来剩余价值的劳动就是生产劳动,否则就是非生产劳动。何炼成在《社会主义劳动新论》一书中认为:关于教、科、文、卫、体部门劳动的性质,由于这些部门从业者的劳动能够通过提供某种知识产品和文化产品来满足人们的精神和文化需要,因而也可以进入市场,形成价值以至带来一定的剩余价值,因此属于生产劳动。② 运动员的劳动是其运动竞技水平、比赛成绩及产生的社会影响力等综合因素的集中表现形式。运动

① 钟秉枢:《社会转型期我国竞技体育后备人才培养及其可持续发展》,北京体育大学出版社,2003 年。

② 何炼成:《社会主义劳动新论》,科学出版社,2005 年,第 269 - 277 页。

员在比赛中通过劳动为人们提供极具观赏价值的体育比赛、体育表演，并生产出满足人们精神文化生活需要的具有使用价值的精神产品，供人们观赏和消费，运动员的运动行为作为其谋求生存资本的劳动具有商品的价值，而且在进入市场后能给运动员自身、比赛主办、承办者以及其他行业部门带来剩余价值，由此可见，运动员在比赛当中的竞赛表演劳动，是典型的提供非实物形态服务产品的生产活动，其生产的供人们观赏和消费的精神产品，进入了市场，也进行了资本交换，因此属于生产劳动的范畴。而运动员从事的日常训练活动，是为提高其运动技能进行的专业性培训与投资，是为满足自身需要而进行的劳动，劳动过程不产生剩余价值，产品也没有进入市场和其他资本相交换，因此属于非生产劳动的范畴。

1985 年国家统计局《关于建立服务业统计的报告》把中国第三产业划分为四个层次（表 4-2）。同年国务院颁发了《国民生产总值计算方案》，该方案首次把体育事业列入服务业的第三层次，即“为提高科学文化水平和居民素质服务的部门”。1992 年国家统计局产业分类标准和国务院《关于加快发展服务业的决定》中再次确认了这一提法，因此体育事业属于服务部门的属性是明晰的。

**表 4-2　中国第三产业四个层次分类**

| 层次 | 部门 | 行业类别 |
| --- | --- | --- |
| 一 | 流通部门 | 交通运输业，邮电通讯业，商业，饮食业，物资供销和仓储业 |
| 二 | 为生产和生活服务的部门 | 金融业、保险业、地质普查业、房地产业、公用事业、居民服务业、旅游业、咨询信息服务业、各类技术服务业 |
| 三 | 为提高科学文化水平和居民素质服务的部门 | 教育、文化和广播电视事业，科学研究事业，卫生、体育和社会福利事业 |
| 四 | 为社会公共需要服务的部门 | 国家机关、党政机关、社会团体、军队警察 |

依据表 4-1 的分类，体育事业属于第三产业第三层次，是以服务为主

要特征的行业，而运动员劳动所产生的体育产品实质上是竞技体育服务产品。一般来讲产品包括自然产品和劳动产品，经济学意义上的产品通常指劳动产品。按第三产业经济学原理，只要是能消除相对稀缺，满足人的需要，达到了人类从事劳动的目的的物品，就被承认为产品。社会实践表明，人类劳动产生两大类成果，一类是实物形式的劳动成果，另一类是非实物形式的劳动成果。相应的社会产品由有形的可以触摸的实物产品和无形的不可触摸的非实物产品组成，二者都是以满足社会生产和人们生活的需要为目的。[①] 现代体育活动是综合性的社会、经济、文化活动，它能够满足人们诸多方面的需求。运动员的劳动方式是运动训练和竞赛，其生产活动的成果是非实物形式的劳动成果，运动员生产的产品是竞技体育服务产品，产品的生产过程与产品属性与其他产品有着明显区别的，而这种区别也正是由运动员在产品生产过程中所需要的特殊劳动技能所决定的。

### 三、中国运动员人力资本的特殊界定

根据前面的分析，在产业划分方面，中国体育事业在政策法规层面上被列为服务业的第三层次部门，即隶属于为提高科学文化水平和居民素质服务的部门。在职业属性方面，中国运动员所从事的运动训练和竞赛属于职业活动范畴。运动员之所以能够成为一种职业，是因为其拥有能够生产出劳动产品的特殊的劳动能力——专项运动技能，运动员也正是依靠自己所拥有的这种技能作为其谋生手段。依据人力资本理论，凝聚在运动员身体上的专业体育技能是通过对人的体育天赋进行投资培训而形成的，同时这种技能使投资者能够得到一定的收益。因此，运动员的专业体育技能才能称为“资本”，而且是一种资本存量，运动员可以向国家、社会团体获取劳动报酬，获取必要的生活资料。

在计划经济时期中国竞技体育实行专业体育体制，这种体制下中国运动员以创造优异运动成绩、为国争光为目标，按照福利事业的框架和模式，由国家包办体育并采用行政方式运作。为保证这种体制的正常运行，

---

① 张保华：《现代体育经济学》，中山大学出版社，2004 年，第 81－83 页。

国家对运动员的成长和退役后的就业给予全面的保障，特别是拥有高品级人力资本的运动员不仅可以获得较高的工资收入，并且退役后也可以获得较好的工作岗位，但这是在中国特定的历史时期运动员凭借其竞技能力资本与国家资源进行的一种非竞争性交换，这与当时中国的政治、经济及社会发展环境相适应的。由政府高度集权管理的竞技体育领域，专业运动员的培养和管理全部由政府包办，运动员的竞技能力不可能被看做是资本，自然也不存在“运动员人力资本”的提法。

当前中国正处在由计划经济向社会主义市场经济转变的重要时期，党的十四大确定社会主义市场经济作为中国经济体制改革的目标模式。中共中央《关于制定国民经济和社会发展第十个五年计划的纲要》和国家体育总局《关于2001—2010年体育改革与发展纲要》指明：国家和国家体育发展的方向是走与市场经济体制相适应的可持续发展道路。在这样的社会政治、经济背景下，中国的政治、经济体制改革不断深入，改革边际逐渐扩大，市场经济竞争性的要素不断向竞技体育领域渗透，运动员群体的保障和再就业等问题也逐渐转移到竞争性的市场经济中，运动员竞技能力资本作为其参与市场交换的核心资本也逐渐凸现出市场价值，经济界和体育界一些专家学者也开始对运动员人力资本展开研究。

现阶段中国运动员职业群体包括专业运动员和职业运动员，除此之外，中国还存在业余运动员和学生运动员群体，这些人具有学生和运动员的双重身份，但不属于社会职业的范畴。本研究主要针对中国运动员职业群体的人力资本进行研究，特别是对人数占绝大多数的专业运动员人力资本的研究，这在当前市场经济体制下对于继续保持和发展中国竞技体育的核心竞争力具有重要的意义。在研究中国运动员人力资本的相关问题时，一是要注意到中国运动员人力资本特殊的形成机制；二是要结合中国社会转型期不完全市场经济的运行特点，分析中国运动员人力资本的投资与收益分配等问题；三是在探讨中国运动员人力资本产权及产权制度时，不能脱离中国社会主义公有制基础地位，更不能忽视国家对运动员的巨大投入，要和国外产权边界明晰的运动员人力资本区别开来。

## 第二节　中国优秀运动员人力资本的形成与投资

### 一、中国竞技体育管理体制的形成与变迁

新中国成立后，中国体育事业是在计划经济体制下，按照福利事业的框架和模式，由国家包办并采取行政运作的方式逐步建立起了中国的体育管理体制。中国于1954年成立了国家体育运动委员会，1957年完成了从中央到地方层层衔接的体育行政机构的建立。在这种高度集权的管理体制中政府管理机构处于主导地位，而其他体育事业单位则要接受这些国家机关的领导，成为政府部门的附属物，从而造成事业单位与行政单位的一体化，使得社会力量难以介入。国家在这种体制中扮演“全能型政府”的角色，凡是涉及体育的所有事务均由政府出面解决，政府集所有者、管理者、经营者等多种角色于一身，扩大并泛化了政府的体育管理职能，其基本特征是：国家包办、政府部门分管及统管、财政统包供给，体育事业发展和运行直接受制于政府部门，各事业单位既无自主权也没有实质性责任。① 这种体制在短期内具有迅速动员有限资源、集中力量办大事的功能，能够迅速提高竞技体育水平，并较好地为政治服务，即后来人们所说的竞技体育“举国体制”。中国竞技体育举国体制形成于特定的历史时期，与国家当时的政治背景、社会状况、经济条件相适应，并使中国基础薄弱的竞技体育在较短的时间内得到了迅速的发展。

改革开放之后，我国顺应国际竞技体育的发展形势，积极主动地调整竞技体育政策，不断赋予新的历史条件下举国体制新内容、新内涵。1986年原国家体委发布的《关于体育体制改革的决定(草案)》，要求对体育管理体制、训练体制、竞赛体制等方面进行全面改革，并确定了以发展竞技体育为先导，带动体育事业全面发展的战略。这个时期中国竞技体育体制的改革是在“以计划经济为主以商品经济为辅的指令性和指导性计划

① 李艳翎：《经济体制转轨时期中国竞技体育运行的研究》，北京体育大学博士学位论文，2000年，第39－42页。

有机结合的体制”的背景下进行的，改革的重点放在克服过分集中于国家办体育，特别是集中于体委系统一家办体育的弊端，逐步将竞技体育推向社会，鼓励其他系统、行业等社会利益集团办竞技体育，引入多元竞争机制，形成国家和社会相结合办体育的格局。整个20世纪80年代，尽管国家在管办分离方面做了许多改革，但从整体上看，各类社会办体育的主体在管理方式和运行机制方面，仍在不同程度上沿用了政府办体育的模式，中华全国体育总会、中国奥委会和原国家体委“三块牌子，一套人马”的局面并没有根本性突破，中华全国体育总会或者中国奥委会仍然是总局对外体育交往中按需使用的一块牌子，自身职能没有得到切实的发挥。① 这些都表明，计划经济时期形成的政府办体育固有的体制和机制对社会办体育新体制的构建仍有相当大的制约作用。

党的十四大提出经济体制改革的目标后，1993年原国家体委制定出台了《关于深化体育改革的意见》，确定了20世纪90年代至21世纪初中国体育改革的目标与任务。之后国家进行了以体育管理体制和机制为核心，以运动项目改革为龙头，以体育的社会化和产业化为方向的一系列改革，改革的目标是建立适应社会主义市场经济体制下的体育管理体制和运行模式。经过几年的努力，中国竞技体育的管理体制发生了较大的变化，建立了运动项目管理中心，分别对体育运动项目实行集束式全面管理，初步形成了体育总局宏观管理、运动项目管理中心和单项协会实施专项管理的新的竞技体育管理体制。

伴随着当前竞技体育生存发展内外环境的客观变化，中国竞技体育举国体制更是发生了质的变化，在新体制下建立良性的适应社会主义市场经济要求的运行机制，是当前体育改革所面临的重要任务。中共中央《关于制定国民经济和社会发展第十个五年计划的纲要》和国家体育总局《关于2001—2010年体育改革与发展纲要》指明：国家和国家体育发展的方向是走与市场经济体制相适应的可持续发展道路。随着中国市场经济体制改革的不断深入，以及与此相适应的体育体制改革和运行机制转

① 杨越：《市场经济体制下中国竞体育经济发展研究》，中国社会科学院博士学位论文，2003年。

换的不断推进，体育管理体制逐步向市场化、产业化、实体化、社会化方向发展。国家鼓励社会力量组建优秀运动队或职业体育俱乐部，改变运动训练经费由国家全包的做法，积极面向社会开放竞赛市场，鼓励社会各界承办各类体育赛事，逐步推行参赛许可证制度，极大地促进了竞技体育的市场化。

尽管中国体育事业管理体制改革取得了一定的成就，但在国家政治、经济体制改革的大形势之下，体育系统改革滞后性却是客观存在的。当前中国竞技体育举国体制主要存在以下问题：一是现有的竞技体育规模难以扩大，体育资源配置效率和效益呈现递减趋势，整体缺乏可持续发展动力。二是项目布局不合理，结构难以改善，优势项目与劣势项目发展失衡，社会关注度高的球类集体项目的成绩普遍滑坡，职业体育与非职业体育不能融合互补。三是组织管理构架不健全，系统内利益矛盾突出，整个系统的向心力、凝聚力下降。四是竞赛体制没有理顺，专业队体制面临严峻挑战，业余训练规模萎缩，质量下降。① 上述一系列问题存在的根本原因在于原有“举国体制”赖以存在的社会大环境发生了本质变化，而现行的竞技体育管理体制及其运行机制已经不能适应社会经济的发展和要求。解决这些矛盾和问题的根本出路，在于与时俱进地推进中国体育体制的改革和运行机制的转换，主动地适应市场经济发展的新形势，保持中国竞技体育事业可持续发展。

总体来说，孕育于计划经济时期，形成于20世纪80年代后的中国竞技体育“举国体制”在新中国成立以来的60多年时间里，特别是改革开放30多年来，不仅迅速而有效地提升了中国竞技体育的水平，同时竞技体育的发展对于中国不同历史时期的政治稳定、经济发展、精神文明建设、社会繁荣与和谐等方面起到了重要作用。据统计，改革开放以来中国运动员共获得世界冠军2 137个，占新中国成立以来总数的99%；创造世界纪录1 001次，占新中国成立以来总数的85%，这充分显示了中国竞技

① 李元伟，鲍明晓，任海，等：《关于进一步完善我国竞技体育举国体制的研究》，《中国体育科技》，2003年第8期。

体育发展的整体水平和取得的巨大成就。① 特别是2008年在北京奥运会上中国体育健儿更是以金牌数第一、奖牌总数第二的骄人战绩创造了历史,取得了举世瞩目的辉煌成绩,在2012年伦敦奥运会上中国体育健儿再接再厉,获得了金牌数、奖牌总数均第二的优异成绩。新中国成立后,中国体育健儿在历届夏季奥运会上获得的奖牌情况见表4-3(不包括中国台北、中国香港获得的奖牌数)。

**表4-3 新中国成立后中国参加的历届夏季奥运会获得奖牌**

| 奥运会 | 举办地 | 金牌 | 银牌 | 铜牌 | 奖牌总数 | 金牌榜排名 | 奖牌榜排名 |
|---|---|---|---|---|---|---|---|
| 第23届 | 洛杉矶 | 15 | 8 | 9 | 32 | 4 | 6 |
| 第24届 | 汉 城 | 5 | 11 | 12 | 28 | 11 | 7 |
| 第25届 | 巴塞罗那 | 16 | 22 | 16 | 54 | 4 | 4 |
| 第26届 | 亚特兰大 | 16 | 22 | 12 | 50 | 4 | 4 |
| 第27届 | 悉 尼 | 28 | 16 | 15 | 59 | 3 | 3 |
| 第28届 | 雅 典 | 32 | 17 | 14 | 63 | 2 | 3 |
| 第29届 | 北 京 | 51 | 21 | 28 | 100 | 1 | 2 |
| 第30届 | 伦 敦 | 38 | 27 | 23 | 88 | 2 | 2 |

注:不包括中国台北、中国香港获得的奖牌数。

## 二、中国运动员培养体制及其途径变迁

竞技体育是一国体育事业的核心竞争力,而后备人才的培养是竞技体育发展的基础,是竞技体育中一个非常重要的环节,对竞技体育的发展和竞技水平的提高起着决定性的作用。新中国成立后,为了迅速提高中国体育运动技术水平,中华全国体育总会在1952年2月成立了"中央体训班",即现在国家体育总局训练局的前身。同年11月,在解放军各大军区组建体工队的基础上,"八一体工大队"成立,在随后的几年里,各大行政区也相继成立了体训班,即后来的各省体工队的前身。体训班和体工队的任务就是为国家培养优秀运动员,迅速提高竞技体育运动水平,争取

① 刘鹏:《在2008年全国体育局长会议上的讲话》,2008年。

在国际比赛中获胜，为国家争取荣誉。这些中央与地方体训班之间相互学习、相互竞争，有力地推动了中国竞技体育的发展，而体训班的成员也就是后来所称的优秀运动员队伍。[①] 在此之后随着国家体育运动委员会的成立和各级政府体育行政机构的建立，计划经济时期中国高度集权的体育管理体制也逐步建立起来。在这种体制下政府的各级体委采取高度集中和封闭运行的方式进行竞技人才的选拔和训练，突出竞技运动的政治价值，并以强有力的行政干预方式建立起独立于教育系统的运动员培养"一条龙"体制。运动员的培养主要采取青少年业余训练与专业运动队相结合的方式，并经过数十年的发展形成了以青少年为主要对象，以发现、培养和训练运动人才为主要目的，以国家和省市优秀运动队为一线和中心环节的纵向层层衔接的三级运动员训练和培养体制，具有鲜明的中国特色。

长期以来，中国竞技体育后备人才的培养主要依靠"金字塔"式的"三级训练网"，这是一种纯粹的竞技体育训练体制，是通过国家强制性制度的安排，运用行政手段在教育系统以外形成了一个从事体育教育和文化教育的专业性系统。在"三级训练网"中，居于金字塔最底层的是少年体校、普通业余体校、体育传统项目学校、中小学运动队等，其主要任务是为运动员打好基础，扩大人才选拔的范围，建立运动员梯队的三级队伍；居于金字塔中层的是重点业余体校、体育中专、专项业余体校和竞技体校，其主要任务是提高运动技术水平，培养和向优秀运动队输送后备人才，建立运动员梯队的二线队伍；居于金字塔顶端是省、市、自治区、解放军代表队和国家队，是集中了各省、市和全军运动员的精英，代表中国最高水平，是中国运动员梯队的一线队伍。据不完全统计，从 1952 年建立优秀运动队以来，中国共培养了大约 200 ~ 300 万名优秀的专业运动员。据 2006 年的数据显示，中国优秀运动员编制数大约为 3 万，全国实有在编优秀运动员约 2.7 万，其中在训优秀运动员 2.3 万，待安置优秀运动员

① 钟秉枢：《成绩资本和地位获得——我国优秀运动员群体社会流动的研究》，北京体育大学出版社，1998 年，第 26 - 27 页。

0.4 万人。[①] 在计划经济体制下建立起的中国“三级训练网”竞技体育后备人才培养体制，以其独特的资源整合优势，确保了中国竞技体育的超常规发展，为竞技体育的起步、发展与腾飞做出了巨大的贡献。图 4-1 是中国运动员培养的“三级训练网”金字塔图。

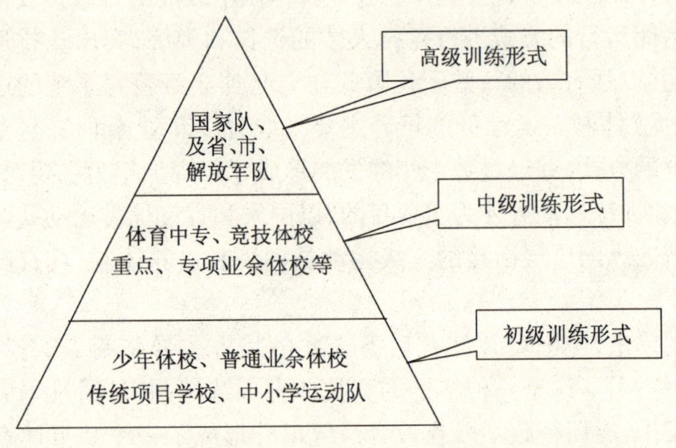


**图 4-1　中国运动员培养的“三级训练网”金字塔**

在新中国成立后的 30 年里，中国这种自下而上“金字塔”式的运动员培养和训练模式过分依赖国家投资，从制定总体发展规划到运动员的选拔、培养等全部由国家负责包办、包管，运动员的培养是建立在一种高投入、低产出、高淘汰率的基础上。改革开放以来，随着中国社会的转型和经济的快速发展，中国体育事业不能继续按照传统的计划经济体制运行，竞技体育后备人才的传统培养体制也受到了冲击和挑战，改革力度不断加大，相继出台了一些措施，并进行一些局部性的制度创新试点。如压缩体工队和各级体校的数量，动员社会力量办运动队，普通学校试办竞技体育后备人才运动队，“体教结合”试办高水平运动队等，但是这些改革在很大程度上只是一种局部的改革，没有彻底改变原来存在的一些深层

① 国家体育总局人事司：《优秀运动员全国普查数据》，2006 年。

次的、根本性的问题，中国的运动员培养和训练的主体模式依然是一个由业余体校、专业体校、地方体工队、省队、国家队层层叠落的体系，几乎所有的奥运冠军以及其他一些大型赛事的世界冠军，均出自于这个系统。

随着中国市场经济体制的初步建立，中国专业竞技体制也随之发生变化，但中国竞技体育后备人才的培养模式仍然带着计划经济时代的特点，绝大部分还依赖于国家，是一种转轨时期的特殊模式，没有真正建立起与市场经济结合的竞技体育后备人才培养模式和运行机制。现有的运动员培养体制存在着业余体校生源数量减少、培养质量降低，体育后备人才萎缩、分布不均衡、结构不合理，以及成才率低等诸多问题，这严重影响了中国竞技体育后备人才的培养。据统计，中国竞技体育后备人才 1996 年总计为 308 282 人，而到了 1999 年为 153 508 人，减少了154 774人，三年时间减少近 50%，而近十年竞技体育后备人才大面积缺乏的趋向更加明显。优秀运动员培养的重点在于强调要更多地利用和挖掘社会资源，改变以往单纯由政府作为投资主体的运动员的培养方式。1992 年足球职业化俱乐部的试点，到篮球、排球、乒乓球等项目的俱乐部制的实行，各行业和高等院校兴办高水平运动队，以及竞赛招标制的实施等，有效地推动了中国竞技体育职业化、社会化的进程。这些情况表明，中国竞技体育后备人才培养的体系正在发生着变化，由过去单一、封闭的模式向目前多元、开放的模式转化。这种转变并不是对过去“传统”的彻底否定，而是竞技体育后备人才培养体系中各种培养形式之间地位、比重的调整与转换。① 中国竞技体育后备人才培养模式形成及演变过程见表4-4。

① 钟秉枢：《社会转型期我国竞技体育后备人才培养及其可持续发展》，北京体育大学出版社，2003 年，第8－12页。

表 4-4 中国竞技体育后备人才培养模式形成及演变过程

| 时 间 | 培养形式 | 培养特点 |
| --- | --- | --- |
| 1951 年以前 | 普通高校业余训练 | 业余竞技体制 |
| 1951 年 | 解放军体工大队 | 专业竞技体制 |
| 1952 年 | 中央体训班、八一体工大队 | 专业竞技体制 |
| 1953 年 | 各大行政区体训班 | 专业竞技体制 |
| 1958 年 | 体育院校 | 业余、专业竞技体制 |
| 1959 年 | 各省、市、自治区成立优秀运动队 | 专业竞技体制 |
| 1965 年 | 国家队、省（直辖市）优秀运动队建立 | 专业竞技体制 |
| 1979 年 | 体育院校竞技体校 | 专业竞技体制 |
| 1982 年 | 运动技术学院建立 | 专业竞技体制 |
| 1987 年 | 普通高校试办高水平运动队 | 业余竞技体制 |
| 1992 年 | 业余、职业足球俱乐部 | 业余、职业竞技体制 |
| 1994 年 | 足球学校 | 业余竞技体制 |
| 1994 年以后 | 国家队、省市及部队体工队、职业俱乐部、体育院校及竞技体校、普通高校高水平运动队、运动技术学院、体育学校、各级业余体校、社会团体、家庭和个人 | 专业竞技体制<br>业余竞技体制<br>职业竞技体制 |

注：此表根据钟秉枢的《社会转型期中国竞技体育后备人才培养及其可持续发展》（北京体育大学出版社，2003 年）和熊晓正的《中国竞技体育发展模式的研究》（人民体育出版社，2008 年）两本书整理而成。

当今世界，竞技体育对运动员生物潜能的开发已日趋接近极限，未来竞技体育的可持续发展必须重视充分开发运动员的智能潜力，有效地利用科学技术更新场地和器材，从而促进竞技体育尽快从传统的体能型向智体型转变。① 2000 年 12 月，国家体育总局颁布的《2001—2010 年体育改革与发展纲要》明确指出：中国青少年训练要回归教育，高水平运动员的培养要走“院校化”之路。现阶段要建立中国新型的竞技体育后备人才培养及训练网络，必须注重学校、社会对竞技运动人才的投入和培养。

① 宋继新：《竞技教育学》，人民体育出版社，2003 年，第 26－27 页。

充分利用社会资源、学校等多种途径，扩大竞技体育人才培养的基础，建立起适应社会主义市场经济体制的多形式、多渠道、多层次的后备人才培养体系，是提升中国竞技体育核心竞争力和保持中国竞技体育健康、可持续发展的有效举措。本研究调查显示，目前中国许多的青少年，特别是广大农村地区具有体育天赋的青少年及其家庭还是想通过走体育这条路来改变自己的命运，而从个人喜欢体育的角度选择从事运动员职业的青少年也不少，这说明中国竞技体育后备人才的来源并不匮乏。国家应该着力完善和改进运动员培养模式，通过培养出一专多能的具有较高人力资本综合价值的竞技体育专业人才，使广大青少年运动员在职业发展过程中能够得到全面健康的发展，在运动员退役后也能够适应社会发展的需要，只有这样，才能吸引更多的有潜质的青少年儿童投身到中国竞技体育后备人才的队伍当中。表4-5是中国优秀运动员选择从事运动员职业原因调查情况。

**表4-5　中国优秀运动员选择从事运动员职业原因调查**

| 选择运动员职业原因 | 选择频数 | 百分比/% |
|---|---|---|
| 找一条出路，改变命运 | 158 | 42.5 |
| 父母及家人的安排 | 131 | 35.2 |
| 自己喜欢体育 | 129 | 34.7 |
| 学校老师的安排 | 44 | 11.8 |
| 想当体育明星 | 24 | 6.5 |
| 出名，将来挣大钱 | 23 | 6.2 |
| 其他原因 | 23 | 6.2 |

注：样本数为372。

## 三、中国优秀运动员人力资本的形成

### （一）中国优秀运动员人力资本形成过程

运动员是专门从事某个项目运动训练和竞赛的从业人员，运动员的训练竞赛活动属于职业活动的范畴。运动员通过多年艰苦的训练不断提高自己的竞技水平，通过参加比赛以获得较好的运动成绩为目标，参加运动训练和体育竞赛是运动员最基本的也是唯一的劳动形式，是运动员获得相应的劳动报酬作为生活来源的主要方式。运动员通过其特殊的劳动技能生产出极具观赏价值的竞技体育服务产品，满足人们精神文化生活的需要。人们通过对运动员的体育天赋进行开发和投资，使其经过长期的运动训练形成并凝聚在运动员身上的健康、技能、知识、心理、声誉等因素的价值存量，便构成了运动员人力资本。运动员人力资本属于技能型人力资本的范畴，其核心要素是通过对人的体育天赋进行投资、培训而形成的专项竞技能力。

运动员人力资本形成是内生和外生因素共同作用的结果，以运动员专项竞技能力为核心的劳动能力是形成运动员人力资本的自然基础和根源，而多年坚持不断的投资是其形成的外在条件，而且这种投资只有作用于合适的载体才能形成高级劳动力进而转化为运动员人力资本。运动员人力资本形成，是指运动员所具有的能够带来现期和未来收益的存在于人自身的知识、技能和体能的投入存量的投资过程。[①] 运动员人力资本的形成是投资者、管理者、施教者、受教者等各类投入主体共同活动过程，是在给定约束下人力资本载体与各类主体的互动回应系统，这一系统具有特定运行规律和实现机制，其中包括：运动员人力资本投资政策、教育制度、训练体制、社会保障制度、意识形态、运动员的价值观和回应的有效性和真实性等。人力资本的存在与社会形态、经济制度本身并无必然联系，任何社会形态、经济制度下，作为高级劳动力的个体，凝聚在其身上的健康、知识、技能等因素的价值存量都是客观存在的，只是还没有适当的条件转化为商品生产的要素创造剩余价值。在中国，运动员劳动力转化为运动员人力资本也需要具备一定的条件，当中国运动员的特殊劳动力成为商品，可以进入市场进行交换，以及运动员的竞技能力成为投资的产物并可以分享经济剩余时，具备一定运动技能的运动员劳动力就转化为运动员人力资本。

改革开放前，中国实行以社会主义公有制为基础的、有计划的商品经

① 何世权：《论我国运动员人力资本的形成和特征》，《北京体育大学学报》，2004 年第 8 期。

济，商品生产、商品交换和货币流通是社会经济的主要表现形式。国家体育管理体制实行由国家包办并采取行政运作的方式，政府充当着体育事业所有者、管理者、经营者等多种角色。中国运动员的培养主要采取青少年业余训练与专业运动队相结合的方式，也就是常说的由少年体校、专业竞技体校、省市及国家队为主形成的自下而上的“三级训练网”体制，这一训练体制从制定总体发展规划到运动员的选拔、培养等全部由各级政府体委负责包办、包管，运动员的培养是建立在高投入、高淘汰率的基础上。在当时的社会政治、经济背景及体育管理体制下，中国运动员人力资本客观上是存在的，但在主观上并不被人们认可。因为在那个特定的历史时期，“资本”一词是人们所忌讳的，将“人力”称为“资本”更是不可想象的。在计划经济时期，中国运动员所从事的运动训练和体育竞赛活动，其生产的竞技体育服务产品没有被看做是商品，因为人们认为这种产品没有进入市场进行交换，运动员劳动力也不被看做是商品，因为在举国体制下人们完全忽略了运动员成长过程中运动员自身的成本投入，而是认为运动员完全是由国家投资培养的，运动员劳动力的使用仅仅表现在为国家服务，满足国家政治需要和为人们无偿提供精神文化产品。

马克思在《资本论》中认为，商品是为交换而生产的劳动产品，一切商品都具有使用价值和价值两个因素，缺少其中任何一个因素，就不能成为商品。① 但在马克思劳动价值论中的商品更多地被看做是人们生产的物质产品。现代经济学对商品的定义更宽泛一些，认为凡是用来交换的产品和服务都是商品。② 本书认为，中国的计划经济体制处于中国一个特殊的历史时期，但凝聚于人身上的健康、技能、知识等因素的价值存量是客观存在的人力资本，国家的政治、经济体制只是影响人力资本效能的发挥程度及其价值的体现形式，并不能对人力资本的存在起决定性作用。在计划经济时期，中国专业运动员的劳动力体现为专项竞技能力，运动员通过训练和参与竞赛活动一方面满足国家政治上的需要，为国家服务；另

① ［德］马克思：《资本论》，曾令先，卞彬，金永译，华夏出版社，2006 年，第 2－3 页。

② 刘树成：《现代经济学词典》，江苏人民出版社，2005 年，第 877 页。

一方面，运动员在比赛中生产出满足人们精神文化生活需要的竞技体育服务产品，并以此获取相应的生活资料，也就是国家给予的工资、福利和奖金等。可见，参加运动训练和体育竞赛是运动员基本的也是唯一的劳动形式，在役运动员仍然是靠出让自己特殊的劳动力——专项竞技能力作为其谋生的手段。在体育比赛中运动员生产的竞技体育服务产品的使用价值就是让人们观赏和消费，满足其精神文化生活的需要，而这种产品的价值除包括维护运动员用于再生产的生活资料价值外，更多地体现在社会价值方面，如通过竞技体育提升国家形象和地位、增强民族自豪感和凝聚力、激励和带动全民参与体育运动，以及体现竞技体育具有的政治价值等。另外，运动员所生产的体育服务产品也进入了市场，被观众所消费，运动员因此获得了一定的经济收益，这是一种市场里间接的交换过程。基于以上分析，本书认为，运动员劳动力及其劳动成果——体育服务产品具备商品的属性，属于商品的范畴。但在计划经济时期，由于运动员是由国家的代表——各级地方政府出资培养的，除了要求下级运动队伍向上级运动队伍输送优秀运动员外，运动员的流动方式基本是垂直的，也就是自下而上的，横向的流动非常少，因此运动员劳动力作为一种商品并不能随意进行买卖，这是由当时中国专业运动员培养体制所决定的。但是，国家体制保障了这部分运动员的现期收入和预期收益，虽然不能自由流动，但是能够带来稳定的收益流，因此可以认为这是一种计划经济时期的运动员人力资本的特殊形态。

改革开放后，国家经济体制由计划经济向市场经济转轨，中国体育管理体制和传统的运动员培养体制也相应地发生变化，改革力度不断加大，社会力量开始介入体育领域。进入 20 世纪 90 年代以来，国际体育市场化、商业化对中国的竞技体育产生了影响，催生了中国体育职业化的改革。1992 年国家体委开始酝酿中国体育市场化、职业化的改革之路，1993 年国家体委又颁发了《国家体育运动委员会关于深化体育改革的意见》和六个配套文件，提出了中国体育事业改革的六个方面共 29 项措施。随后，1994 年举办的全国足球职业俱乐部联赛，拉开了中国运动项目协会实体化、职业化改革的帷幕，之后篮球、排球、乒乓球、羽毛球、围棋、网

球等项目也纷纷开展职业联赛，各种挑战赛、争霸赛、大奖赛等纯商业的体育比赛开始在中国出现，国内各类职业联赛和商业性体育比赛的广泛开展，标志着中国竞技体育开始走市场化之路。随着中国经济的快速发展和市场经济体制的不断完善，中国竞技体育社会化、市场化程度不断提高，项目职业化改革也更加深入，体育逐渐成为人们喜爱的休闲娱乐方式之一。

中国竞技体育的社会化、市场化发展为中国优秀运动员人力资本的形成提供了历史机遇。体育的市场化使高水平运动员变为稀缺的商品，运动员的横向流动不断增加，使得运动员的人力资本价值得到了一定的体现。在社会化、市场化发展进程中，竞技体育创造出巨大的社会价值和经济价值，运动员凭借其专项竞技水平在各类比赛中获得的比赛名次分享经济价值剩余和社会价值——声望、荣誉、社会影响力等。运动员参与竞技体育服务产品的生产投入不仅仅是一般体力活动意义上的劳动力，而且是以竞技能力为核心的高级劳动力。运动员的这种高级劳动力，也就是专项竞技能力，是运动员经过系统化的长期艰苦训练而获得的健康、技能、知识、心理等因素的价值存量以及由此产生的声望和社会影响力等无形资产的综合体，是各行为主体对其体育天赋进行投资的产物。而当运动员的这种高级劳动力被看做是商品，并且成为人们投资的产物以及可以分享经济剩余时，运动员劳动力就转化为运动员人力资本。

现阶段，中国优秀运动员人力资本的形成是由国家、企业、家庭、个人等投资主体，国家、俱乐部、学校等管理组织，教练员、教师等教育者和运动员等受教育者共同完成的。运动员是运动训练和竞赛的主体和运动技能的直接承担者，运动员人力资本价值的形成最终体现在其竞技能力上。教练员是运动训练的直接组织者和管理者，对提高运动员竞技能力，形成运动员人力资本起着主导作用。当代竞技体育已经由运动员和教练员构成的单一参赛系统发展到众多人员高度合作的复杂系统。运动员人力资本价值的形成除运动员和教练员的努力外，还有医务人员、管理人员、科研人员、信息服务人员、后勤保障人员等的通力合作，他们在运动员人力资本形成中发挥着重要作用。① 运动员人力资本的形成除了投入的人员成本外，还包括物质条件的投入，包括训练的场地、设备、材料、服装以及直接用于运动员的饮食、营养、卫生等生活消费品，这些是运动员人力资本形成的物质基础和重要保证。

中国优秀运动员人力资本伴随着运动员的成长而不断积累，形成高级劳动力后在特定的条件下进而转化为运动员人力资本。优秀运动员人力资本的价值形成是多元化投资的结果，在其价值存量长期递增过程中各投资主体投入大量的人、财、物等生产性要素，特别是运动员自身更是付出了常人难以忍受的艰辛劳动、大量的心理成本以及高昂的机会成本等。本研究问卷调查表明，运动员在青少年时期长期从事训练和比赛，除付出大量的精力、体力外，还失去了宝贵的文化知识学习、其他技能掌握以及一些就业工作机会等。研究调查结果显示运动员认为自己从事训练和比赛损失较大的方面主要是文化知识、其他技能学习机会、自己的青春、社会生活能力等，如表4-6所示。一般而言，优秀运动员人力资本存量和质量与投入的生产性要素、物质资源以及货币量呈正相关关系。优秀运动员人力资本的形成具有长期性、连续性、阶段性和动态性等特点。

**表4-6　中国优秀运动员在多年的训练、参赛过程中损失情况**

| 备选项 | 损失最大 | | 损失较大 | | 损失最小 | | 频数总计 |
|---|---|---|---|---|---|---|---|
| | 频数 | 百分比/% | 频数 | 百分比/% | 频数 | 百分比/% | |
| 健康 | 150 | 43.7 | 125 | 36.4 | 68 | 19.8 | 343 |
| 财力 | 66 | 20.4 | 159 | 49.1 | 99 | 30.6 | 324 |
| 文化知识 | 174 | 49.3 | 158 | 44.8 | 21 | 5.9 | 353 |
| 其他技能学习机会 | 167 | 47.7 | 150 | 42.9 | 33 | 9.4 | 350 |
| 其他工作机会 | 120 | 40.0 | 114 | 38.0 | 66 | 22.0 | 300 |
| 适应社会能力 | 159 | 45.0 | 129 | 36.5 | 65 | 18.4 | 353 |
| 自己的青春 | 179 | 56.3 | 86 | 27.0 | 53 | 16.7 | 318 |

注：样本数为372。

① 武秀波：《我国运动员人力资本形成与收益分配的特殊性》，《沈阳师范大学学报》，2006年第2期。

### （二）中国优秀运动员人力资本形成阶段

中国高水平专业运动员一般都要经历这样的培养过程：发现其运动天赋——进入业余体校或者传统体育项目学校——进入部队、省市体工队——进入国家队——在国内、国际比赛中取得好成绩。在中国自下而上的运动员培养体系中，少年体校和一些体育特色学校是培养运动员的初级形式，主要任务是建立运动员梯队的三线队伍；专业队和俱乐部的青年队侧重于提高运动员的运动技术水平，主要任务是向运动队输送后备人才；而集中了各省市和全国运动员的精英、代表各省市和全国的最高水平的专业队，是中国运动员级别的最高级形式。人力资本价值形成的生命周期大致可以分四个阶段：开发期、成长期、巅峰期和衰退期。优秀运动员人力资本的生命周期与其他行业人力资本的生命周期相比巅峰期到来早，持续时间短，衰退期到来早。优秀运动员一般在十几岁到 20 岁左右开始进入巅峰期，开发期和成长期相对较短，而其他人力资本要经过从小学到大学，再到大学毕业后在工作单位积累工作经验，开发期和成长期比较长，要在 35 岁以后才能达到巅峰期。由于受体能的影响，优秀运动员人力资本的巅峰期持续时间较短，一般在 10 年以下，而其他人力资本正常情况下巅峰期可以持续 20 年，甚至更长。① 优秀运动员人力资本价值与其运动寿命周期的曲线关系如图 4-2 所示。

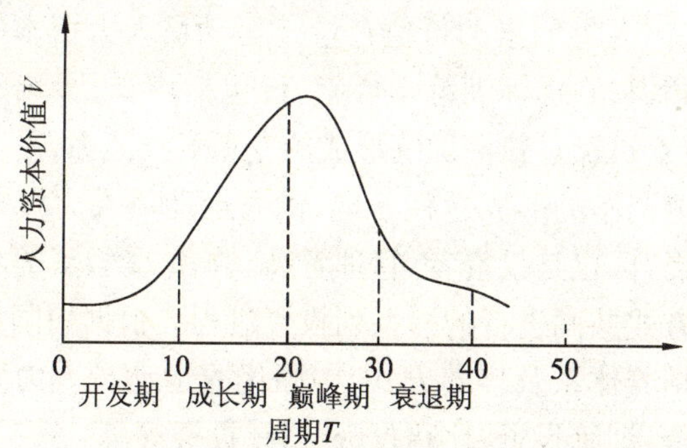


**图 4-2　优秀运动员人力资本价值与其运动寿命周期曲线**

① 武秀波：《我国运动员人力资本投资风险及其规避》，《沈阳体育学院学报》，2006 年第 3 期。

中国优秀运动员人力资本的形成过程大致可分为三个阶段。第一阶段为运动员人力资本的初始阶段，在这个阶段中，运动员根据自身的体育天赋从小开始从事某项运动训练，提高身体机能和体能水平，比较系统地学习掌握运动技术，在这一阶段运动员及其家庭投入了大量的资金和精力。第二阶段为运动员人力资本的积累阶段，运动员经过多年的基础训练运动水平明显提高，具备了相当水平的竞技能力，运动员也进入了高一级的专业运动队或俱乐部，并开始与运动队或俱乐部建立劳资关系，这个阶段的主要投资者是国家、企业、教练员和运动员。第三阶段为运动员人力资本显效阶段，在这一阶段，运动员已经具备了高水平的竞技能力和丰富的比赛经验以及成熟的心理素质，能在一些高级别的比赛中表现突出，所获得的成绩和比赛名次成为他们的主要资本，此时运动员会获得很高的社会声誉，运动员人力资本价值不断攀升。这个阶段的投资者相对第二阶段没有多大的变化，但运动员人力资本的市场价值却凸现出来，优秀动员人力资本开始分享经济剩余，获得相应的经济收益。

## 四、中国优秀运动员人力资本投资

### （一）中国优秀运动员人力资本投资要素

本书对运动员人力资本的定义为："特定行为主体通过对运动员的体育天赋进行投资，形成的凝聚在运动员身上并能带来未来收益的健康、技能、知识、心理、声誉等因素的价值存量。"运动员人力资本的构成不仅包括体能、技能、知识、心理等训练学要素，还包括声誉、影响力等社会学要素，而其核心要素是经过长期训练形成的专项竞技能力，是一种技能型人力资本。与人力资本的形成途径一样，优秀运动员人力资本各价值构成要素的获得和提升，也是投资者、管理者、施教者、受教者等各类投资主体以特定的活动方式共同进行的一系列投资过程。根据中国竞技体育管理体制和运动员培养体系及培养方式，中国优秀运动员人力资本投资要素主要有教育投资、训练投资、比赛投资、情感投资等。

#### 1. 中国优秀运动员人力资本教育投资

教育投资是提高人力资本知识存量和技能存量的主要途径。舒尔茨认为，教育是对人的一种投资，可以带给人文化上和经济上的双重效益，

通过教育积累所形成的知识已成为人的一个部分，能够为人们提供一种有经济价值的生产性服务。[①] 长期以来，受中国专业运动员"三级训练网"培养体制的影响，中国优秀运动员接受正规教育的途径比较单一。中国专业运动员的文化教育大多都是在专门从事体育教育和文化教育的专业性系统中进行的，即运动员就读的各级各类少年体校、业余体校、体育中专、专业体校等是其接受文化知识教育的主要场所。众所周知，教育在人的文化学习、道德修养、个性塑造和社会成长中具有不可替代的作用，然而在各级各类体校中存在着运动员学训矛盾突出、重训练而轻教育、教学管理及质量低下、学习时间和效果难以保证等诸多问题，这严重影响了中国运动员对文化知识的学习和掌握。由此可见，虽然中国优秀运动员人力资本教育投资时间较长，一般长达十几年，但对其教育投入明显不足，投资质量与效率不高，这在一定程度上制约了中国优秀运动员人力资本价值存量的增加。

2. 中国优秀运动员人力资本训练投资

运动员人力资本是人力资本的特殊形式，这种特殊性体现在运动员所具有的特殊劳动能力——专项竞技能力，专项竞技能力也是构成运动员人力资本价值的核心要素。运动员人力资本投资的直接目的就是获得高水平的专项竞技能力，竞技能力即指运动员的参赛能力，由具有不同表现形式和不同作用的体能、技能、战术能力、运动智能及心理能力构成，并综合地表现于专项竞技过程之中。[②] 运动员的竞技能力就像装在木桶里的水一样，而构成运动员竞技能力的各要素则是构成木桶的每一块木板，木桶中水的多少取决于最短木板的高度，这也就是我们通常所说的"木桶原理"。高品级的运动员竞技能力形成是一个漫长而又复杂的过程，在这一过程中，各投资主体采取不同的方式和手段通过训练和比赛等途径，针对运动员的体能、技能、实战能力和心理等要素进行了长期而大量的训练

---

① [美]西奥多·舒尔茨：《论人力资本投资》，吴珠华，等译，北京经济学院出版社，1990 年，第 68－92 页。

② 田麦久：《运动训练学》，人民体育出版社，2000 年，第 68－69 页。

投资，全面提高运动员竞技能力，使运动员人力资本价值存量不断攀升。系统训练是优秀运动员人力资本形成的主要途径，运动员成才大多需要十多年的系统训练，而这一系统化训练过程也就是运动员人力资本的培训投资过程。优秀运动员人力资本训练投资包括体能、技能、战术能力、运动智能和心理能力等投资。

运动员的体能是运动员人力资本形成的基础，在竞技活动中，运动员的体能水平集中表现于力量、速度、耐力等基本运动素质，而人的健康、形态及机能状态是决定其运动素质水平的基础条件。长期的体能训练投资目的在于增进运动员健康，改善其身体形态和技能水平，不断提高运动员各项身体素质，为形成高品级的运动员人力资本奠定基础，体能训练也是田径、举重、游泳、赛艇等体能类项目的投资重点。技能训练投资是运动员人力资本投资的核心，大多数运动项目，无论是体能主导类还是技能主导类，其竞技水平主要由运动员所掌握的技能来体现。运动员通过长期的训练获得良好的体能并积累知识和参赛经验的目的就是要在赛场上表现出较高的技能水平，运动员也正是运用自己专项技术的难度、速度、高度、准确度等，在比赛中超越对方或击败对手从而获取比赛的胜利。运动智能和心理训练也是运动员人力资本训练投资不可或缺的内容。运动员的比赛经验、战术能力与运动员的所具有的运动知识、心理素质有密切的关系。越是世界顶尖级的高水平运动员，其丰富的比赛经验和稳定而成熟的心理素质往往成为克敌制胜的法宝，在高水平的体育比赛中战胜自己有时比战胜对手更重要。美国射击名将埃蒙斯连续在雅典和北京两届奥运会射击决赛中，都是因最后一枪出现令人难以置信的、重大的低级失误而将金牌拱手让人，该案例表明成熟稳定的心理素质在比赛关键时刻往往起决定性作用。

在中国优秀运动员人力资本投资要素中，训练投资是最为关键的投资要素，占据着核心地位。对于训练投资的目的，也就是运动员选择从事运动员职业的初衷，刘平的研究调查显示“为国争光、获金牌拿奖金、报答父母、提高个人地位”是人们选择从事运动员职业最主要的目的。需要说明的是，排在第一位的“为国争光”不排除是出于受调查者非真实意愿的

主观臆断，在市场经济杠杆下，人们更多地会考虑经济方面的收益和社会地位获得等因素。中国优秀运动员从事运动训练的主要原因调查结果见表4-7。

**表4-7　中国优秀运动员训练投资目的调查情况**

| 排序 | 训练目的 | 得分 |
|---|---|---|
| 1 | 为国争光 | 4.66 |
| 2 | 获金牌拿奖金 | 4.37 |
| 3 | 报答父母 | 4.31 |
| 4 | 提高个人地位 | 3.56 |
| 5 | 将来能升学就业 | 3.12 |
| 6 | 个人爱好 | 2.69 |

注：数据来源于沈阳体育学院刘平博士2006年国家社科基金研究报告《中国运动员人力资本形成与收益分配研究》。

3. 中国优秀运动员人力资本比赛投资

比赛是运动员训练成果的检验，也是竞技体育与社会发生关联，并作用于社会的媒介。运动员通过训练投资获得的竞技能力，只有通过运动竞赛的形式表现出来，才能得到社会的承认，满足社会成员的需要。比赛投资是运动员人力资本投资的重要环节，比赛能促进运动员竞技能力的增长，提高运动员竞技水平，参加比赛也是运动员人力资本积累的重要途径。运动竞赛是在裁判员的主持下，按照统一规则的要求，组织与实施的运动员个体或运动队之间的竞技较量。① 比赛不仅可以检验运动员平时的训练效果和运动员所具备的竞技水平，而且运动员劳动的生产性也只有在比赛中才能得以体现，因为运动员的比赛过程就是竞技体育服务产品的生产过程。运动员在比赛中充分展现自己的竞技能力，在为观众呈现精彩纷呈比赛的同时，全力以赴获取比赛胜利或争取较好的比赛名次，以此来实现自己的劳动价值，同时创造出社会价值和经济价值。

---

① 田麦久:《运动训练学》,人民体育出版社,2000年,第6-9页。

比赛投资在优秀运动员人力资本成长中投资较大,比赛的报名费,运动员、教练员、领队等参赛人员的差旅费,比赛组织方的投入、比赛的奖金等,是一笔很大的开支。在各投资方中,运动员所在运动队的参赛投资是对运动员人力资本的直接投资,其目的就是通过实战比赛提升运动员人力资本的价值存量。比赛组织方和赞助方的比赛投资则是对运动员人力资本的间接投资,其投资的直接目的是为体育竞赛产品的生产创造条件,以获取社会效益和经济收益。虽然各比赛投资方投资目的不同,但比赛过程对运动员人力资本价值积累和价值提升具有重要作用,具体体现在使运动员竞技能力和参赛水平提高,社会声望和影响力等无形资产价值提升。在计划经济时期,中国优秀运动员人力资本比赛投资除了运动员自身的人力投资外几乎全部由国家承担,投资的主要目的是社会效益和政治需要。在社会主义市场经济体制下,中国优秀运动员人力资本比赛投资目的趋向多元化,投资目的既有个人价值的实现,也有主办方、赞助方追求的经济效益最大化,还有国家投资的社会效益和政治需要等。

4. 中国优秀运动员人力资本情感投资

在对人力资本的投资中,情感的投资是不可忽略的要素,人是有思想和自我意识的高级生物,人的主观能动性直接影响到人力资本效能的发挥程度。运动员自身是其人力资本承载者,运动员人力资本效能及其发挥程度完全由运动员控制,在现实生活中,运动员人力资本只能激励,不能压制,否则就会造成其生产能力降低。情感投资是人力资本投资方式中一种非常特殊的投资,在运动员人力资本形成过程中,各投资主体、国家和人力资本的承载者——个人都进行了长期的情感投入,特别是教练员更是对运动员投入了大量的情感和心血,良好的、积极的情感投资有助于加快运动员人力资本的形成,而不良的、消极的情感投资会抑制或减缓运动员人力资本的形成。

在计划经济时期形成的中国运动员培养体制下,对运动员的情感投资具有特殊性。一方面,国家投资主体从社会效益和祖国政治需要出发,在文化教育的基础上,对优秀运动员进行爱国主义教育,树立运动训练和体育竞赛为人民服务的思想和意识。另一方面,在专业运动员"三级训练

网”培养过程中，许多运动员从小离开父母，把运动队当作自己的家，运动队领导和教练员在运动员身上投入了大量的情感和心血，特别是教练员不仅负责运动员的训练、比赛，还照顾运动员的学习、生活和成长的各个方面，多年的学习、训练生活使得教练员和运动员形成了亲人般的感情，在国家队、各省市专业队有很多这样的例子，比如孙海平和刘翔多年的父子似的感情就是最好的例证。教练员的这种情感投资不同于一般的学校教育中的教师对学生的感情，也不同于国外运动员和教练员的金钱雇佣关系，而是在中国特殊的运动员培养、训练体制下形成的，具有明显的中国特色。可见，情感投资在中国优秀运动员人力资本投资中占有一定的地位，是不可忽视的投资要素。

**（二）中国优秀运动员人力资本投资主体及其投入**

目前中国优秀运动员人力资本投资具有显著的多元化特征，即使是现在的职业运动员，在其步入职业化队伍前大多都在少年体校经过了一定时间段的早期训练，接受了国家的培养，而后来在步入职业化队伍后的训练和竞赛，又由所在的企业或职业俱乐部进行投资和培养，其整个运动生涯体现出多元投资的事实。在现行的体制下，中国优秀运动员人力资本投资表现为投资的主体和客体相互依存、共同作用的过程，人力资本的承载者——运动员自身既是投资的主体，又是投资的客体。中国专业运动员是由国家培养、政府管理为主的隶属于各省、区、市体育管理部门或体育事业单位以及军队、各行业协会的运动员。在这个定义中，专业运动员由国家培养，这个提法只是说明了负责培养运动员的主体是国家，并没有否认家庭、个人以及其他投资主体在培养过程中对运动员的投资。

总体上讲，中国优秀运动员人力资本投资的基本主体包括国家、企事业单位、社会团体以及家庭和运动员个人，这些投资主体在运动员人力资本形成的各个层次中发挥着不同的作用，而投资的客体就是运动员本身。由于运动员在成长的不同时期和阶段，各投资主体不同程度的参与，使得中国优秀运动员人力资本投资结构非常复杂，形成了不同时期的多元投资模式。除主要由国家投资的专业运动员、主要由私有企业投资的职业运动员以及主要由家庭和个人投资成才的职业运动员三种基本模式外，由于在运动员成长不同阶段,国家、企业及家庭和个人投资不同程度的参与,近些年来中国运动员人力资本投资模式多元化趋势明显。尽管目前中国竞技体育还是事业性质为主体,整个体育管理也是以行政管理为主,但一些运动项目的市场化、职业化进程不断加快,市场因素不断渗透到中国竞技体育各个领域,促使中国运动员人力资本投资向着多元化趋势发展。

中国运动员人力资本投资的资金性质涉及国家投入和私人投入两部分,根据中国运动员成长轨迹和投资主体的不同,现阶段中国优秀运动员人力资本投资形成和投资大致有七种模式,如表4-8所示。根据研究需要,本研究按投资目的将中国优秀运动员人力资本投资主体分为国家、社会和个人三大类投资主体。其中国家投资主体包括各级政府体育行政部门、政府体育行政部门下属的行业体育协会、各相关事业单位、相关国有企业、解放军等相关部门;私有企业投资主体主要指进行运动员培养投资的各类私有性质的企业、职业体育俱乐部以及各种私立运动学校等;个人投资主体指运动员的家庭和运动员自身。

**表4-8 中国优秀运动员人力资本多元投资模式**

| 投资模式 | 成长途径及投资主体 | 投资特点 | 运动员 | 项目特征 | 代表人物 |
|---|---|---|---|---|---|
| 国家投资 | 少年体校(国家)<br>—体育学校(国家)<br>—体工队(国家)<br>—国家队(国家) | 国家为主<br>个人为辅 | 专业<br>运动员 | 奥运项目 | 刘　翔 |
| 混合投资 | 少年体校(个人)<br>—体育学校(个人)<br>—体工队(国家)<br>—国家队(国家) | 国家为主<br>个人为辅 | 专业<br>运动员 | 奥运项目 | 多数专业<br>运动员 |
| 混合投资<br>体院模式 | 竞技体校(个人)<br>—竞技体校(国家)<br>—国家队(国家) | 国家为主<br>个人为辅 | 业余<br>运动员 | 奥运项目 | 韩晓鹏<br>陈　中 |
| 混合投资<br>高校模式 | 高中体育特长生(个人)<br>—普通高校(个人)<br>—国家队(国家) | 个人为主<br>国家为辅 | 业余<br>运动员 | 奥运项目 | 胡　凯 |

续表

| 投资模式 | 成长途径及投资主体 | 投资特点 | 运动员 | 项目特征 | 代表人物 |
| --- | --- | --- | --- | --- | --- |
| 混合投资 | 少年体校(国家)<br>—体育学校(国家)<br>—职业俱乐部(企业)<br>—国家队(国家) | 企业为主<br>个人/国家为辅 | 职业<br>运动员 | 市场项目 | 姚　明 |
| 混合投资 | 体校或俱乐部(个人)<br>—职业俱乐部<br>(企业或个人)<br>—国家集训队(国家) | 企业/个人为主<br>国家为辅 | 职业<br>运动员 | 市场项目 | 新一代<br>职业<br>运动员 |
| 个人投资 | 体育俱乐部(个人)<br>—职业俱乐部(个人)<br>—代表国家参赛(国家) | 完全由家庭<br>和个人投资 | 职业<br>运动员 | 市场项目 | 丁俊晖 |

1. 中国优秀运动员人力资本国家投资主体及其投入

新中国成立以来，中国一直将竞技体育当作公共事业来进行管理和投资，在中国专业运动员“三级训练网”培养体制下，国家在培养运动员方面投入了大量的财力、物力和人力，投资数额巨大，投资面广，在投资主体中占据主导地位。中国优秀运动员人力资本的国家投资主体，具体包括各级政府体育行政部门及其下属的行业体协、各相关事业单位、相关国有企业、解放军等相关部门。在当时的经济条件和时代背景下，国家按照福利事业的框架和模式开始对竞技体育进行投入，由政府包办并采取行政运作的方式逐步建立起了中国的体育管理体制和运动员培养体系。在这样的体制和模式下，中国优秀运动员成长的财力、物力和相关人力投资全部由国家承担，这种投资模式一直沿用到了改革开放初期。但即使在改革开放后竞技体育社会化、市场化取得一定成效后，中国竞技体育和运动员的培养，依然是以国家投入为主。表 4-9 是十运会期间中国部分省、市体育经费投入情况。

表 4-9 中国部分省、市十运会期间体育经费投入情况

| 省、市 | 年度体育经费/亿元 | 十运会专项经费/亿元 |
|---|---|---|
| 北京市 | 4.2 | 2.0 |
| 广东省 | 4.0 | 2.8 |
| 上海市 | 3.5 | 1.7 |
| 江苏省 | 3.3 | 2.7 |
| 山东省 | 3.0 | 1.7 |
| 辽宁省 | 1.1 | 0.8 |

注: 此表数据是根据互联网上搜索到的数据和相关资料整理而成。

从国家角度看,国家投资运动员人力资本所关心的是通过该投资能够达到的社会效益,投资的根本目的是追求社会效益的最大化。国家投资竞技体育,对内满足社会生活需要,满足人民日益增长的物质和精神文化生活需要,并通过竞技体育的示范作用发展体育运动,增强人民体质,促进社会进步;对外服从国家政治需要,通过体育健儿在国际大赛上的优异成绩展现民族精神,塑造国家形象,提升国际声望和地位等。中国优秀运动员人力资本国家投资成本主要是物资投入,包括大量投入的物力、财力、人力以及制度建设等要素。由于国家投资培养的运动员数量庞大,单个运动员投资失败不会影响到竞技体育的整体发展,因此国家投资运动员人力资本风险不高。国家投资运动员人力资本在一定程度上出于社会和政治的需要,投资的资金来源于国家财政,即来自于全体纳税人,投资的机会成本由全社会共同承担,投资优势明显,但是国家投资运动员投入和产出效率不高,并且排斥和阻碍社会资本的进入,不利于中国竞技体育的社会化、市场化发展。

2. 中国优秀运动员人力资本社会投资主体及其投入

人力资本的重要功能是提高受用者的经济价值,企业是社会财富的主要生产部门,人力资本的巨大需求来自企业和知识生产部门。① 企业

① 朱必祥:《人力资本理论与方法》,中国经济出版社,2005 年,第 138 - 140 页。

是具有独立权益的经营实体，企业投资运动员人力资本的根本目的是追求单位效益的最大化，并注重投资的效果和产出率，利润永远是企业追求的第一目标。人力资本投资主体是人力资本投资的出资方和使用人力资本的获益方，中国运动员人力资本社会投资主体主要包括进行了运动员培养投资的各类社会团体、私有企业、职业体育俱乐部，以及各种私立运动学校等，与国家和个人投资主体相比，社会投资主体对运动员人力资本投资的范围小、形式比较单一，但投资效率比较高。在计划经济时期，中国优秀运动员培养过程不存在私有企业投资这一主体，改革开放后中国经济体制逐步向市场经济转轨，伴随着竞技体育的社会化、市场化发展，大量的社会资本和私有资本开始进入到中国竞技体育领域，中国优秀运动员投资和培养模式也趋于多元化。

中国私有企业投资运动员人力资本主要是通过职业体育俱乐部和各类私立体育学校的形式来实现的，其投入的物力、财力、人力等要素是提高运动员人力资本的直接投资。目前中国存在的职业体育俱乐部有三种类型，即国有企业投资型、国有企业与政府合办型和私有企业股份制型，其中的国有企业投资型、国有企业与政府合办型两类职业体育俱乐部在中国所占比例较大，在书中仍被划分为中国优秀运动员人力资本国家投资主体部分，因为其投入最终也是由国家所承担的。而私有企业股份制职业体育俱乐部和各类私立运动学校都由私人投资兴办，投资培养运动员的资金全部由私人承担，这些企业是具有独立的法人资格和独立权益的经营实体，其投资运动员人力资本最终是以赢利为目的，以利益最大化为投资原则。随着中国市场经济机制的不断健全，以股份制经营为主、其他经营方式为辅的俱乐部运行机制是中国未来职业体育俱乐部的发展模式，企业投资也将更多地以入股的形式出现。中国各类私立运动学校大多由退役的著名运动员兴办，是以赢利为目的的运动员培养的单位，如北京的宋晓波篮球学校、广东佛山的李宁体操学校等。这些学校前期的创办资金主要由私人投入，而生存和赖以发展的资金则由学员的学费、社会和企业的赞助以及政府提供的一些扶持等构成。由于中国优秀运动员人力资本社会主体在投资过程存在着许多不可控因素，其投资具有一定的风险，投资机会成本高。在社会主义市场经济体制下，私有企业投资运动员是中国运动员培养体系的有力补充，必将随着中国竞技体育市场化、职业化的进程得以不断发展。社会资本和私有资本投资运动员极大地拓宽了中国运动员培养渠道，使中国运动员投资和培养模式趋于多元化。

3. 中国优秀运动员人力资本个人投资主体及其投入

人力资本理论是研究社会经济运行中人的自身价值的理论，人力资本是现代经济的第一生产要素。运动员人力资本就是通过对运动员的投资，形成的凝聚在运动员身上的健康、技能、知识、心理、声誉等因素的价值存量，其核心价值要素就是运动员所具备的专项竞技能力，投资运动员人力资本的过程就是培养运动员的专项竞技能力以及提升运动员自身价值的过程。在运动员人力资本的形成过程中，运动员既是运动训练和体育竞赛的主体，又是运动技能的直接承担者；在运动员人力资本投资中，运动员自身即是投资的主体，又是投资的对象或客体。中国优秀运动员人力资本个人投资主体包括运动员的家庭和运动员自身，在中国现行的教育体制、社会福利制度下，家庭作为社会的基本单位之一，是中国优秀运动员人力资本投资的重要承担者和受益者。

中国优秀运动员的培养采取自下而上逐级提高的方式，在运动员人力资本形成的初始阶段，由于青少年运动员基本不具备独立的经济能力，父母除了对孩子进行正常的家庭、生活、社会以及伦理道德教育外，还担负着运动员成长过程中早期的教育、健康、参加运动训练等数目庞大的支出，这些支出一般由运动员的父母和家庭成员中的长辈来承担，他们投入了大量的资金、时间和精力配合其他投资主体共同完成对运动员的培养。改革开放后，在后备人才培养社会化思想影响下，为弥补训练经费的不足，中国“三级训练网”的较低层次，也开始对运动员收费，基层体校的在训学生基本上都要交纳费用，省体工队二线队员也要被收取一定的训练费，在专业运动员人力资本的形成中，运动员家庭也承担了一定的经济成本。由此可见，中国优秀运动员人力资本家庭投资主体是不可忽略的重要投资主体。

在中国，集运动员人力资本投资主体、客体于一身的运动员个人，尽

管其在所有的投资主体中投入的物力和财力有限，但却是运动员人力资本的决定性投资主体，在所有的投资主体中处于核心地位，这是由人力资本最本质的特征——人身依附性所决定的。人力资本不可脱离其承载者而独立存在，这是人力资本与其他任何形式的资本最重要的区别，同时人身依附性特征也揭示出人力资本是一种能动的活资本，也就是说运动员的主观能动性对其人力资本的形成具有直接的决定性作用，如果其他投资主体在投资过程中出现了违背运动员自身意愿的行为，那么运动员人力资本的积累过程中就会出现“出工不出力”的现象，甚至会自动封闭，造成其他投资主体的投资失效。

长期以来，特别是在计划经济时期，由于中国特殊的时代背景和封闭式的运动员培养模式，在运动员人力资本形成过程中，运动员自身巨大的投入往往被忽略，社会上人们普遍的看法是中国专业运动员完全由国家出资培养，各级政府体育行政部门基本掌握着运动员的一切权益，运动员也被看做是国家所有，这种思想即使在现阶段也在一些人的脑海中根深蒂固。在现代社会，科学技术成为第一生产力，而掌握科学技术的人，即高品级的人力资本是现代经济的第一生产要素。当前党中央号召建设以人为本的和谐社会，在这样的时代背景下，应该深入了解和正确看待运动员自身在其人力资本形成过程中的巨大投资。在运动员人力资本投资中运动员自身投入包括时间投入、劳动投入、精神投入、经济投入，以及投资的机会成本等。对于人力资本形成过程中运动员自身的付出情况，本书调查结果显示，在多年的训练、参赛过程中运动员在许多方面付出很多。运动员认为自己付出最多的几个方面依次是体力、精力、青春、财力、健康等，运动员对各项付出程度看法也不尽相同，具体的调查情况见表4-10。

**表4-10 中国优秀运动员在多年训练、参赛过程中自身付出的情况**

| 备选项 | 付出最多 | | 付出较多 | | 付出最少 | | 频数总计 |
|---|---|---|---|---|---|---|---|
| | 频数 | 百分比/% | 频数 | 百分比/% | 频数 | 百分比/% | |
| 精力 | 290 | 79.5 | 75 | 20.5 | 0 | 0 | 365 |
| 体力 | 281 | 79.4 | 68 | 19.2 | 5 | 1.4 | 354 |

续表

| 备选项 | 付出最多 | | 付出较多 | | 付出最少 | | 频数总计 |
|---|---|---|---|---|---|---|---|
| | 频数 | 百分比/% | 频数 | 百分比/% | 频数 | 百分比/% | |
| 智力 | 179 | 48.1 | 180 | 48.4 | 13 | 3.5 | 372 |
| 财力 | 66 | 19.9 | 138 | 41.6 | 128 | 38.6 | 332 |
| 物力 | 72 | 22.0 | 138 | 42.2 | 117 | 35.8 | 327 |
| 健康 | 173 | 52.9 | 131 | 40.1 | 23 | 7.0 | 327 |
| 青春 | 228 | 70.6 | 80 | 24.8 | 15 | 4.6 | 323 |

注：样本数为372。

在运动员人力资本投资中，时间作为一种稀缺性资源，自然成为运动员人力资本积累和形成的重要因素之一。运动员的运动技能是人体内一种复杂的、连锁的、本体感受性的条件反射，这些条件反射的形成和巩固需要一定时间量的积累。中国优秀运动员从开始训练到成为一名优秀运动员平均需要十年左右的时间，而从成才到退役的时间段大约为6～13年，大多数运动员的整个职业生涯的时间大约在20年。① 运动训练和参加比赛是运动员人力资本生产的主要方式，在运动员约20年的职业生涯中，其劳动投入和精神投入是巨大的。运动员为了不断提升其人力资本各要素的价值存量，需要多年不间断地反复从事各种身体操作练习，训练生活单调、乏味，并且还要承受常人难以承受的高强度、大运动量的训练负荷，并以顽强的毅力克服肌体训练的疲劳和比赛的精神压力，通过对自身机体的改造使竞技能力提升，人力资本存量增加。运动员自身的经济投入早期主要由家庭支付，在运动员人力资本形成的积累阶段和显效阶段一旦其获得经济收入后就由自己支付。

竞技体育是一个竞争残酷的行业，投资培养运动员成才率极低，任何一个项目、任何一次比赛，只有极少数的优秀运动员能够站在竞技体育金字塔的塔尖。中国为实施奥运战略，如果狭义地以获得金牌为成才的标

① 田麦久：《运动训练学》，人民体育出版社，2000年，第322－330页。

准，4 年中奥运人才队伍大约为 7 688 人，用中国代表团在悉尼奥运会所获金牌数计算，则成才率仅为 3.6‰，如果以全国的业余训练运动员为基数，则成才率仅为十万分之 4.7。① 由此可见，个人选择投资运动员人力资本，投资失败的可能性很大，再加上训练和比赛过程中的运动员伤残因素以及投资收益的不确定性等，使得投资运动员人力资本存在着很大的风险。个人选择从事运动员职业就要在一定程度上放弃文化知识和其他劳动技能的学习机会，即因专业训练而影响文化知识的和其他劳动技能的学习与掌握是运动员最大的机会成本，因为正规教育或其他劳动技能未来的收益，可能会超过运动员职业的收益。由于训练和比赛占据了运动员绝大部分时间和精力，运动员文化学习不足，其较低的文化知识水平不但影响了运动员的自身素质，而且导致其学习其他劳动技能的能力低下，势必成为运动员退役后的职业转换和再就业的障碍。在以追求金牌为最高目标和经济利益最大化的双重诉求下，中国运动员为了不断提升其人力资本各要素的价值存量，要长期承受常人难以承受的高强度、大运动量的训练负荷。个人投资主体既有时间和劳动的投入，又有物质和精神的投入，投资风险大，并承担着较高的机会成本和极大的心理压力。图 4-3 是中国优秀运动员人力资本投资主体及其投入要素构成。

总而言之，中国优秀运动员人力资本各投资主体在运动员人力资本形成的各个阶段分别投入了不同的要素，并发挥出了相应的作用。对于中国优秀运动员人力资本形成过程中各投资主体具体的投入情况，由于投资持续时间长，人力资本形成过程复杂，国家投资主体部门不断变换，是很难做到准确计算的。表 4-11 是中国部分项目优秀运动员人力资本形成不同阶段个人和国家大概的投资情况，表中的调查数据表明，在这些优秀运动员人力资本的形成中，国家的投入远远大于个人的投入，对国家队运动员的投入因运动项目的不同其投入差异明显，国家和个人对同一项目不同性别运动员投入方面差异不明显，国家对明星运动员的投入高于一般优秀运动员。据不完全统计，2007 年，国家投资刘翔的各项花费

① 国家体育总局人事司：《全国体育系统人才状况调研数据研究成果汇编》，2007 年，第 169 页。

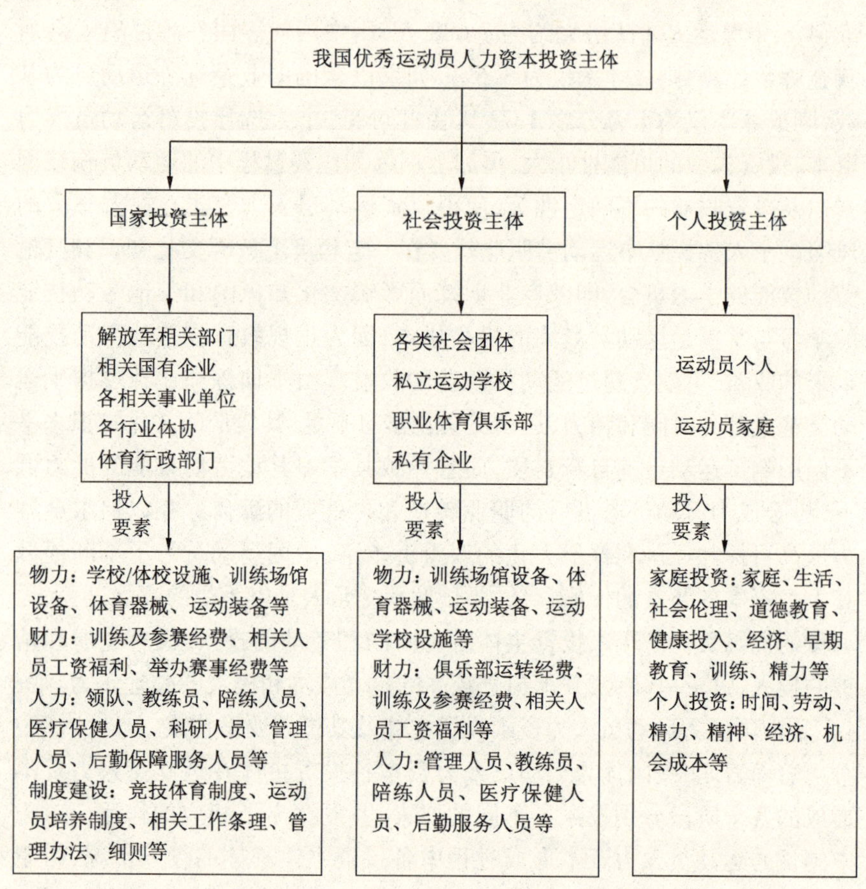


**图 4-3　中国优秀运动员人力资本投资主体及其投入要素构成**

大约超过 300 万元，其中包括超过百万元的环保型塑胶跑道，30 多万元一套的新式跨栏等。北京奥运会后，国家体育总局局长刘鹏首次透露国家每年对体育的投资为 8 亿元，如果以北京奥运会中国代表团获得的 51 枚金牌平均计算，则每枚金牌的投入约 1 570 万元，以 100 枚奖牌计算，每枚投入为 800 万元。可见，在现行的竞技体育举国体制下，国家对专业体制下成长起来的优秀运动员投资数额巨大，在所有投资主

体中占据主导地位。

**表 4-11　中国部分项目优秀运动员人力资本形成中个人、国家投入情况①**

万元/年

| 运动项目 | 体工队前 | | 体工队 | | 国家队 | | 投入合计 | |
|---|---|---|---|---|---|---|---|---|
| | 个人投入 | 国家投入 | 个人投入 | 国家投入 | 个人投入 | 国家投入 | 个人 | 国家 |
| 田径(男/女) | 0.55 | 1.43 | 0.23 | 3.65 | 0.15 | 10.00 | 0.93 | 15.08 |
| 篮球(女) | 3.75 | 5.75 | 1.35 | 3.25 | 6.25 | 12.50 | 11.35 | 21.5 |
| 散打(男) | 3.50 | 3.40 | 3.50 | 4.00 | 4.25 | 15.00 | 11.25 | 22.4 |
| 散打(女) | 2.75 | 3.50 | 2.50 | 6.50 | 0.58 | 12.50 | 5.83 | 22.5 |
| 网球(男) | 2.25 | 2.00 | 2.50 | 4.50 | 0.60 | 32.50 | 5.35 | 39.0 |
| 网球(女) | 0.13 | 2.00 | 0.04 | 4.50 | 6.50 | 40.00 | 6.67 | 46.5 |

注：数据来源于上海大学程杰 2006 年的国家体育总局课题研究报告。

## 五、中国优秀运动员人力资本收益

人力资本的投资收益率高于物质资本和一般可变资本，人们投资人力资本的目的就是未来获得预期的收益，动态地看，人力资本投资收益具有递增的趋势。在中国，各投资主体对运动员人力资本进行多年的人力、财力、物力要素的投入后，运动员人力资本存量得以不断提升，运动员人力资本的市场价值凸现出来，优秀动员人力资本开始分享经济剩余，各投资主体也获得相应的经济收益。社会主义市场经济条件下，运动员个人进行人力资本投资的主要目的是将来能够在社会经济生活中拥有个人的位置，经济收益是投资的主要目的，所以经济收益分配是激发运动员人力资本效率的关键。中国优秀运动员人力资本投资经济收益主要包括人力资本使用的现金收益、实物收益、安置承诺和人力资本流动收益等。在中国社会经济发展的不同时期，拥有高品级人力资本的优秀运动员是国家的宝贵财富，他为维护中国在国际上的形象和促进体育事业的发展均做出了巨大的贡献，国家各级政府因优秀运动员所作出的杰出贡献，除了给

① 程杰：《我国优秀运动员人力资本投资与收益研究》，《国家体育总局社会科学研究项目》(52ss06084)，2006 年。

予较高的荣誉、社会地位等精神奖励外，同时给予了优厚的物质奖励。国家各级政府对在国内、国际大赛中获得优异成绩的优秀运动员给予的现金奖励情况见表4-12和表4-13。

**表4-12　中国部分省、市对十运会获得金牌运动员的奖励额度**

万元

| 地区 | 金额 | 地区 | 金额 |
|---|---|---|---|
| 上海 | 23 | 湖南 | 20 |
| 江苏 | 18 | 甘肃 | 25 |
| 辽宁 | 15 | 四川 | 12 |
| 山东 | 20 | 广西 | 12 |
| 广东 | 30 | 北京 | 25 |
| 浙江 | 18 | 云南 | 15 |

注：根据新华网体育频道相关资料整理。

**表4-13　国家体育总局颁发的奥运奖牌奖金**

万元

| 奥运会届次 | 金牌 | 银牌 | 铜牌 |
|---|---|---|---|
| 2000年悉尼奥运会 | 15 | 8 | 5 |
| 2004年雅典奥运会 | 20 | 15 | 8 |
| 2008年北京奥运会 | 35 | 21 | 14 |

注：根据新华网体育频道相关资料整理。

随着中国竞技体育社会化、市场化的发展，社会力量不断介入竞技体育领域，中国优秀运动员人力资本获取的收益也趋于多元化。对于中国在奥运会上获得奖牌的优秀运动员，除国家体育总局、运动项目管理中心对其奖励外，运动员所在省、市，各体育基金会，以及赞助商、广告商和相关的厂商等，均给予运动员高额的奖励，而且多数省、市以及商家的奖励往往高于国家体育总局的奖励。特别是近些年来，每一枚奥运会金牌所带来的价值收益堪称惊人，保守估计冠军选手的奖金数都在百万元人民币以上，最耀眼的明星奖金预计将有数百万元之巨。在比赛奖金的分配

中，优秀运动员所获得的分配比例是最大的，以奥运会冠军刘翔为例，第28届奥运会结束后，据不完全统计，刘翔获得的奖金总额有350万元人民币，具体见表4-14。

表4-14　第28届奥运会刘翔获得110米栏金牌后所获奖金

万元

| 奖励单位 | 金额 |
|---|---|
| 国家体育总局 | 20 |
| 田径运动管理中心 | 100 |
| 上海市体育局 | 50 |
| 霍英东体育基金会 | 80 |
| 某摩托车企业 | 100 |

注：根据网易商业报道资料整理。

中国优秀运动员人力资本除经济收益外，还有社会收益。运动员人力资本的社会收益主要是政治收益，是指运动员通过接受运动训练能为他在今后的活动中获取一种特有的政治地位，并以身份的形式表现出来。例如，为了表彰运动员对国家的贡献，奥运冠军享受较高的工资级别，拥有更大活动范围的权力。如著名运动员邓亚萍当选全国人大代表，在更高层次上参与国家政治生活，其奥运冠军的身份无疑是当选的重要条件。在计划经济时期，运动员身份收益是运动员个人人力资本投资的最大收益。运动员人力资本的形成和收益分配，是研究运动员人力资本运营的起点和终点，竞技体育发展中的一些亟待解决的实践问题，多与运动员人力资本形成及收益分配有着千丝万缕的联系。竞技体育产业化、市场化改革中，运动员的商业活动增多，由运动员自身经济价值带来的巨额收入分配问题，引发了部分运动员与体育部门管理者之间的摩擦，甚至成为社会的焦点，近些年在体育界出现的一些事件诸如“田亮事件”等无不与此相关。在中国体育事业产业化、市场化的进程中围绕着优秀运动员权益分配等问题的争论与冲突已成为中国体育改革过程中无法回避的话题，需要政府管理部门、运动员以及运动员人力资本相关的权益主体积极地应对。

## 本章小结

为深入研究中国优秀运动员人力资本贬值及其投资补偿问题，我们必须要对中国优秀运动员人力资本状况及其形成与投资情况进行全面的了解与掌握。本章研究以中国运动员人力资本——中国优秀运动员人力资本形成——中国优秀运动员人力资本投资为逻辑主线，从分析中国运动员职业属性、运动员“劳动”属性入手，结合中国竞技体育管理制度、运动员培养体制，深入研究了中国优秀运动员人力资本形成、投资过程以及其投资要素和投资主体等重要问题，为进一步研究中国优秀运动员人力资本贬值及其投资补偿等问题做好理论铺垫。

研究认为：在产业划分方面，中国体育事业在政策法规层面上被列为服务业的第三层次部门，即隶属于为提高科学文化水平和居民素质服务的部门。在职业属性方面，中国运动员所从事的运动训练和竞赛属于职业活动范畴。在中国计划经济时期，由政府高度集权管理的竞技体育领域，专业运动员的培养和管理全部由政府包办，运动员的竞技能力不可能被看做是资本，自然也不存在“运动员人力资本”的提法。改革开放后，中国竞技体育的产业化、市场化发展为中国优秀运动员人力资本的形成提供了历史机遇。竞技体育的市场化使高水平运动员成为稀缺商品，当中国优秀运动员的特殊劳动力成为商品可以进入市场进行交换时，当运动员的竞技能力成为投资的产物并且可以分享经济剩余时，具备一定运动技能的运动员劳动力就转化为运动员人力资本。在现阶段，中国优秀运动员人力资本的形成是由国家、企业、家庭和个人等投资主体，国家、俱乐部、学校等管理组织，教练员、教师等教育者和运动员等受教育者共同完成的。中国优秀运动员人力资本的价值形成是多元化投资的结果，其形成过程具有长期性、连续性、阶段性和动态性等特点，形成阶段包括初始、积累和显效三个阶段。

运动员专项竞技能力是形成运动员人力资本的自然基础和根源，各投资主体多年的投资是其形成的外在条件。中国优秀运动员人力资本投

资要素主要有教育投资、训练投资、比赛投资和情感投资等，中国优秀运动员人力资本教育投资明显不足，投资质量与效率不高，训练投资占据着核心地位。中国优秀运动员人力资本投资具有显著的多元化特征，投资主体可分为国家、社会和个人三大类。其中国家主体投资数额巨大，投资面广，在投资主体中占据主导地位，其投资风险不高，投资的机会成本被全社会共同承担，投资优势明显，但是国家投资运动员投入和产出效率不高，并且排斥和阻碍社会资本的投入，不利于中国竞技体育的社会化、市场化发展。社会投资主体对中国优秀运动员人力资本投资范围小、形式单一，投资效率高，投资具有一定的风险，投资机会成本高，社会资本和私有资本投资运动员的优势在于极大地拓宽了中国运动员培养渠道，使中国运动员投资和培养模式趋于多元化。中国优秀运动员自身是运动员人力资本的决定性投资主体，在所有投资主体中处于核心地位，个人投资主体既有时间和劳动的投入，又有物质和精神的投入，投资风险大，并承担着较高的机会成本和极大的心理压力。中国优秀运动员人力资本收益主要包括经济收益和社会收益两部分，在市场经济条件下，经济收益是人们投资运动员人力资本的主要目的，经济收益分配是激发运动员人力资本效率的关键，中国优秀运动员人力资本经济收益主要包括人力资本使用的现金收益、实物收益、安置承诺和人力资本流动收益等。

# 第五章　中国优秀运动员人力资本贬值问题

## 第一节　中国优秀运动员人力资本存量状况

竞技体育是衡量一个国家体育发达程度的重要标志之一，也是展示国家经济、科技、文化发展水平的重要窗口。新中国成立后，中国体育事业是在计划经济体制下，按照福利事业的框架和模式，由国家包办并采取行政运作的方式逐步建立起了中国的体育管理体制。中国于 1954 年成立了国家体育运动委员会，全面负责和管理国家体育事业的发展，1957 年完成了从中央到地方层层衔接的体育行政机构的建立。1979 年中国正式恢复了与国际奥委会的关系，重返奥林匹克大家庭后，中国体育成为世界奥林匹克运动的重要组成部分。面临机遇，迎接挑战，原国家体委及时调整并采取了一系列措施，通过统一竞技目标，突出奥运战略，集中力量，把有限的人力、财力、物力用在最需要的地方，并通过各级政府和社会组织，将全国上下凝聚为一个联系十分紧密的社会群体，发挥“举国体制”的优势，自觉地追求竞技体育的最高目标，使中国的竞技体育从此踏上了建设体育强国之路，中国体育开始了全面走向世界的历程，中国体育与国际体育界的交流也不断扩大，目前中国已经是 110 多个国际体育组织和 130 多个亚洲及远东、泛太平洋体育组织的成员。

中国竞技体育实行的“举国体制”，是一种为实现国家目的、调动和集中全国力量对竞技活动实行以国家机构高度统一管理体制的简称，即国家管理型体制。“举国体制”的产生是在整个国家完全处于生产资料

公有制和计划经济体制条件下的必然，是中国的一项基本国策。这种竞技体育管理制度集中有限的人力、物力、财力，通过统一规划、调配、布置体育资源优势，最大限度地发挥社会主义制度优势，对于短期内提升中国竞技体育水平，保证部分重点项目、奥运项目形成优势，占领竞技体育制高点具有积极的历史意义。实践证明，随着国家经济和社会的发展进步，形成于计划经济时期的竞技体育“举国体制”不仅迅速有效地提升了中国竞技体育水平，还对于中国不同历史时期的政治稳定、经济发展、精神文明建设、社会繁荣与和谐等方面起到了重要作用。与“举国体制”相适应，中国实行以国家体育行政部门、国家队——省市体育行政部门、省市体工队——运动学校（体校）为运行路线的竞技体育运行机制，从而保证了中国竞技体育事业的快速发展。

一个国家的竞技体育事业要取得进步和实现可持续发展，必须培养好体育后备人才。抓好竞技体育后备人才的培养和建设是实现竞技体育强国关键所在，是竞技体育发展的客观规律。在“举国体制”管理框架下，中国实行自下而上的金字塔式“三级训练网”竞技体育人才培养体系，这是一种纯粹的竞技体育训练体制，是通过国家强制性制度的安排，运用行政手段在教育系统以外形成了一个从事体育教育和文化教育的专业性系统，其组织功能是为中国竞技体育培养、选拔和输送高层次的优秀运动员。在“三级训练网”中，居于金字塔最底层的是少年体校、普通业余体校、体育传统项目学校、基层代表队等，其主要任务是为中国竞技体育选拔人才，打好基础，建立优秀运动员梯队建设的初级队伍，形成中国庞大的初级运动员人力资本总量。“三级训练网”中，居于金字塔中间层是重点业余体校、体育中专、专项业余体校和竞技体校，其主要任务是提高运动员技术水平，培养和向优秀运动队输送后备人才，建立运动员梯队的二线队伍。在这一环节，部分没有培养前途的运动员被淘汰，运动员专项竞技能力得到进一步提高，运动员人力资本价值存量持续攀升。居于金字塔顶端是省、市、自治区、解放军代表队和国家队，是集中了各省、市和全军运动员的精英，代表中国最高水平，是中国运动员梯队的一线队伍。这些运动员具备高水平的竞技能力，代表所在省、市或国家在国内、国际大赛中摘金夺银，其人力资本价值得以充分体现，成为中国高品级运动员人力资本存量。由此可见，“三级训练网”竞技体育人才培养过程，是中国运动员人力资本的形成和生产过程，是中国运动员人力资本从低品级向高品级转化的过程，也是中国优秀运动员人力资本存量积聚和不断递增的过程。

中国以“三级训练网”为主、其他形式为辅的竞技体育人才培养体系，是中国运动员人力资本存量积聚和总量形成的重要渠道。据统计，从2001年至2005年，中国各级各类体校平均每年向优秀运动队输送3 000余人，约占优秀运动队招生人数的93%。在2001—2004年奥运周期中，中国共获得391个世界冠军，其中95%的运动员来自于各级各类体校的培养和输送，2004年第28届雅典奥运会上取得32枚金牌的50名运动员则全部来自体校系统的培养和输送。① 中国学者研究统计显示，从1959年3月乒乓球运动员容国团在世界乒乓球锦标赛中获得中国体育史上的第一个世界冠军起，截至2002年10月中旬，中国运动员获得世界冠军的总数已突破1 500个，创造或超过世界纪录1 070次以上。据不完全统计，从1952年建立优秀运动队以来，中国共培养了大约200～300万名优秀的专业运动员。② 国家体育总局全国优秀运动员普查数据显示，2006年中国优秀运动员编制数大约为3万，全国实有在编优秀运动员约2.7万，其中在训优秀运动员2.3万，待安置优秀运动员0.4万人。③ 20世纪90年代中国压缩了体工队和各级体校的数量，动员社会力量办运动队，普通学校开始试办竞技体育后备人才运动队，“体教结合”试办高水平运动队等，中国业余体校生源数量减少，体育后备人才大幅萎缩。据统计，1996年中国竞技体育后备人才总计为308 282人，而到了1999年为153 508，

① 邱晓德：《世界体育用品品牌十项指标分析与我国实施名牌战略的对策研究》，《成都体育学院学报》，2003年第1期。

② 袁永清：《我国优秀运动员保障政策研究》，北京体育大学博士学位论文，2008年。

③ 国家体育总局人事司：《优秀运动员全国普查数据》，2006年。

减少了 154 774 人，三年时间减少近 50%，[①]而近十年竞技体育后备人才大面积缺乏的趋向更加明显。截止 2006 年底，全国 31 个省（区、市）专业运动队在册专业运动员约为 50 000 名；体育运动学校共 199 所，在校运动班学生 55 818 人；少年儿童体育学校共 1 782 所，在训学生 185 184 人。三线运动员比例为 1∶2.8∶9.3，基本呈现为“宝塔尖型”。[②] 中国是一个体育大国，各级各类运动员较多，据统计，2009 年，中国正式注册的运动员有 22 753 人，加上体育系统重点体校和业余体校从事训练的运动员，以及各省、区、市、解放军和行业体协专业队运动员，人数达到约 120 万。如果将在传统学校中从事业余训练的运动员包含在内，人数将超过 600 万。[③] 相关资料显示，2010 年全国在训优秀运动员 33 294 名，正式在编的仅 17 444 名，而以试训、集训等名义在训的队员达 15 850 人。[④] 2012 年 7 月 19 日新华网报道，目前中国注册的专业运动员约有 5 万人。以上是不同历史阶段中国运动员人力资本总量水平以及所拥有的优秀运动员人力资本存量状况，中国竞技体育取得的辉煌成就无不得益于日渐完善的竞技体育训练体系和基础庞大的运动员人力资本存量，而拥有高品级人力资本的优秀运动员是中国攀登世界竞技体育高峰的主力军。

## 第二节　中国优秀运动员人力资本贬值现状分析

在中国运动员人力资本的形成和生产过程中，即中国运动员培养和使用过程中，由于各种各样的因素都能对运动员的成长造成影响，作为市场中一种特殊形态的技能型人力资本，与人力资本贬值一样，中国优秀运动员人力资本在其职业生涯和生命周期内也必然存在着贬值的现象。在

① 俞继英：《国竞技体育后备人才培养现状与出路》，《2001 年全国体育发展战略研讨会专题报告汇编》，2001 年，第 86－92 页。

② 叶乔波：《退役运动员生存与发展理论实践研究》，中共中央党校博士学位论文，2007 年。

③ 华宇：《发挥保险社会管理职能，发展运动员保险——桑兰诉讼事件引起的反思》，《中国保险报》，2011 年 7 月 1 日。

④ 华商报（网络版），http：// hsb. hsw. cn/2012－03/09/content_8275139. htm.

中国运动员人力资本投资和形成过程中，投资主体的多元性、投资客体的异质性、运动员竞技能力及水平发挥的不稳定性、意外伤害等风险因素的不可预知，以及人力资本形成过程中个人的主观努力程度和客观条件的限制等诸多因素，使得运动员人力资本存量具有不稳定性，其价值存量会随着运动员身体健康状况、职业年龄、训练年限、竞技水平、社会知名度和影响力等内外因素的变化而发生贬损。此外，运动员职业属性的特征决定了运动员人力资本在运动员职业生涯周期内面临贬值的风险始终存在，即运动员人力资本发生贬值在市场中较为常见。由于运动员自身健康状况的变化，社会经济发展过程中的各种市场性因素对运动员人力资本不断施加的影响，以及竞技体育运行过程中体制性、管理性人为因素等的制约，中国优秀运动员人力资本始终面临着三重贬值的风险：自然贬值、市场贬值和社会贬值。

## 一、中国优秀运动员在役期间人力资本贬值

由于运动员的职业属性和中国独特的优秀运动员培养机制，在多年的运动训练竞赛过程中，在其专项竞技能力不断提高、人力资本价值存量不断攀升的同时，许多的优秀运动员会因训练和比赛中的伤病、文化教育不足、专业化过早、职业生涯规划缺失，以及管理性人为因素等导致其人力资本发生贬值。

### （一）运动损伤导致的伤病引发中国优秀运动员人力资本贬值

在役的优秀运动员因运动损伤导致的伤病引发其人力资本的贬值在中国竞技体育领域比较常见。中国优秀运动员在职业生涯中遭受的运动损伤问题普遍存在，训练方法和手段的不科学，不合理的技术动作，长期超负荷的运动量和高强度的过度训练，运动器材、器具、场地不符合标准要求以及一些运动项目自身存在的竞技危险性等，均能造成运动员受伤甚至伤残。在专业运动员长达十几年的运动职业生涯中，几乎绝大多数的运动员都受到过伤病的困扰，只是运动损伤严重的程度不同而已，受伤程度严重的，其人力资本不仅会发生贬值，甚至还会报废，比如体操运动员桑兰在1998年美国友好运动会上受伤导致高位截瘫，排球运动员汤淼、浙江女子体操队员王燕均因受伤造成颈椎骨折等。优秀运动员在役

时为了不断提高竞技水平，挖掘其运动潜能，不得不长期承受大运动量、高强度的训练。有时候训练、比赛的运动量和运动强度超过了人体承受能力的极限，在一定程度上会对运动员身体造成伤害，许多优秀运动员退役时都是带着一身的伤病，这些伤病在退役运动员后职业时期反复发作，一直影响着运动员的余生。中国竞技体育界一直有句话："没有伤病的运动员，就不叫运动员。"以排球运动为例，常见的运动损伤就有胫骨软骨症、脚踝扭伤、腰椎间盘突出等，90%的排球运动员都有多处伤病。所以，带伤上阵是家常便饭，"轻伤不下火线"是中国竞技体育的一大特色。而让国内运动医学专家感受颇深的是，NBA 球员只要说自己腰痛，就可以不出场，这种以人为本的体育文化让人称道。而中国特色的"轻伤不下火线"不但威胁着运动员的身体健康，也影响着他们的职业寿命。因为腰伤，羽毛球前世界冠军董炯英年早退；因为积重难返的膝伤，女排名将赵蕊蕊从 22 岁到 25 岁一直在进行各种手术。国内优秀运动员长期受伤病困扰的例子数不胜数，成为中国竞技体育发展历程中永远的伤痛。

2005 年，国家体育总局人事司开展了全国体育系统人才状况调研，通过对全国范围问卷调查统计显示，中国优秀运动员伤病情况比较普遍，而且呈多样化趋势，其中韧带拉伤、骨折、骨质增生、跟腱断裂等是运动员常见伤病。90%以上的中国运动员是从少儿时期开始进行专业训练，常年从事挑战极限的超负荷训练，致使绝大多数运动员留下不同程度的伤病。全国政协医疗专题组的调查表明：在受调查的 6 340 名运动员中，受伤人数达到 3 832 人，占总数的 60.4%。运动队的级别越高，运动员的伤病情况就越严重。中国羽毛球国家队队员的伤病率是 100%，2001 年 42 名青少年羽毛球集训队员查出伤病 83 处。① 以山东为例，田径选手 60 岁以下死于心脏病的占总死亡人数的 56.3%、排球为 62.5%、举重为 67.2%，而 40～60 岁的退役足球运动员心脏有疾患的达到 100%，这些惊人的数

① 卢元镇：《中国竞技体育现行管理体制的制度性代价》，《体育学刊》，2010 年第 3 期。

字大大高于常人的比例。[1] 2000 年中华全国体育基金会在全国优秀运动队开展运动员伤残互助保险,从 2000—2007 年的 8 年间,共有 111 942 名运动员参保,受理 10 149 名运动员的赔付申请,伤残率高达 9.1%,这只是达到申请伤残标准的运动员统计数据,还有大量的运动员受伤未达到赔付标准而无法统计的。[2] 据此可以看出,运动员职业具有较高的致伤、致残风险,如此高的伤残率在社会其他职业是少有的。尽管因训练和比赛导致运动员产生伤病、伤残的具体数据很难统计,但在中国竞技体育 60 多年的发展历程中,因伤病等原因引发的中国优秀运动员人力资本贬值确实存在于竞技体育领域,这是不争的事实。以下是中国部分优秀运动员在训练和比赛中发生运动损伤导致的受伤或致残的一些案例,这些运动员人力资本资本均因伤病发生严重的贬值。

**桑兰** 浙江宁波人,原中国女子体操队队员,被誉为中国的"跳马王"。1993 年进入国家队,1997 年获得全国跳马冠军。1998 年 7 月 22 日,她在第四届美国友好运动会的一次跳马练习中不慎受伤,颈椎脊髓受重伤,第 6、7 颈椎呈开放性、粉碎性骨折,胸以下失去知觉,最终造成胸部以下完全瘫痪。桑兰受伤后一直在治疗休养,但她表现出顽强意志,从北京大学新闻系毕业后,成为申办 2008 年北京奥运会形象大使之一,2008 年在北京奥运官方网站担当特约记者。

**汤淼** 原中国男排主力队员,身高 2.03 米,场上位置是接应二传。2001 年入选国家队,2003 年成为全国男排联赛亚军主力成员、亚锦赛亚军主力成员。2004—2007 年率领上海男排连续四次获得全国男排甲级联赛冠军,是当时国内最优秀的接应二传。2007 年 1 月,汤淼和原中国女排主力接应二传周苏红领了结婚证,然而不幸的是同年 6 月 15 日,汤淼在随上海男排赴俄罗斯参加友谊交流比赛救球时头部着地摔成重伤,

---

① 叶乔波:《退役运动员生存与发展理论实践研究》,中共中央党校博士学位论文,2007 年,第 29 页。

② 袁永清:《我国优秀运动员保障政策研究》,北京体育大学博士学位论文,2008 年,第 32-34 页。

导致第6颈椎爆裂性骨折，高位瘫痪。

**王燕**　1991年出生，浙江女子体操队队员。曾获2003年城运会全能第四名、2005年全国体操冠军赛分区赛女子个人全能第二、2006年全国锦标赛团体第二。2007年6月19日晚，王燕在上海参加全国体操锦标赛暨2008年北京奥运会选拔赛时，不慎从高低杠上摔下，导致第2、3节颈椎骨骨折脱位伴颈脊髓损伤，伤情十分危重，从胸骨柄以下感觉减退，双手不能活动，一度被怀疑高位截瘫。经过长期的治疗，王燕康复良好，现在能够站立、行走、写字和用电脑，生活基本能够自理。

**李朝辉**　第一届城运会男子自由式摔跤冠军。李朝辉为拿到这个冠军付出了惨痛的代价，他在这场比赛中负伤，导致双耳畸形。因为除了摔跤什么也不会，使得他的生活无比窘迫，妻子因无法忍受这种生活也离开了他。2010年9月，他为了治病东挪西凑了10多万元，如今已经身无分文。为了能够治疗自己的病痛，李朝辉甚至动了卖掉奖牌的念头。

**郭萍**　郭萍在9岁便开始练体育，包括女子中长跑和马拉松等项目，她都曾涉足过。因为超强度的训练，导致她的脚趾几近残疾。她的父亲为了一个月500块钱去煤矿工作，生活窘迫可想而知。郭萍悲伤地说："不敢去浴池洗澡，不敢上街买鞋，怕别人看见我的脚。"她曾动过卖奖牌的念头，但却怕别人说自己炒作而犹豫不决。

**张惠康**　他是20世纪80年代的亚洲最佳门将，守门风格稳且狠。1987年在汉城奥运会预选赛上，在与日本队的一场关键比赛中，沉着救起一个看似必进的险球，为中国足球冲出亚洲取得奥运入场券立下战功。同年入选中国足球队最佳阵容。1991年他为救一个险球而头撞门柱，当即昏迷。医生给出的诊断是神经性脑震荡。当年球门线上的猛将已经变成了满身赘肉、反应迟钝的中年人，被禁锢在上海西南角一个精神病康复中心的高墙大院里，病症为"忧郁症引发的轻度精神疾病"。为了解决张惠康的生活问题，上海市彩票中心给了他一份卖足球彩票的工作。

**黄成义**　山东成武县人，曾经是职业篮球运动员，身高2.16米。他曾和姚明在全国篮球训练营较量过，因球队合并和受伤而远离了赛场，受伤之后只能卧床，丧失了行走能力，手术失败更是埋葬了他的梦想。2009

年4月，他蜗居在北京南站旁边的一个即将拆迁的工房里，在床板上咀嚼着靠母亲拾荒换来的大饼。

### （二）文化教育不足、过早专业化引发中国优秀运动员人力资本贬值

运动员人力资本是凝聚在运动员身上并能带来未来收益的健康、技能、知识、心理、声誉等因素的价值存量总和，专项竞技能力是运动员人力资本的核心价值要素。然而长期以来，在游离于中国教育系统之外的专业运动员培养体系内，竞技体育“唯金牌意识”的思想根植在运动队管理者、教练员和运动员心中。在国家“奥运战略”和各省市“全运战略”为核心的体育事业发展目标驱使下，优秀运动员在成长过程中一切以训练和比赛为中心，把绝大多数的时间和精力都花在不断提高专项竞技能力这一核心价值要素上，而忽视了文化知识、社会生存技能等综合素质的提升。据田麦久的一项调查研究显示，1989年中国优秀运动员接受文化教育水平的比例分别为小学8.53%，初中37.32%，高中、中专33.59%，大专18.54%，大学本科1.72%。① 2005年国家体育总局人事司全国体育系统人才调查结果显示，截至2005年底，中国待安置的退役运动员获得本科以上学历的人数比例不到10%，而获得研究生学历的待安置运动员仅两人，不到0.1%。② 从这些数据可以看出，中国优秀运动员文化教育严重缺失，绝大多数运动员文化水平仅在初、高中阶段，而少数进入到大学的优秀在役运动员，因其训练任务仍要在所在运动队进行，也只是一种形同虚设的“挂名教育”。2011年曾获四枚冬奥会金牌、时任短道速滑国家队队长的运动员王濛因丽江打架事件遭国家队开除，他在接受中央电视台《新闻1+1》栏目主持人白岩松采访时提到：“现在好多人都在批评我素质不高，缺乏文化修养，但

---

① 田麦久，李斗魁，张蓉芳，等：《我国优秀运动员退役安置情况及改进对策》，《北京体育学院学报》，1993年第1期。

② 国家体育总局人事司：《全国体育系统人才状况调研数据研究成果汇编》，2007年，第167页。

我们运动员也没办法，其实我们很想学习文化知识，我们很想和其他的在校生一样，能够有时间保证学习文化知识，但现在的体制根本实现不了，一切以训练、比赛为中心，文化课的学习根本保证不了，我们也没办法，现在就这种体制。”由此可见，长期以来中国优秀运动员文化教育的缺失是比较普遍和严重的。在本研究调查的中国优秀运动员中，10.8%的运动员只具有初中文化水平，40%的运动员具有高中文化水平，仅有1.6%的运动员具有研究生以上的教育经历。由于本次调查在南京体育学院、武汉体育学院、北京体育大学等高校发放了较多的问卷，因此调查显示具有大学本科教育经历的运动员达到了41.4%，但这些运动员所接受的文化教育的含金量也是值得商榷的。本研究所调查的中国优秀运动员所接受的文化教育程度情况如表5-1所示。

**表5-1　本研究调查的中国优秀运动员所接受文化教育程度情况**

| 文化教育程度 | 运动员数/人 | 百分比/% |
|---|---|---|
| 未接受过正规教育 | 3 | 0.8 |
| 小学 | 3 | 0.8 |
| 初中 | 40 | 10.8 |
| 高中 | 130 | 34.9 |
| 中专/技校/职高 | 27 | 7.3 |
| 大学大专 | 6 | 1.6 |
| 大学本科 | 154 | 41.4 |
| 研究生以上 | 6 | 1.6 |
| 其他 | 3 | 0.8 |
| 合计 | 372 | 100.0 |

注：样本数为372。

就整体而言，中国运动员与同龄人相比，其独立生活能力、社会化程度、社会实用技能以及文化素质等方面存在明显欠缺。由于中国的专业训练体制，运动员“学”“训”矛盾长期未能得到有效解决，文化知识教育的严重缺失或不足，运动员群体综合素质不高，这不仅影响到优秀运动员人力资本存量水平的提升，还增加了运动员人力资本贬值的风险。人的发展是综合全面发展的系统工程，运动员文化水平不高，其认知能力、对于项目竞技制胜规律以及专项技战术的运用和理解也会受到限制，这势必成为制约运动员专项竞技能力提高的一个因素。现代的运动训练和竞赛是一个包含诸多科学知识和信息在内的复杂系统，运动员专项竞技能力越高，参加比赛的级别越高，对运动员的预判、认知、控制、应变、心智等综合素质的要求也越高，比赛过程中任何一个环节处理或控制不好，都会与奖牌失之交臂，运动员平时的艰苦训练和付出多年的心血都会白费，这就是竞技体育的残酷性。中国优秀运动员的培养长期以来忽视运动员文化知识的教育一直为人们所诟病，这不仅是中国优秀运动员人力资本价值积聚过程中的软肋，而且在无形中增加了优秀运动员人力资本贬值的市场风险，最终导致优秀运动员退役后的二次就业难度增加。

中国竞技体育倡导“从小抓起”“从娃娃抓起”的育才机制，许多奥运优势项目如乒乓球、羽毛球、体操、跳水选手等，往往从五六岁就开始专业化的训练。在举国体制和奥运战略下，许多项目从青少年很小的时候起就开始选拔有专长的好苗子，继而过早地将这些孩子纳入专业训练体系进行培养，过早地专业化，影响了孩子们的全面发展。一般来讲，青少年从 17 岁进入青春期后，身体开始快速发育，随后其身心承受力以及对外界环境变化的理解力都逐步成熟。美国儿科学会一个新的政策声明，不应鼓励小孩在青春期之前专门练习一项运动，以避免身体和心理的损伤，其危险包括从诸如应力性骨折的过劳损伤到月经延迟、饮食失调、精神压力和精神崩溃等。过早的专业化训练影响少年儿童身心的健康发育，使年轻选手过早积累伤病和技术定型，不利于扩大选材面和科学选材。另外在青少年运动员的训练中，教练员往往会在青少年的身体成长发育期施加超过其身心承受能力的运动负荷，大运动量和高强度的训练会导致运动员身体过度透支，对青少年身体发育造成极大危害。尽管青少年运动员在经过一定时间的训练后取得一些优异的比赛成绩，但“昙花一现”的现象在中国青少年运动员群体中普遍存在，一些年轻运动员还出现“早衰”迹象。特别是近些年来，应该是运动生涯的黄金时刻却不得不选择退

役的优秀运动员越来越多，这些都与过早地进行专业化训练不无关系。中国优秀运动员在各个年龄段，一切以训练、比赛为中心，本应该接受基本的文化学习和社会实践教育基本被忽略，使得形成的运动员人力资本价值较为单一，其人力资本价值主要集中在专项竞技能力上，这样的人力资本价值具有不稳定性，发生贬值的可能性较大，面临着较高的市场贬值风险。

### （三）职业生涯规划的不足或缺失引发中国优秀运动员人力资本贬值

运动员职业不是终身职业，运动员人力资本投资具有较高的风险，其未来收益的不可预知以及运动员职业的特殊性，使得运动员职业生涯规划对于运动员的一生来说十分重要。任何职业都需要进行职业生涯规划，这对于优秀运动员尤为重要，职业生涯规划是运动员就业最先行、最基础的一项准备工作，也是运动员实现职业理想和职业目标的关键环节。在役时期是运动员一生中的重要阶段，对运动员一生的未来走向，对职业生涯发展的影响都是深远的。现代职业心理学认为，职业生涯规划与管理具有不可替代的教育、经济和社会功能，职业生涯规划有助于加快社会成员的社会化过程，有利于个体的全面发展，有利于解决社会就业问题，缓解劳动力市场的矛盾。运动员是社会劳动力的一部分，开展职业生涯规划与管理工作，做好运动员人力资源的开发，将其培养成为全面发展的优秀人才，可以对社会作出更大贡献，符合经济、社会发展的需要。①

中国优秀运动员的专业训练，大多采取封闭式的半军事化管理方式，运动员从很小的时候起就开始训练场、食堂、宿舍三点一线的生活。各个年龄段的运动员都以训练和比赛为中心任务，本应该接受的文化和学业教育往往被忽视甚至于荒废。运动员的职业生涯非常短暂，体育界的优胜劣汰、新陈代谢往往比普通的职场来得更残酷和迅速。中国运动员在成长过程中始终面临着较高的淘汰率，运动员在 18 ~ 20 岁左右，一旦没有好的成绩，必然面临着被淘汰的风险，如果不及早做好职业生涯规划，

---

① 张锐铧：《运动员职业生涯规划与管理研究》，北京体育大学博士学位论文，2007 年，第 18 页。

脱离运动队后被社会淘汰的几率也很高,其人力资本面临的贬值风险会进一步加大。中国在训运动员的年龄普遍较小,从事专项训练的年龄平均为14~15岁。青少年运动员在生理及心理方面的发展还不太成熟,运动员较低的年龄意味着其个人的心智、性格等尚未定型,运动员潜在的生理及心理发展空间巨大,极具可塑性。因此把握年轻运动员的可塑性是培养优秀运动员和高素质劳动者的重要前提。而在中国优秀运动员的培养过程中,许多运动队对运动员职业生涯规划与管理明显不足或缺失。中国运动员职业生涯发展环境过于封闭,运动员缺乏自主性,存在较为浓厚和普遍的等、靠、要思想。在本研究调查的372名运动员中,有91.3%的运动员认为国家应该对退役运动员进行就业安置,有45.5%的运动员退役时存有等待政府安置的想法,仅有32.4%的运动员愿意选择货币安置实现自主就业。调查表明,中国运动员退役后就业主动性相对欠缺,就业意向过于狭窄,运动员退役后更多的想在运动队、政府部门和体育行业就业,具体调查情况如表5-2所示,加上运动员的基础教育不够扎实、综合素质不高等原因,中国许多的优秀运动员在结束运动职业生涯后,在选择参与市场竞争,努力实现职业生涯转型过程中往往因为缺乏预先的职业规划、相关职业素质和能力低下等而无法顺利过渡到后职业生涯,造成中国优秀运动员人力资本的闲置或浪费,引发运动员人力资本贬值。

**表5-2 本研究调查的中国优秀运动员退役后就业意向调查情况**

| 退役后就业意向 | 选择频数 | 百分比/% |
|---|---|---|
| 教练或运动队工作人员 | 176 | 47.3 |
| 政府部门就职 | 156 | 41.9 |
| 体育俱乐部指导员 | 118 | 31.7 |
| 到大学深造 | 99 | 26.6 |
| 经商 | 93 | 25.0 |
| 到企业就职 | 62 | 16.7 |
| 体育经纪人 | 41 | 11.0 |
| 其他方面 | 5 | 1.3 |

注:样本数为372。

## 二、中国退役优秀运动员人力资本贬值

相对而言，由于运动员受伤、中途离开运动队以及伤残等原因引发的运动员人力资本贬值的范围较小，尽管这样的贬值对运动员个人和其家庭产生的影响较大，会影响到运动员的一生，但对于整个国家竞技体育事业的发展并不会产生很大的负面影响。而中国优秀运动员退役后其人力资本发生的普遍性贬值，造成中国大量退役的优秀运动员失业，体育专业人才资源的浪费，运动员人力资本的闲置、浪费、使用效率低下甚至报废等问题，这些问题长期以来一直是困扰着政府管理部门、各级运动队和优秀运动员，而且始终未能得到很好的解决，成为中国竞技体育领域的棘手问题。中国优秀运动员退役后人力资本出现不同程度的贬值，缺乏对运动员职业生涯的科学规划与管理，退役运动员的就业安置困难，给运动队建设带来了限制人才更新、挤占有限经费、增加管理难度等问题，大大降低了体育行业的吸引力，给人才的储备、培养和更替带来了许多不良的影响，优秀运动员退役安置问题已经成为制约中国竞技体育可持续发展的瓶颈。为深入了解中国优秀运动员退役后人力资本贬值状况，本书从分析中国运动员退役安置制度入手，研究中国优秀运动员群体退役后人力资本发生的贬值。

### (一) 中国优秀运动员退役安置制度的历史分析

退役运动员的安置工作，直接影响到中国竞技体育的可持续发展。退役运动员安置工作不畅，不仅直接影响竞技体育后备人才的供给，而且对运动队和社会都会产生巨大的负面影响。60 多年来，中国退役运动员安置制度伴随着竞技体育举国体制的发展而不断变迁，总体上退役运动员安置就业经历了从政府包分配到自主选择的过程。从该项制度的发展历程来考察，可以主要分为两个大的发展阶段，即 1986 以前的以指令性安置为主的阶段和 1986 年以来以市场化安置为主的阶段。之所以将 1986 年以前的制度模式称为“指令性安置”，将 1986 年以后的制度模式称为“市场化安置”，主要是基于以下理由：首先，“指令性安置”的提法是针对人事调动权力的集中而言，即“计划分配”，它反映出计划经济体制下人事分配制度的强制性和国家对退役运动员安置的“包办性”。其次，

“市场化安置”是针对人事调动权力由集中向分化的转变而言，安置方式由单一的“计划分配”向“多渠道分流”的方式转化。“多渠道分流”的方式主要包括：自主择业、升学和政府扶持下的竞聘。①

1. 中国退役运动员指令性安置政策的形成与演进(1949—1985年)

新中国成立后，中国面临着较为严重的竞技水平不高和高水平运动员不足的问题。当时国家体委还没有成立，为参加1952年在芬兰举行的第15届奥运会，中共中央组织部和共青团中央专门为此联合下发了《选拔各项运动选手集中培养的通知》，文件对运动员的生活待遇等相关问题进行了规定。随后在1962年由国家体委颁布了《关于处理伤病运动员的几点意见》，对伤病运动员的安置作了详细的规定。文件提出：“凡在训练、比赛中受伤致残的运动员，均按国务院对处理国家职工因公成残的有关规定，给予妥善处理与安置，使其安置后的生活，不受大的影响。”②该文件基本确立了中国因训练和比赛导致伤残运动员的就业安置原则和办法，体现了中国对退役运动员就业安置的基本思想。1965年国家体委又下发了《关于做好调整处理运动员工作的通知》，该通知规定，“对不能继续从事专业训练的运动员，应本着负责到底的精神、给予妥善安置；对参加训练时间不长、年龄又小、不能从事工作的，应让其复学学习。”③至此，中国基本形成了与计划经济体制相适应的退役运动员指令性安置制度，体现出“负责到底”“妥善安置”的政策思想，总体表现为国家“包办”的特征。

1978年和1979年，国家体委召开了两次“全国体育工作会议”，确立了新时期中国体育事业发展的基本思路。1980年4月国家体委、民政局、劳动部联合颁布了《关于招收和分配优秀运动员的联合通知》，对退役运动员的就业安置进一步作了规定，使指令性安置制度进一步明确化，

---

① 刘峥：《我国退役运动员安置制度变迁研究》，西南师范大学硕士学位论文，2008年，第9-10页。

② 国家体委政策研究室：《体育运动文件汇编(1949—1981)》，人民体育出版社，1982年，第538页。

③ 同②，第539页。

打破了原有的“平均分配”“同等对待”的安置标准。① 这一时期指令性安置制度延续着初创时期的“计划分配”做法，但在安置的标准、方式上发生了明显的变化。在随后的几年，中国退役运动员指令性安置制度继续得以完善和巩固，尽管国家对安置退役运动员的做法进行了调整，但是并未触及指令性安置制度的根本。1986 年国家对企业的劳动用工制度进行改革，开始实施劳动合同制，这从根本上触动了指令性安置制度赖以支撑的经济和制度基础，中国退役运动员安置制度逐渐由指令性安置过渡到市场化安置阶段。

以“组织分配”为安置手段的中国退役运动员指令性安置制度，始终强调“妥善和得当”的安置原则，在安置结果上保证了运动员安置的公平性。在中国竞技体育事业发展初期，退役运动员指令性安置制度化解了运动员因退役带来的社会风险，大量退役运动员通过指令性安置制度得到了妥善安置，对稳定优秀运动员队伍起到了积极的作用，维护了中国竞技体育事业的良性发展。但是，指令性安置制度存在着制度模式单一、缺乏责任分担机制以及容易产生制度抵触等缺陷，必然缺乏持续发展的动力和条件。随着中国经济体制改革的不断深化，向市场化安置过渡则是退役运动员安置制度变迁的必然方向。

2. 中国退役运动员市场化安置政策的演进(1986 年至今)

1978 年改革开放以后，在国家政治、经济体制改革的大形势之下，国家强有力的举国办奥运的行政手段使得举国体制得到前所未有的强化，体育系统的改革已明显滞后于其他行业和领域。退役运动员安置制度作为竞技体育举国体制的配套制度，因其专业队的训练体制没有改变，指令性安置制度的需求主体依然存在。全面考察国家下发的关于退役运动员安置政策及法规的重要文件可以发现，1986 年以前的退役运动员安置制度的变革仍然延续了指令性安置制度的主体思想，而 1986 年以后退役运动安置制度开始进入重要的变革时期，退役运动员安置模式开始出现多

① 国家体委政策研究室：《体育运动文件汇编(1949—1981)》，人民体育出版社，1982 年，第 435 页。

样化的迹象。

20世纪80年代中期劳动合同制的推行，使原有的通过“分配”安排工作的指令性安置制度丧失了赖以支撑的制度基础。运动员与国家体委、各地方体委之间的利益追求由一致走向分离，这些变化动摇了原本统一的指令性安置制度的基础，如果不进行改革，指令性安置制度不仅不能继续发挥其作用，而且可能会对体育后备人才培养、竞技体育的可持续发展造成直接损害。① 此外，中国运动员由于没有职业培训制度作保证，大量的退役运动员缺乏相应的职业技能，在劳动力市场实行合同制后，中国退役运动员就业安置难度进一步加大，退役运动员待安置率逐年上升。大量的退役运动员滞留在各级运动队，挤占了运动队原本有限的资源和财力，运动队负担日益加重，严重影响了运动队的稳定和发展。据统计，每年大约有15%的退役运动员滞留在运动队，不仅影响了队伍的新陈代谢和运动员个人的发展，而且造成了社会资源的极大浪费。因此，在改革开放的大背景下，退役运动员指令性安置制度的弊端日益显露，已不能适应中国竞技体育事业快速发展的要求。

1986年11月，国家体委、劳动人事部、财政部联合颁布了《运动员退役费实施办法》，对体委系统所属优秀运动的正式运动员，退役时均发给一次性退役费，并明确地规定了退役费的标准和实施办法。② 从这一制度的正向功能上看，追加了对退役运动员的经济补偿，减低了运动员退役后的生活风险，为稳定运动员队伍建设、解决运动员的后顾之忧提供了保障，同时也为后来的“自主择业经济补偿办法”的实施奠定了基础。③ 1987年1月国家体委、国家教委联合颁布了《关于著名优秀运动员上大学有关事宜的通知》，其中确定了优秀运动员就学的范围、申请的程序、文化补习等相关内容。④ 该文件及相关措施的出台进一步拓宽了中国优秀

① 刘峥：《我国退役运动员安置制度变迁研究》，西南师范大学硕士学位论文，2008年，第14-15页。

② 国家体委：《运动员退役费实施办法》（[86]体干字1133号），1986年11月6日。

③ 李琳瑞：《退役运动员安置政策的演进研究》，《北京体育大学学报》，2011年第2期。

④ 国家体委：《关于著名优秀运动员上大学有关事宜的通知》（[86]体干字1241号），1987年。

运动员退役安置的渠道。此后，为解决退役运动员劳动技能缺乏、社会适应能力不强导致的就业难问题，1995 年国家体委出台了《关于加强和发展优秀运动队职业教育的意见》，其目标是“在培养竞技体育人才的同时，积极培养他们具有其他专业技能，成为各种实用人才和劳动者”。①但是在中国竞技体育举国体制下，“学训矛盾”的不可调和性使这一政策在实际运行中受到了诸多的抵触，其实际运行效果不佳。1999 年国家体育总局又下发了《关于国家体育总局直属体育院校免试招收退役优秀运动员学习有关问题的通知》，这一文件的适用范围仅限于国家体育总局直属的六所体育专业院校，但运动员免试入学的条件进一步放宽，使更多的退役优秀运动员能够进入高等体育院校学习，在一定程度上缓解了退役运动员安置的压力。国家对优秀运动员升学和就业安置颁布的一系列优惠政策，其目的是通过提高运动员的文化、知识、专业技能等综合素质来增强其人力资本价值存量，使运动员更容易进入社会实现良好就业。鼓励优秀运动员进入大学深造一方面提高了运动员的文化素质和就业能力，另一方面，缓解了退役运动员就业安置的压力。尽管这段时期直接分配工作的“组织分配”仍然是退役优秀运动员安置的主要模式，但是从制度发展趋势看，运动员退役安置逐渐与社会、市场相融合，多样性的市场化就业安置已经成为制度变迁的主要方向。如 1996 年长春市体委在《退役运动员安置工作意见的通知》中就“提倡和鼓励退役运动员自谋职业”，②2001 年山西省体育局颁布的《山西省退役运动员安置暂行办法》规定，“优秀运动员退役可以选择实行货币安置”，③这些地方性的政策规定为形成中国退役运动员政策性安置和补偿型安置相结合的市场化安置体系做了铺垫。

2002 年以来，是中国退役运动员安置政策走向市场化的重要时期。

① 国家体委:《关于加强和发展优秀运动队职业教育的意见》,1995 年。

② 长春市体委:《长春市人民政府办公厅批转市体委关于认真做好我市退役运动员安置工作的通知》,1996 年。

③ 山西省体育局:《山西省退役运动员安置暂行办法》(晋体人[2001]14 号),2001 年。

随着中国市场经济的不断发展和劳动人事制度改革的不断深入,一方面,组织安置退役运动员工作难度越来越大,另一方面,在新形势下,部分退役运动员自觉融入市场,开始自谋出路、自主创业,出现了退役运动员自主择业的需求和动向。为了适应新的形势,国家对针对现有的退役运动安置制度颁布了一系列新的政策,其中最重要的就是确立了就业培训制度和经济补偿制度,鼓励退役运动员自主择业。2002 年 9 月,国家体育总局等 6 部门联合下发了《关于进一步做好退役运动员就业安置的意见》。该文件规定,“建立退役运动员就业培训制度,加强对运动员的职业技术培训”,“积极创造条件,拓宽就业安置渠道,鼓励退役运动员自主择业”,“对自主择业的退役运动员,改革现行退役补助办法,根据其参加运动队的年限、取得的成绩和本人退役前的工资待遇等因素,实行经济补偿”等。① 该政策的出台,为新时期中国退役运动员市场化安置设定了基本的制度框架。为全面贯彻执行这一国家政策,2003 年 8 月,人事部、财政部、国家体育总局联合颁布了《自主择业退役运动员经济补偿办法》,该文件作为中国退役运动员安置制度的配套措施,具体规定了经济补偿的原则、实施范围、经济补偿费的组成标准。根据国家文件精神,各省、市、自治区相继出台了本省的《优秀运动队自主择业退役运动员经济补偿办法》,通过相应的经济补偿鼓励退役的优秀运动员自主择业,这是退役运动员安置制度迈向市场化的重要一步,为形成新时期适应中国市场经济体制要求的政策性安置与自主择业安置相结合的退役运动员安置制度提供了政策依据。

2006 年 11 月,国家体育总局、财政部、劳动和社会保障部又联合颁布了《关于进一步加强运动员社会保障工作的通知》,通知要求“运动员及其所在单位应当按照《失业保险条例》规定参加失业保险,履行规定的缴费义务”,“各级有关部门要积极配合,尽快将运动员纳入当地工伤保

① 国家体育总局:《关于进一步做好退役运动员就业安置的意见》(体人字[2002]411 号),2002 年。

险统筹范围”。[①] 这一政策规定，为保障退役运动员的基本生活来源提供了制度依据，同时促进了退役运动员市场化安置的发展。2007 年 8 月 31 日，国家体育总局等 6 部门联合下发了《运动员聘用暂行办法》，文件明确规定“运动员实行试训、聘用和退役制度，优秀运动员实行职业转换过渡期制度”，“优秀运动员退役时，按规定领取退役费或自主择业经济补偿金”，“运动员退役后执行新进入单位的工资和社会保险制度，进入全日制学校学习的，社会保险关系按照国家有关规定执行”。[②] 中国实行运动员聘任制度为退役运动员市场化安置扫清了障碍，同时逐步将安置责任进行分化，进一步消除了指令性安置的烙印。自此，中国基本形成了覆盖运动员就学、就业、医疗、伤残保险、社会保障等较为完备的市场化安置制度体系，主要安置方式包括组织安置、上学深造和自主择业三种方式。组织安置仍然沿袭了指令性安置政策的思想，带有一定的强制性，主要包括政府指令性安置和政府指导性安置。国家鼓励优秀运动员入学深造，符合条件的运动员可以进入大学学习，并享受专项经费资助。此外，对于部分通过市场自主择业的退役运动员，国家根据他们的运动年限和取得的运动成绩给予自主择业补偿金，也就是人们所说的货币安置方式。从近些年中国退役运动员就业安置情况看，自主择业并获取一次性现金补偿的货币安置方式将成为中国今后安置退役运动员的主要方式。

总体上讲，中国退役运动员安置制度的变迁，是由指令性安置制度向市场化安置制度渐进的过程，退役运动员的就业安置基本上经历了“体育系统内安置”到“体育系统外安置”再到“社会各行业安置”的演变历程。退役运动员安置经历了“强调妥善、得当”——“注重公平与效率”——“兼顾公平、效率与公平并重”三个历史发展阶段。安置方式主要由政府指令性计划安置向政府扶持性安置、就学安置、自主择业的货币安置等多渠道的市场化方向发展。

---

① 国家体育总局，等：《关于进一步加强运动员社会保障工作的通知》（体人字[2006]478 号），2006 年。

② 国家体育总局，等：《运动员聘用暂行办法》（体人字[2007]412 号），2007 年。

### （二）中国退役优秀运动员安置就业情况

新中国成立60多年来，在中国竞技体育举国体制的支撑与保障下，中国一批批专业训练体制下成长起来的运动员不仅为中国竞技体育的快速崛起做出了重大的贡献，而且以辉煌的成绩为祖国赢得了荣誉。运动员退役问题关系中国竞技体育的可持续发展，党和国家也历来重视运动员退役安置工作，中央领导在不同时期均对做好运动队保障以及退役运动员安置工作做出过重要批示，政府管理部门根据中央精神相继制定了一系列优秀运动员退役安置的政策，中国退役运动员安置制度也伴随着社会经济的发展不断进行着改革与完善。然而，长期以来，在中国专业训练体制下，运动员低成才、高淘汰现象较为突出，竞技体育训练的长周期和超负荷，使运动员承受着极大的生理、心理负荷，正常的文化教育、职业培训等方面与同龄人相比较为欠缺，运动员退役安置问题一直是各级政府部门和运动队比较棘手的问题。

在中国计划经济时期，运动员职业具有明显的政策优势，运动员的福利待遇能够得到充分保障，国家对退役运动员实行指令性的组织分配安置政策，绝大多数运动员退役后能够在组织安置下顺利过渡到下一个工作岗位，且大多能在体育系统内继续从事与体育事业相关的工作。尽管1986年中国退役运动员安置制度开始出现了市场化安置的迹象，但指令性安置仍然是1990年以前中国退役运动员安置的最主要方式。田麦久、李斗魁、张蓉芳等人的研究显示："1977—1989年中国每年在编的专业运动员总数约为15 000～19 000人，年均安置率为15.0%（±3.6%）。仅1977—1989年的13年间，共安置了32 225名运动员，按15%的退役率计算，基本上完成了所有退役运动员的安置工作。按1981—1989年计算，9年间待安置运动员共29 407人，安置了22 739名退役运动员，占待安置人数的77.3%。其中，安置从业者18 491，为安置总人数的81.3%，进入高校学习者为4 248人，为安置人数的18.7%。在安置从业者中，有26.1%的退役运动员从事体育工作，其中11.4%担任了教练员，9.5%担任体育行政管理工作，另有4.5%的人做了体育教师，还有0.7%的人进

入了体育科研机构。"①从以上统计数据可以看出,中国绝大多数的退役优秀运动员通过指令性安置制度得到了妥善安置,在很大程度上化解了因退役而引发的运动员人力资本贬值风险。尽管指令性安置还不能完全解决因运动员退役面临的全部问题,但在这种情况下中国运动员的职业生涯发展状况良好,退役后其人力资本价值在劳动力市场能够得以有效迁移或延续,中国退役优秀运动员群体人力资本价值存量贬损并不严重,运动员的自我评价和社会对运动员职业的评价都比较高。

改革开放后,中国向市场经济体制转轨,伴随着干部人事制度、劳动用工制度和社会保障制度改革的不断深化,计划经济体制下形成的退役运动员安置办法在实践中遇到了较大的困难。1989 年国家体委人事司的调查显示, 1981—1989 年,中国待安置的退役运动员呈现上升趋势,由 1981 年待安置退役运动员为 2 432 人,上升到 1983 年的 3 565 人,到 1988 年则增加到 4 940 人,1989 年达到 5 212 人,9 年间待安置的退役运动员人数翻了一番。② 1981—1989 年中国待安置退役运动员具体人数及其变化情况如图 5-1 所示。到了 20 世纪 90 年代初,全国在训运动员约

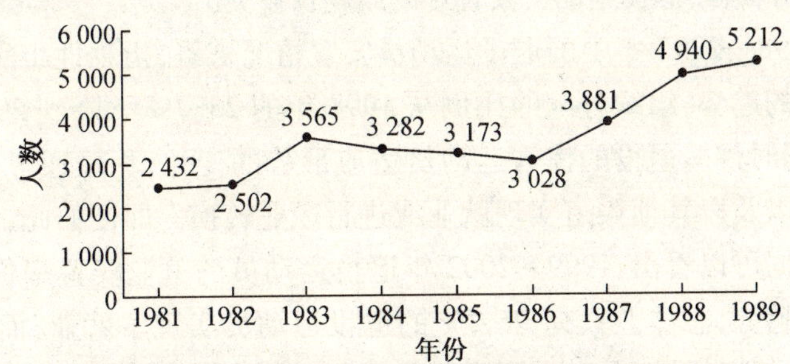


**图 5-1　1981—1989 年待安置退役运动员人数及变化情况**

注：图中数据来源于国家体委人事司 1989 年统计材料。

---

① 田麦久,李斗魁,张蓉芳,等:《我国优秀运动员退役安置情况及改进对策》,《北京体育学院学报》,1993 年第 1 期。

② 国家体委人事司:《关于各省、自治区、直辖市、单列城市优秀运动员招收、分配工作情况的报告》,1990 年。

有33 000人，正式在编的约有17 000人，其余的都是以试训、集训身份在训的运动员，而在中国取得优秀竞赛成绩的优秀运动员退役安置主要通过行政手段解决时，每年有近一半的基层运动员无法得以顺利安置。

此外，中国竞技体育"奥运战略""全运战略"的实施，进一步强化了竞技体育的专业化发展，运动员"学""训"矛盾日益突出，运动员的文化教育成为困扰政府管理部门和各级运动队的难题。在相对较为封闭并以"运动成绩"为中心的运动员专业化培养体系下，中国运动员综合素质与社会需求之间的差距日益拉大，而整个社会对人才的质量要求越来越高，市场经济体制下中国退役运动员的安置自然面临着更大的压力和困难，中国运动员退役安置难度进一步加大，即便是曾经获得过优异竞赛成绩的许多优秀运动员退役后就业也比较困难。随着中国竞技体育社会化、职业化、市场化的不断推进，市场对退役运动员指令性安置制度的调节功能进一步扩大，指令性制度的安置效率被削弱，从2002年起，国家取消了退役运动员包分配工作的规定。同时随着机关和企事业单位用人自主权的逐步扩大，用人单位接收求职者的门槛越来越高，退役运动员在再就业过程中进一步成为社会竞争的弱势群体，退役运动员安置难的问题日益突出。

从1998—2002年中国退役运动员安置情况来看，指令性组织安置呈逐年下降的趋势，组织分配的比例从1998年的25.7%下降到2002年的7.6%。同时许多退役的优秀运动员适应形势的变化，积极通过上大学、自谋职业以及以其他渠道实现就业或进行职业转换。即便如此，从表5-3的统计数据可以看出，1999—2002年退役运动员的就业安置率仍然呈现出下降的趋势，总体上只有39.2%的退役运动员实现了就业，而60%以上的退役运动员不能及时得到安置与就业，长期滞留在运动队，严重影响了各运动队的稳定与发展。1998—2002年中国优秀运动员退役及退役安置情况见表5-3。

中国优秀运动队每年的更新率在15%～20%之间，如果遇到奥运会、亚运会、全运会年，运动队的更新率会达到40%。从历年的统计数据可以看出，中国每年平均大约有3 000多人的优秀运动员退役，再加上历年退役未及时安置而积压的运动员数量，部分省市待安置的退役运动员人

表 5-3　1998—2002 年中国优秀运动员退役及退役安置情况①

| 年份 | 退役人数 | 年初待安置人数 | 组织安置人数 | 上大学人数 | 自谋职业人数 | 其他渠道就业人数 | 就业安置总数 | 就业率/% |
|---|---|---|---|---|---|---|---|---|
| 1998 | 2 600 | 3 834 | 984 | 304 | 428 | 218 | 1 934 | 50.4 |
| 1999 | 1 803 | 3 561 | 961 | 305 | 475 | 326 | 2 067 | 58.0 |
| 2000 | 1 504 | 3 363 | 642 | 204 | 303 | 259 | 1 408 | 41.9 |
| 2001 | 1 549 | 3 226 | 378 | 209 | 301 | 128 | 1 016 | 31.5 |
| 2002 | 1 709 | 4 274 | 326 | 90 | 257 | 54 | 727 | 17.0 |
| 合计 | 9 615 | 18 258 | 3 291 | 1 112 | 1 764 | 987 | 7 152 | 39.2 |

数比较惊人。2002 年 6 月，国家体育总局人事司组织调研组对湖南、广东、广西、四川、吉林、辽宁、内蒙古、宁夏八省（区）进行的专题调研结果显示，八省（区）待安置的退役运动员 1 975 人，占全部在队运动员人数的 28.9%，占运动员编制总数的 24.2%，其中宁夏回族自治区待就业的退役运动员占全部在队运动员的比例高达 78.1%，退役运动员就业安置相当困难。总体上中国退役优秀运动员待安置率逐年上升，待安置年限不断延长，大量的优秀运动员长期滞留在队是普遍存在的问题，严重影响了运动队的稳定和发展。2002 年中国八省（区）优秀运动员数及待安置退役运动员情况见表 5-4。

表 5-4　2002 年中国八省（区）优秀运动员数及待安置退役运动员情况②

| 省份 | 运动员编制数 | 在队运动员数 | 待安置运动员数 | 待安置运动员占在队运动员比例/% |
|---|---|---|---|---|
| 湖南 | 1 140 | 800 | 260 | 32.5 |
| 广东 | 1 443 | 1 646 | 384 | 23.3 |
| 广西 | 1 152 | 740 | 190 | 25.7 |
| 四川 | 1 124 | 1 092 | 329 | 30.1 |
| 吉林 | 708 | 220 | 87 | 39.5 |

① 陈林祥：《我国优秀运动员退役安置的现状及对策研究》，《体育科学》，2004 年第 5 期。

② 国家体育总局人事司：《全国体育人事工作调研报告》，2002 年。

续表

| 省份 | 运动员编制数 | 在队运动员数 | 待安置运动员数 | 待安置运动员占在队运动员比例/% |
|---|---|---|---|---|
| 辽宁 | 1 546 | 1 418 | 489 | 34.5 |
| 内蒙古 | 700 | 590 | 51 | 8.6 |
| 宁夏 | 350 | 237 | 185 | 78.1 |
| 合计 | 8 163 | 6 823 | 1 975 | 28.9 |

另外,地区经济发展状况对退役运动员的就业安置影响较大,中国经济欠发达的西部地区的退役运动员就业安置相对比较困难。针对中国西部12个省、区、市(陕西、甘肃、宁夏、青海、新疆、内蒙古、西藏、四川、重庆、贵州、云南、广西)退役运动员安置情况的调查显示,西部地区待安置的退役运动员人数占在队人数比例较大,1998—2002年所占比例均接近或超过在队运动员数的40%。西部农村和偏远地区输送的运动员社会关系少、本地区社会经济发展水平低,就业岗位极其有限,运动员退役后大都不愿意再回故乡就业。西部地区竞技体育和群众体育基础比较薄弱,又主要围绕"全运战略"开展一些社会化、市场化程度不高的竞技运动项目,加上西部地区对运动员退役安置的财力支持有限,使得这些地区退役运动员就业安置相对更为困难。表5-5是1998—2002年中国西部12省、区、市退役及待安置运动员人数统计情况。

**表5-5 1998—2002年中国西部12省、区、市退役及待安置运动员情况①**

| 年份 | 退役运动员数 | 年初在队运动员数 | 年初待安置运动员数 | 待安置运动员与在队运动员比例/% |
|---|---|---|---|---|
| 1998 | 600 | 3 048 | 1 499 | 49.2 |
| 1999 | 437 | 3 096 | 1 463 | 47.3 |
| 2000 | 345 | 3 312 | 1 417 | 42.8 |
| 2001 | 415 | 2 976 | 1 147 | 38.5 |
| 2002 | 223 | 3 340 | 1 461 | 43.7 |
| 合　计 | 2 020 | 15 772 | 6 987 | 44.3 |

① 国家体育总局人事司:《全国体育人事工作调研报告》,2002年。

2005 年 7 月 1 日至 9 月 30 日，国家体育总局开展了全国体育人才调研工作，这是中国首次对全国体育系统人才状况进行大规模的全面调查。调查结果显示，2005 年中国待安置运动员人数达 3 775 人以上，因备战 2008 年北京奥运会，3 200多名国家队的一线和二线运动员参加了集训，其中许多原本打算退役的运动员继续留在队中，北京奥运会后，中国退役运动员数量增加将近一倍。表 5-6 是中国 2005 年部分省、区、市退役的待安置优秀运动员人数统计数据。

**表 5-6　2005 年中国 27 个省、市、区退役的待安置优秀运动员人数统计表①**

| 省、区、市 | 待安置运动员数 | 百分比/% | 省、区、市 | 待安置运动员数 | 百分比/% |
|---|---|---|---|---|---|
| 天津 | 289 | 7.7 | 广东 | 122 | 3.2 |
| 河北 | 61 | 1.6 | 广西 | 137 | 3.6 |
| 山西 | 46 | 1.2 | 海南 | 22 | 0.6 |
| 内蒙古 | 78 | 2.1 | 重庆 | 90 | 2.4 |
| 辽宁 | 138 | 3.7 | 四川 | 27 | 0.7 |
| 吉林 | 303 | 8.0 | 贵州 | 136 | 3.6 |
| 黑龙江 | 300 | 7.9 | 云南 | 63 | 1.7 |
| 江苏 | 87 | 2.3 | 西藏 | 58 | 1.5 |
| 安徽 | 134 | 3.5 | 陕西 | 212 | 5.6 |
| 福建 | 102 | 2.8 | 甘肃 | 355 | 9.4 |
| 江西 | 79 | 2.1 | 青海 | 201 | 5.3 |
| 河南 | 97 | 2.6 | 宁夏 | 163 | 4.3 |
| 湖北 | 124 | 3.3 | 新疆 | 141 | 3.7 |
| 湖南 | 210 | 5.6 | | | |
| 合　计：共 3 775 名待安置退役运动员 | | | | | |

注：资料来源于国家体育总局人事司 2005 年的全国优秀运动员普查数据。

本次调研结果显示，中国待安置退役运动员存在的突出问题是基数

① 叶乔波：《退役运动员生存与发展理论实践研究》，中共中央党校博士学位论文，2007 年。

庞大、所占比例高、待安置年限长,经济不发达地区的退役运动员安置最为困难。表5-7是2005年中国部分省、区退役待安置运动员与在队运动员人数的比例情况,可以明显看出,位于中国西部的贵州、陕西、甘肃、青海和宁夏五个省、区的退役待安置运动员占在队运动员的比例均超过100%,其中宁夏回族自治区达168%,而青海省竟高达446.7%。调查结果表明待安置运动员中找不到合适工作的2 727人,占待安置运动员总数的72.2%,这种状况直接导致了中国待安置的退役运动员基数日益庞大,待安置年限不断延长,严重影响了优秀运动队的稳定与发展。

**表5-7　2005年中国11个省、区待安置运动员与在队运动员人数比例情况**

| 省、区 | 在队运动员数 | 待安置运动员数 | 待安置运动员占在队运动员人数比例/% |
|---|---|---|---|
| 天津 | 500 | 289 | 57.8 |
| 吉林 | 500 | 303 | 60.6 |
| 黑龙江 | 765 | 300 | 39.2 |
| 安徽 | 300 | 134 | 44.7 |
| 湖南 | 410 | 210 | 51.2 |
| 贵州 | 134 | 136 | 101.5 |
| 陕西 | 200 | 212 | 106.0 |
| 甘肃 | 300 | 355 | 118.3 |
| 青海 | 45 | 201 | 446.7 |
| 宁夏 | 97 | 163 | 168.0 |
| 新疆 | 216 | 141 | 65.3 |
| 合计 | 3 467 | 2 444 | 70.5 |

注:资料来源于国家体育总局人事司2005年的全国优秀运动员普查数据。

**表5-8　六个项目待安置运动员人数及所占比例情况**

| 项目 | 待安置运动员数 | 占待安置总数的百分比/% |
|---|---|---|
| 田径 | 438 | 11.6 |
| 摔跤 | 381 | 10.1 |
| 射击 | 292 | 7.7 |

续表

| 项目 | 待安置运动员数 | 占待安置总数的百分比/% |
|---|---|---|
| 柔道 | 253 | 6.7 |
| 冰上运动 | 240 | 6.3 |
| 举重 | 177 | 4.7 |
| 合计 | 1 781 | 47.2 |

注：资料来源于国家体育总局人事司2005年的全国优秀运动员普查数据。

此外，从本次调查的结果看，在所有的竞技体育运动项目中，从事社会化程度低、社会基础薄弱项目的运动员退役后安置难度相对较高。在所有的待安置退役运动员3 775人中，从事田径、摔跤、射击、柔道、冰上项目、举重这六个运动项目的待安置退役运动员共有1 781人，占待安置运动员总数的47.2%。其中从事田径项目的待安置运动员人数最多，共有438人，所占比例为11.6%，列第一位；从事摔跤的待安置运动员381人，占总人数的10.1%，列第二位。六个项目具体待安置运动员人数及所占比例如表5-8所示。由此可见，从事社会化程度低、社会基础薄弱的冷门项目的运动员退役后就业安置相当困难，在一定程度上制约了这些运动项目在中国的普及和发展。

退役运动员的安置与其在役期间取得的竞赛成绩直接相关，按待安置退役运动员运动等级来看，在所有的3 775名待安置退役运动员中，处于“三级训练网”“金字塔”中间层的一级运动员最多，共有1 842人，所占比例为48.8%，几乎占到待安置运动员总数的一半。调查显示，这些运动员一般未取得优异的运动成绩，且训练时间长、伤病多、文化水平低、退役年龄较大，在中国退役运动员群体中就业安置困难最大。除一级运动员外，2005年中国待安置运动员中有国际健将123人，运动健将706人，二级运动员760人，三级运动员338人。待安置退役运动员各运动等级百分比统计情况如图5-2所示。

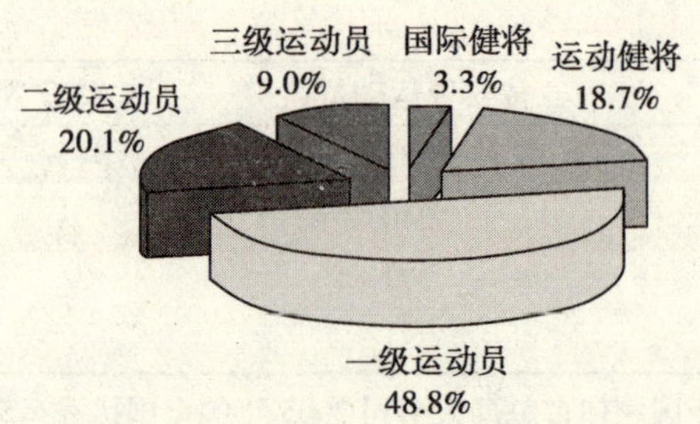


**图 5-2　待安置退役运动员各运动等级百分比统计情况**

近年来,中国每年仍然有 3 000 ~4 000 名运动员退役,在这个庞大的群体中,虽然不乏李宁、邓亚萍、杨扬、姚明等这样成功转型的典范,但大多数运动员依然要为退役后的就业和职业转换费尽周折。国家体育总局的一项统计数据表明,截至 2009 年 7 月,全国累计已停训待安置退役运动员 4 343 人,2010 年又新增退役运动员 2 193 名,其中 45% 的退役运动员并没有得到及时安置,“夺金牌难,找工作更难”成为当下中国竞技体育运动员当中的一句流行语。总而言之,中国退役优秀运动员安置难的问题日益突出,严重影响了各运动队的稳定与发展,在一定程度上成为制约中国竞技体育事业可持续发展的瓶颈。

**(三) 中国部分省、市优秀运动员退役及就业安置情况**

中国中部地区的体育发展相对滞后,但也有一定的特色,如湖南、湖北是中国传统的竞技体育大省,为中国体育事业做出了应有的贡献。其他省、市如江西,在水上项目也取得了奥运金牌的突破。中国中部地区各省在退役运动员就业安置方面存在的主要问题是运动员退役后就业渠道不畅,就业率偏低,大量退役运动员长期滞留在队。2006 年,中部地区六个省待安置运动员共有 916 人,占在队总人数的比例为 36. 1% 。特别是江西和安徽两省待安置运动员占在队人数的比率分别高达 58. 7% 和 68. 0% ,退役运动员就业安置问题非常严重。退役运动员待分配率的不断上升和待分配年限的不断延长,严重影响了中部六个省的优秀运动队的稳定和该地区竞技体育运动的可持续发展。表 5-9 是 2006 年中国中部地区六个省优秀运动员退役及安置情况。

表 5-9　2006 年中国中部地区六省优秀运动员退役及安置情况①

| 省份 | 在队运动员数 | 待安置运动员数 | 待安置运动员占在队运动员人数比例/% |
|---|---|---|---|
| 湖南 | 387 | 120 | 31.0 |
| 湖北 | 574 | 287 | 50.0 |
| 河南 | 650 | 100 | 15.4 |
| 江西 | 230 | 135 | 58.7 |
| 安徽 | 300 | 204 | 68.0 |
| 江西 | 398 | 70 | 17.6 |
| 合计 | 2 539 | 916 | 36.1 |

1998—2006 年,安徽省总共安置了退役运动员 618 人,但组织分配人数呈逐年下降趋势,组织分配占年初待分配人数的比例从 1998 年的 52.2%下降到 2006 年的 2.5%,上大学人数占年初待分配人数的比例从 1998 年的 4.8%上升为 5.9%,变化也不大。安徽省退役运动员就业安置存在着严重困难,加上自主择业和通过其他渠道就业的退役运动员人数,1998—2006 年总体就业率仅为 30.2%,有的运动员在运动队中待分配年限甚至长达 20 年以上。表 5-10 是安徽省 1998—2006 年九年间优秀运动员退役及安置情况。

表 5-10　1998—2006 年安徽省优秀运动员退役及安置情况②

| 年份 | 退役运动员数 | 年初待安置运动员数 | 组织安置运动员数 | 上大学运动员数 | 自主择业运动员数 | 其他渠道就业运动员数 | 就业率/% |
|---|---|---|---|---|---|---|---|
| 2004 | 41 | 305 | 1 | 7 | 80 | 0 | 28.9 |
| 1998 | 46 | 209 | 109 | 10 | 24 | 13 | 74.6 |
| 1999 | 33 | 110 | 3 | 6 | 5 | 9 | 20.9 |
| 2000 | 33 | 172 | 2 | 4 | 5 | 7 | 10.5 |
| 2001 | 25 | 199 | 5 | 8 | 3 | 7 | 11.6 |

① 李卫红:《我国中部地区退役运动员就业安置现状与对策研究》,武汉体育学院硕士学位论文,2007 年。

② 同①。

续表

| 年份 | 退役运动员数 | 年初待安置运动员数 | 组织安置运动员数 | 上大学运动员数 | 自主择业运动员数 | 其他渠道就业运动员数 | 就业率/% |
|---|---|---|---|---|---|---|---|
| 2002 | 43 | 184 | 1 | 12 | 0 | 0 | 7.1 |
| 2003 | 37 | 416 | 2 | 8 | 128 | 0 | 33.2 |
| 2005 | 40 | 249 | 6 | 7 | 46 | 0 | 23.7 |
| 2006 | 90 | 204 | 5 | 12 | 83 | 0 | 49.0 |
| 合计 | 388 | 2 048 | 134 | 74 | 374 | 36 | 30.2 |

注:其中2005年的待安置运动员数与表5-6、表5-7中的不一致,可能是因统计口径不同而导致的。

2007年,河南省十个体育竞技管理中心在编运动员共665人,其中九个管理中心有470名在编运动员,共有待安置运动员112人,待业运动员数占在编运动员的23. 8%,待业时间最长的长达13年。其中,田径运动管理中心待业运动员所占比例最高,为37.9%,其次是水上运动中心,待业人数占29.8%,排在第三位的是球类中心,待业人数占29%,排在第四位的是重竞技运动管理中心,待业人数占19.3%。此外,河南省待业运动员所占比例仍在逐年增加,见表5-11。①

表5-11　2005—2007年河南省优秀运动员退役及安置情况

| 年份 | 在编运动员数 | 待安置运动员数 | 待安置运动员占在编运动员数比例/% |
|---|---|---|---|
| 2005 | 642 | 97 | 15.1 |
| 2006 | 650 | 100 | 15.4 |
| 2007 | 665 | 112 | 16.8 |
| 合计 | 1 957 | 309 | 15.8 |

从表5-11可以看出,2005年河南省待安置的退役运动员为99人,2006年上升到100人,到2007年底,待安置退役运动员达到112人,在全运会年、亚运会年和奥运会年,退役人数还会逐年增加,退役运动员人数

① 陈进良:《河南省退役运动员安置工作调查与研究》,《武汉体育学院学报》,2010年第7期。

的增长与岗位人员饱和的矛盾日益尖锐。自1990年以后,河南省就不再对退役的优秀运动员进行统一安置,运动员退役后原则上关系将被转到当地人事局,放在人才交流中心,退役运动员就业安置情况不容乐观。

山东省是体育大省,运动员编制数为1 800名,2009年正式在编人数为1 132人,每年退役的运动员在100人左右。截至2009年7月31日,山东省已停训待安置运动员达到187人,未来两年预计新增退役运动员242人,退役运动员的再就业问题依然需要突破。① 山东省一直比较重视退役优秀运动员就业安置问题,省政府、省体育局等部门作了大量的工作,在高水平运动员退役安置工作方面取得了一定的成效。1994年前由于政府政策的强力支持,社会环境对退役运动员安置也较为宽松,安置工作进行的比较顺利。从1994年七运会结束的大调整年开始,退役运动员安置工作的难度逐年加大,每年滞留在队的人数居高不下。1991—1999年,由于处于经济转型期,受益于相关政策和社会大环境,山东省政策性安置力度相对较大,每年的安置人数都比较多。但1999年后山东省退役运动员安置工作进入低谷,安置数目逐年降低。2004年,随着国家完善了优秀运动员入学办法以及自主择业退役运动员经济补偿办法的实施,退役运动员安置途径变得丰富起来。山东省鼓励退役优秀运动员自主择业,引导运动员积极参与社区服务,新增的体育岗位也优先选用退役的优秀运动员,在一定程度上缓解了山东省退役运动员就业难问题。表5-12是山东省18年间退役优秀运动员的安置情况。

**表5-12　1991—2008年山东省优秀运动员退役及安置情况**

| 年份 | 退役运动员数 | 安置运动员数 | 滞留待安置运动员数 |
|---|---|---|---|
| 1991 | 147 | 68 | 79 |
| 1992 | 97 | 101 | 75 |
| 1993 | 102 | 103 | 74 |

① 钟莉莉,孙晋海,张显军:《退役运动员再就业状况调查研究——以山东省为例》,《北京体育大学学报》,2012年第9期。

续表

| 年份 | 退役运动员数 | 安置运动员数 | 滞留待安置运动员数 |
|---|---|---|---|
| 1994 | 175 | 138 | 111 |
| 1995 | 142 | 125 | 128 |
| 1996 | 60 | 90 | 98 |
| 1997 | 83 | 56 | 125 |
| 1998 | 131 | 114 | 142 |
| 1999 | 72 | 86 | 122 |
| 2000 | 43 | 41 | 130 |
| 2001 | 42 | 21 | 87 |
| 2002 | 70 | 37 | 76 |
| 2003 | 53 | 21 | 84 |
| 2004 | 206 | 137 | 84 |
| 2005 | 92 | 70 | 106 |
| 2006 | 143 | 30 | 82 |
| 2007 | 101 | 35 | 66 |
| 2008 | 109 | 18 | 84 |
| 合计 | 1 868 | 1 291 | 1 753 |

注:此表根据王大勇的硕士学位论文《山东省高水平运动员退役安置研究》、钟莉莉发表于《北京体育大学学报》的论文《退役运动员再就业状况调查研究——以山东省为例》绘制。数据来源于山东省体育局人事处。

1994—2003 年福建省总共安置退役运动员 198 人,这些数字还不包括留在运动队中协助工作的运动员人数。1994—1998 年,福建省的运动员退役后的就业安置工作取得很大的成效,政府安置的退役运动员占退役运动员总数的一半以上。随着干部人事制度改革和劳动用工制度改革的逐步深化,政策性安置退役运动员就业的办法受到了很大的冲击,使福建省退役运动员就业安置工作难度越来越大,1999—2003 年政府对退役运动员的就业安置人数在逐年下降。此外,福建省运动员退役人数在

1994—1998 年期间，退役运动员的人数基本上在“退”和“出”两个方面趋于平衡，但是从 1998 年后，运动员退役的人数逐年增加，而相反就业的人数呈逐年递减的趋势，到 2003 年下降到最低点，当年仅仅有五名退役运动员被安置。表 5-13 是福建省 1994—2003 年退役优秀运动员安置情况。

**表 5-13 1994—2003 年福建省优秀运动员退役及安置情况①**

| 年份 | 退役运动数 | 安置运动数 | 组织安置运动员数 | 上大学运动员数 | 自主择业运动员数 | 其他渠道就业运动员数 | 滞留在队运动员数 |
|---|---|---|---|---|---|---|---|
| 1994 | 73 | 35 | 4 | 18 | 12 | 1 | 38 |
| 1995 | 32 | 33 | 10 | 15 | 6 | 2 | 37 |
| 1996 | 32 | 21 | 10 | 8 | 2 | 1 | 48 |
| 1997 | 31 | 27 | 20 | 7 | 0 | 0 | 52 |
| 1998 | 66 | 29 | 18 | 10 | 1 | 0 | 37 |
| 1999 | 76 | 17 | 6 | 10 | 0 | 1 | 59 |
| 2000 | 81 | 14 | 4 | 10 | 0 | 0 | 67 |
| 2001 | 90 | 11 | 3 | 6 | 2 | 0 | 79 |
| 2002 | 86 | 6 | 1 | 5 | 0 | 0 | 75 |
| 2003 | 98 | 5 | 0 | 5 | 0 | 0 | 93 |
| 合计 | 665 | 198 | 76 | 94 | 23 | 5 | 585 |

上海市退役运动员由组织安置逐步转变为组织安置和货币化安置并重。② 2000 年上海市开始实行退役运动员货币化改革，到 2009 年，除部分退役运动员留在市体育局系统从事训练教学和管理工作及个别辞职外，退役运动员通过组织安置的有 564 人，选择自主择业领取经济补偿费的退役运动员有 503 人，发放经济补偿费共计 4 108 万元，人均约 8.17 万

① 刘国涛：《福建省运动员退役就业的现状分析与对策研究》，福建师范大学硕士学位论文，2005 年，第23－25 页。

② 马国祥：《上海市退役运动员就业安置现状调查研究》，上海体育学院硕士学位论文，2010 年。

元，资金主要来源于政府财政，少部分来自体育彩票公益金、社会捐助等。

江苏省近些年来退役运动员的就业渠道主要为组织分配、上大学及自谋职业。江苏省对运动员退役后的就业安置做了很多工作，但是组织分配的人数在2004—2008年期间仍呈逐年下降趋势。退役运动员想上大学，但运动成绩达不到免试条件，凭自己的文化水平参加考试，又难以考取大学。而自谋职业和其他渠道实际上是运动员自主择业，与政府部门几乎没有任何关系。自谋职业的退役运动员面对激烈的市场竞争，就业压力大，就业率其实也不高。有相当数量的自谋职业退役运动员，在新的岗位上因工作压力大，难以适应，往往又成为失业人员。因此，江苏省退役运动员总体的就业率仍然偏低。江苏省近些年退役优秀运动员安置情况见表5-14。

**表5-14　2004—2008年江苏省退役运动员就业途径选择情况①**

| 年份 | 退役运动员数 | 组织分配运动员数 | 上大学运动员数 | 自谋出路运动员数 | 其他渠道就业运动员数 |
|---|---|---|---|---|---|
| 2004 | 41 | 1 | 7 | 33 | 0 |
| 2005 | 40 | 6 | 7 | 27 | 0 |
| 2006 | 37 | 5 | 8 | 24 | 0 |
| 2007 | 33 | 3 | 6 | 15 | 9 |
| 2008 | 90 | 39 | 12 | 39 | 0 |
| 合计 | 241 | 54 | 40 | 138 | 9 |

与其他省份一样，浙江省优秀运动员退役后就业渠道主要为组织分配、上大学及自谋职业，而且组织分配呈逐年下降的趋势，上大学和自谋出路的人数呈现逐年上升的趋势。浙江省从2001—2007年总共安置退役运动员445人，这些数字还不包括留在运动队中协助运动队工作的一些运动员。相比其他省份，浙江省运动员退役安置的工作是有成效的，并

① 闫静：《江苏省退役运动员再就业现状分析与对策研究》，扬州大学硕士学位论文，2009年，第25－26页。

且每年安置人数呈上升的势头，但是七年来仍有 180 多人没能得到安置。2006 年浙江省竞技体育实行院校化管理体制，较好地解决了运动员的学历问题，运动员退役时基本具有大专学历，这为运动员进入高等院校深造、组织安置和用人单位招聘创造了有利的条件。浙江省 2001—2007 年退役优秀运动员就业情况见表 5-15。

**表 5-15　2001—2007 年浙江省优秀运动员退役及安置情况①**

| 年份 | 退役运动员数 | 组织分配运动员数 | 上大学运动员数 | 自谋出路运动员数 | 其他渠道就业运动员数 | 安置率% |
|---|---|---|---|---|---|---|
| 2001 | 35 | 9 | 5 | 6 | 3 | 65.7 |
| 2002 | 142 | 28 | 29 | 13 | 7 | 54.2 |
| 2003 | 42 | 7 | 11 | 7 | 4 | 69.0 |
| 2004 | 56 | 7 | 19 | 8 | 6 | 71.4 |
| 2005 | 138 | 14 | 56 | 12 | 11 | 67.4 |
| 2006 | 142 | 3 | 35 | 21 | 31 | 63.4 |
| 2007 | 143 | 2 | 41 | 36 | 14 | 65.0 |
| 合计 | 698 | 70 | 196 | 103 | 76 | 63.8 |

在 2002 年和 2006 年两个全运会周期后，辽宁省退役运动员人数比一般年份高很多。辽宁省退役运动员的人数激增给就业安置工作带来极大的压力，2001—2009 年总体的待业率为 20.1%。随着就业安置方式的拓宽，学习深造和自主择业成为辽宁省很多退役运动员选择的道路。与其他省份一样，辽宁省退役运动员政府安置所占的比率大致呈递减的趋势，而学习深造和自主择业的比例呈逐年上升的趋势，以此表明国家在逐渐调整政策和采取相应的措施。鼓励运动员提高自己知识水平、提升自身学历层次，使得待业运动员的比例有所下降，但仍有部分运动员找不到合适的出路和社会立足点。辽宁省 2001—2009 年退役优秀运动员退役

① 叶星理：《浙江省优秀运动员退役后就业安置的研究》，扬州体育学院硕士学位论文，2009 年，第 9 页。

及安置情况见表5-16。

表 5-16　2001—2009 年辽宁省优秀运动员退役及安置情况①

| 年份 | 退役运动员数 | 组织安置运动员数 | 上学深造运动员数 | 自主择业运动员数 | 待业运动员数 | 待业率/% |
|---|---|---|---|---|---|---|
| 2001 | 119 | 37 | 41 | 0 | 41 | 34.5 |
| 2002 | 214 | 83 | 64 | 0 | 67 | 31.3 |
| 2003 | 107 | 27 | 37 | 26 | 17 | 15.9 |
| 2004 | 116 | 22 | 39 | 24 | 31 | 26.7 |
| 2005 | 112 | 25 | 42 | 30 | 15 | 13.4 |
| 2006 | 230 | 41 | 76 | 82 | 31 | 13.5 |
| 2007 | 108 | 20 | 52 | 22 | 14 | 13.0 |
| 2008 | 91 | 16 | 42 | 20 | 13 | 14.3 |
| 2009 | 121 | 21 | 53 | 32 | 15 | 12.4 |
| 合计 | 1 138 | 292 | 366 | 236 | 244 | 21.4 |

吉林省退役运动员主要来自射击射箭、网球、冬季项目、重竞技、乒曲篮武、田径自行车六个项目管理中心。据统计,2009 年,吉林省运动员编制数共 614 人,其中正式在编 367 人,试训 113 人,集训 127 人,其他在训 60 人。至 2009 年 7 月 31 日已停训待安置 101 人,2009 年底预计新增退役 22 人,2010 年预计新增退役 40 人。② 吉林省体育局自 1997 年始,实行"学籍化"运动员管理体制,即运动员身份学生化、训练竞赛中心化,学籍化运动员管理体制为优秀运动员提供了本科学业学习的平台,解决了退役运动员的学历问题,此举在当时的就业分配政策下有效地促进了退役运动员就业安置工作。但随着经济体制改革的深入,用人单位自主权逐渐扩大,仅解决运动员的学历问题已经无法有效缓解日益增长的就业

① 郑继全:《辽宁省2001—2009 年退役运动员就业安置方式探析》,西南大学硕士学位论文,2010 年,第20 页。

② 于萍:《我国退役运动员就业安置现状与对策研究——以吉林省为例》,北京体育大学硕士学位论文,2010 年,第 15 - 16 页。

安置压力，退役运动员安置难的问题越发突出。在省级运动队中有相当数量的退役运动员由于伤病、经济纠纷、福利待遇和档案等问题滞留在运动队，退役运动员就业安置形势不容乐观。

近些年来，青海省为运动员退役后的就业安置做了很大努力，但是由于受到地区经济发展水平等因素的制约，退役运动员安置率一直处于较低的水平。青海省组织分配人数从2004—2009年变化不大，人数相对较少，上大学人数比例也相对较小，多数退役运动员还是要以自谋职业实现就业。在现实安置过程中，从事举重、散打、射击、射箭等重竞技项目的退役运动员就业安置相对于社会普及程度较高的运动项目如足球、篮球、网球、羽毛球、乒乓球等更为困难，但是这些竞技项目却正是青海省重点发展的项目。青海省2004—2009年退役优秀运动员退役及安置情况见表5-17。

表5-17　2004—2009年青海省优秀运动员退役及安置情况①

| 年份 | 退役运动员数 | 组织分配运动员数 | 上大学运动员数 | 自谋出路运动员数 | 安置率/% |
| --- | --- | --- | --- | --- | --- |
| 2004 | 12 | 1 | 2 | 9 | 25.0 |
| 2005 | 14 | 2 | 3 | 9 | 35.7 |
| 2006 | 16 | 2 | 2 | 12 | 25.0 |
| 2007 | 15 | 1 | 1 | 13 | 13.3 |
| 2008 | 17 | 2 | 1 | 14 | 17.6 |
| 2009 | 13 | 2 | 2 | 9 | 30.8 |
| 合计 | 87 | 10 | 11 | 66 | 24.1 |

2008年，宁夏回族自治区政府核定运动员编制数330名，设置的运动项目有田径、自行车、武术、射击、射箭、摔跤、举重、跆拳道等。现有在编运动员79人，长期试训运动员80人，退役待分配运动员200人左右，待安置运动员占运动员编制数的60%以上，平均年龄35岁，年龄最大48

① 李家喜：《青海省退役运动员再就业分析与对策研究》，青海师范大学硕士学位论文，2010年。

岁,包袱十分沉重。宁夏回族自治区待安置运动员比例偏高,试训运动员人数偏少,在编运动员人数比例也较低,不能及时补充优秀运动员,严重影响了运动员队伍的壮大与发展。如何妥善解决退役运动员的就业安置问题,建立运动员进出畅通机制,已经关系到宁夏回族自治区竞技体育的发展和运动技术水平的提高,优秀运动队的建设和保障工作遇到了前所未有的困难。①

从以上省份退役优秀运动员安置就业情况可以看出,中国优秀运动员退役后就业渠道主要为组织分配、上大学及自谋职业,其中组织分配人数呈逐年下降的趋势,上大学和自谋出路的人数呈现逐年上升的趋势,各省退役运动员就业安置均存在不同程度的困难和问题,总体安置情况不容乐观。地区经济发展状况对退役运动员的就业安置影响较大,中国经济欠发达的西部地区的退役运动员就业安置相对比较困难,西部地区待安置的退役运动员人数占在队人数比例较大。西部地区由于社会经济发展水平低,就业岗位有限,竞技体育和群众体育基础比较薄弱,竞技体育项目又主要集中在一些社会化、市场化程度不高的田径、自行车、射箭、摔跤、举重等重竞技项目上,加上西部地区对运动员退役安置的财力支持有限,使得这些地区退役运动员就业安置相对更为困难。

**(四)运动员退役后就业安置困难引发中国优秀运动员人力资本贬值**

在中国几代数以万计的运动员的艰苦奋斗、奋勇拼搏下,中国的竞技体育取得了长足的进步和辉煌的成就。但我们不能忽视的是,许许多多运动员曾经为祖国付出艰辛劳动和汗水,并把他们最美好的青春奉献给祖国的竞技体育事业,但是由于各种各样的原因使这些优秀运动员退役后不能得到顺利的安置和就业。根据本研究前面的分析,退役后不能实现就业的优秀运动员群体数量庞大,特别是退役安置制度市场化以来,每年将近有一半多的退役运动员未能就业。在本研究的调查中,中国优秀运动员认为运动员文化知识不高、国家退役安置及保障政策不健全、运动员缺乏相关职业技能、运动员就业面和就业渠道过于狭窄,以及为退役运

---

① 李家喜:《青海省退役运动员再就业分析与对策研究》,青海师范大学硕士学位论文,2010 年。

动员提供的岗位有限等因素是造成中国退役运动员就业安置困难的主要原因。而正是由于中国运动员自身综合素质的局限和国家对运动员退役安置以及保障机制的不健全,使得每年大批的退役优秀运动员无法顺利实现就业,造成竞技体育专业人才的闲置和浪费,引发优秀运动员人力资本贬值。表 5-18 是中国优秀运动员退役后就业安置难原因调查情况。

**表 5-18　中国优秀运动员退役后就业安置难原因调查情况**

| 就业安置难的原因 | 选择频数 | 百分比/% |
| --- | --- | --- |
| 运动员文化知识不高 | 237 | 63.7 |
| 国家退役安置及保障政策不健全 | 227 | 61.1 |
| 运动员缺乏相关职业技能 | 218 | 58.6 |
| 运动员就业面、就业渠道狭窄 | 216 | 58.1 |
| 为退役运动员提供的岗位有限 | 173 | 46.5 |
| 退役运动员人数太多 | 143 | 38.4 |
| 国家体育产业不发达 | 80 | 21.5 |
| 其他方面 | 2 | 0.5 |

注：样本数为 372。

运动员是中国社会生产实践领域中较为特殊的从业人员,运动员的训练竞赛属于职业活动的范畴,但运动员职业不是终身职业,任何一个运动员在其运动职业生涯结束时都面临着退役的问题。动员人力资本的特殊性在于其具有极强的专用性,甚至可以说是纯粹的专用性,其人力资本存量的可用性只局限在体育领域内或局限在某个项目上。运动员一旦退役,其自身原有的人力资本到其他职业领域几乎派不上用场,即出现所谓的人力资本失灵,不能再给其所有者带来收益。运动员一旦选择结束运动职业生涯,在停止训练后其人力资本的核心价值要素——专项竞技能力的快速消退和下降是不可避免的,运动员人力资本价值存量必然会下降,产生难以避免的贬值,且这样的贬值具有普遍性。而运动员退役后如果职业转换不及时或不成功,其原有的人力资本价值就不能得以有效的延续或迁移,必然导致运动员人力资本价值存量的进一步贬损,从而造成这种稀缺的专用性人力资本的闲置、浪费甚至报废。

在中国实行退役运动员指令性安置制度时期，运动员职业具有明显的政策优势，绝大多数的运动员退役后能够在组织安置下顺利实现再就业，且许多退役运动员能在体育系统从事教练员、体育管理等工作，这些退役运动员人力资本价值能够得以有效迁移或延续，其人力资本价值存量贬损并不严重。对于那些通过组织安排进入非体育领域就业的退役运动员，在新的工作岗位上都面临着新的职业环境、新的职业技能要求等问题，退役优秀运动员拥有的以竞技能力为核心要素的人力资本难以在新的工作岗位上发挥效用，或工作效率低下，这种岗位不匹配直接引发中国退役优秀运动员人力资本贬值。此外，在中国专业训练体制培养出来的运动员，往往存在着文化知识水平有限、综合素质不高、相关职业技能缺失、社会适应能力不强等不足之处，这些不足都会影响退役运动员的生产效率。而与一般通用性人力资本贬值一样，这些在非体育领域就业的运动员人力资本又不可避免地因知识更新、技术进步、身体健康状况以及其他社会、市场等多种因素影响而产生贬值，这进一步加剧了中国退役优秀运动员人力资本的贬值。针对运动员退役后人力资本贬值问题，在本研究的调查中，中国优秀运动员认为运动员退役后创造经济价值的能力、社会关系依存度、社会竞争力、运动技能与技术水平、社会地位、社会影响力和社会知名度等均存在不同程度的下降，表明部分退役运动员综合价值有所降低，其人力资本存量发生了贬损，具体调查情况见表5-19。

**表5-19　中国优秀运动员退役后综合价值下降调查情况**

| 价值下降表现 | 选择频数 | 百分比/% |
|---|---|---|
| 创造经济价值能力降低 | 192 | 51.6 |
| 社会关系依存度降低 | 164 | 44.1 |
| 社会竞争力降低 | 143 | 38.4 |
| 运动技能与技术水平下降 | 137 | 36.8 |
| 社会地位下降 | 129 | 34.7 |
| 社会影响力和知名度下降 | 129 | 34.7 |
| 其他方面 | 27 | 7.3 |

注：样本数为372。

市场经济体制确立后，中国竞技体育逐渐向社会化、市场化方向发展，退役运动员安置制度进入市场化安置阶段。但是在市场经济下，中国退役运动员的安置却面临着更大的压力和困难，机关和企事业单位用人自主权的逐步扩大，整个社会对人才的质量要求越来越高，中国退役优秀运动员的安置在实践中遇到了较大的困难，退役后不能实现就业的运动员数量庞大，每年将近有一半多的退役运动员不能顺利安置和就业，造成中国大量的优秀运动员人力资本产生贬值。退役运动员不能就业，其多年投资形成的运动员人力资本就被闲置和浪费，其价值和使用价值都无法在市场中得以体现。待安置的退役运动员长期滞留在运动队，一方面，挤占原本有限的竞技体育资源，给运动队的人才更新和可持续发展造成不良影响；另一方面，退役运动员不能及时得到安置和就业，给运动员本人造成一定程度的心理负担，容易使其产生挫折感和失落感，往往会加速运动员人力资本存量的贬损。此外，长期处于失业状态的退役运动员，其人力资本创收能力势必会逐渐弱化，获得收入的机会也逐渐减少，运动员人力资本贬值的风险进一步加大，甚至发生运动员人力资本报废的现象。中国大量的退役优秀运动员人力资本闲置和浪费，不仅是中国原本稀缺的竞技体育人力资源的极大浪费，而且给中国竞技体育事业的可持续、健康发展带来严重的负面影响。

## 第三节　中国优秀运动员人力资本贬值的归因分析

作为市场中一种特殊的、具有较强专用性的技能性人力资本，与人力资本贬值一样，运动员人力资本在其职业生涯和生命周期内也必然存在着价值贬损的现象。中国运动员人力资本投资主体的多元性、投资客体的异质性、运动员竞技能力形成的不确定性、意外伤害等风险因素的不可预知性，以及运动员人力资本形成过程中个人的主观努力程度和客观条件的限制等因素，均在不同程度地影响着中国运动员人力资本价值存量，使得运动员人力资本处于贬值的风险当中。由于中国较为特殊的竞技体育管理体制和专业运动员培养体系，引发中国优秀运动员人力资本贬值的原因是复杂多样的，除运动员健康状况、市场供求关系、技术进步、相关竞争性资本，以及体制、制度等一般性因素外，引发中国优秀运动员人力资本贬值还有运动员自身独特的原因。引发人力资本贬值的一般性因素在本书的第一部分已有详细分析和论述，而运动伤病、文化教育不足、专业化过早、职业生涯规划缺失等引发中国优秀运动员人力资本产生贬值，在前面也已进行了具体的分析，这里不再赘述。除上述这些因素外，中国较为封闭且相对固化的优秀运动员培养体制、竞技体育过分的功利性和短视行为、竞技体育社会化和市场化程度不高，以及运动员人力资本市场欠缺直接或间接地成为引发中国优秀运动员人力资本贬值的诱因。

### 一、中国专业运动员培养体制为优秀运动员人力资本贬值埋下了隐患

孕育于计划经济时期、形成于20世纪80年代后的中国竞技体育“举国体制”是一种具有高度行政垄断性质的、与计划经济社会完全契合的体育体制。中国竞技体育现行管理体制特点包括：政府占绝对主导地位、将奥运会设为竞技体育最高层次、以专业体工队长期训练为主的训练体制、以全运会为核心的竞赛体制。① 中国竞技体育管理体制主要内容包括管理体制、运动训练体制、运动竞赛体制、人才培养体制、科技管理体制等，它是指导中国竞技体育事业发展的纲要，决定着中国竞技体育事业的发展方向和道路。而在这庞大的体系中，处于核心地位的是培养优秀运动员的专业队训练体制。长期以来，中国运动员的培养主要采取青少年业余训练与专业运动队训练相结合的方式，高水平运动员培养的主要模式是“金字塔”式的“三级训练网”，这是一种较为封闭且相对固化的竞技体育训练体制，是通过国家强制性制度的安排，运用行政手段在教育系统以外形成了一个从事体育教育和文化教育的专业性系统。在这个相对封闭的专业运动训练体制中，各级运动队的工作重心始终围绕着“奥运战略”“全运战略”的竞技目标展开，运动队的管理者和教练员更看重运动员专项竞技水平，因此在优秀运动员成长过程中一切以训练和比赛为中心，运

① 卢元镇：《中国竞技体育现行管理体制的制度性代价》，《体育学刊》，2010年第3期。

动员绝大多数的时间和精力都花在如何不断提高专项竞技能力这一核心价值要素上，而忽视了文化知识、社会生存技能等综合素质的提升。针对372名优秀运动员的问卷调查显示，与其他专业人员相比，中国优秀运动员认为退役运动员在文化知识、就业技能、社会关系、就业竞争、社会适应和电脑运用等方面均存在着明显的劣势与不足，而这些劣势与不足是由中国运动员培养体制所造成的，影响和制约着中国优秀运动员人力资本价值存量的攀升。表5-20是中国退役运动员在就业方面存在的劣势调查情况。

**表5-20 中国退役运动员在就业方面存在的劣势调查情况**

| 退役运动员就业劣势 | 选择频数 | 百分比/% |
| --- | --- | --- |
| 文化知识水平不高 | 308 | 82.8 |
| 缺乏其他专业技能 | 221 | 59.4 |
| 社会关系面狭窄 | 200 | 53.8 |
| 就业缺乏竞争优势 | 182 | 48.9 |
| 适应社会能力不强 | 149 | 40.1 |
| 电脑知识和能力有限 | 131 | 35.2 |
| 其他方面 | 9 | 2.4 |

注：样本数为372。

据了解，中国绝大多数运动员每周要进行30~40个小时的训练，而只有三个半天的时间学习文化知识，如果遇到外出参赛或赛前集训等，则运动员的文化教育就会被中断和停止，导致中国绝大多数运动员接受的文化知识教育支离破碎，不成系统。长期、系统、专业的半封闭式训练，导致中国运动员除了运动经历、运动技术占优势外，文化知识和谋生技能上与正常接受学校教育的同龄人相比均处于劣势，而这样的训练体制造成了中国优秀运动员人力资本价值要素过于单一，价值不稳定，其人力资本贬值的风险远高于一般性人力资本，为运动员人力资本贬值埋下了隐患。长期以来，中国的专业运动员培养体制一直受到人们的诟病，专业训练体制下的运动员成才率低，运动员成长过程中缺乏“以人为本”的全面发展理念，相对封闭的生活环境致使运动员社会融合度降低，而文化水平低下、缺乏相关职业技能、综合素质不高，以及社会竞争力不强最终导致大量的优秀运动员退役后二次就业和职业转换困难，运动员人力资本被闲置和浪费，致使中国优秀运动员人力资本发生贬值。

**二、中国竞技体育社会化、市场化程度不高无形中贬低了优秀运动员人力资本的市场价值**

随着中国市场经济体制改革的不断深入，中国体育事业改革的目标是逐步向市场化、产业化、实体化、社会化方向发展，建立适应社会主义市场经济体制下的体育管理体制和运行模式。然而在中国市场经济的发展过程中，中国体育事业的改革明显滞后于其他行业领域，由于历史、客观及人为等多方面的原因，中国竞技体育管理体制的改革与机构的撤并未能完全同步，造成了当前管理活动中多种类型组织机构并存的状况，它们都有“管”“办”体育的权力，行政性机构与行业性机构性质不明确。在成熟的市场经济国家，政府体育行政机构与各级体育联合会、体育理事会之间是相互独立平等的主体。而当前中国的竞技体育管理组织行政垄断特征明显，决策机构高度集中，往往忽略了各社会团体、职业俱乐部、民间体育组织和个体在体育管理决策上的权益，在一定程度上阻碍了社会组织和团体对体育的投入与参与。中国竞技体育管理体制组织权限边界不清、管理模式滞后，相关法律制度的不足和缺失，再加上中国体育产业不发达，使得中国竞技体育社会化、市场化程度仍然处于一个较低的水平。中国竞技体育社会化、市场化、产业化程度低，市场对优秀运动员人力资本的配置效率就不高，进而影响到优秀运动员人力资本的生产效率，使得优秀运动员人力资本在交易中市场价值无法得以充分体现，无形中贬低了中国优秀运动员人力资本的市场价值，造成优秀运动员合意的收益水平下降，引发运动员人力资本贬值。

**三、中国竞技体育领域存在过分的功利性和短视的眼光和行为增加了优秀运动员人力资本贬值的风险**

功利性在竞技体育中存在既是人生存的需要，也是人发展的需要，但对功利性的过度追求，则会在比赛中产生不端行为，影响竞技体育的健康

发展。不可否认的是中国现阶段在培养优秀运动员过程中存在着过分的功利性和短视行为，功利性价值追求在市场经济条件下表现的日益突出，竞技体育“胜者为王，败者为寇”的思想观念使人们对处于“金字塔”顶端极少数优秀运动员的价值更加关注。竞技体育适度追求功利也无可厚非，但是竞技体育一旦过度追求功利，就会迅速异化变质，中国运动员的培养过程中存在的“拔苗助长”“虚报年龄”“滥用违禁药物”等乱象无不与竞技体育领域内急功近利的短视行为息息相关。长期以来，“金牌至上”的训练竞赛观念在各级运动员管理者、教练员以及运动员心中根深蒂固，运动员的全面发展却被完全忽视。优秀运动员的培养过程，是层层淘汰、层层选优的过程，是一个“金字塔”的培养结构，这是由运动员成才规律所决定的。中国存在着为培养10%左右的优秀运动员，往往牺牲掉90%左右运动员的文化教育的现实情况，这种急功近利的短视行为导致中国大批运动员人力资本价值过于单一，在后运动职业生涯时期运动员人力资本发生贬值的风险很高，给运动员退役后的二次就业埋下隐患。当运动员结束运动职业生涯，退役后面临着生活和工作全新的考验和选择时，许多优秀运动员发现在社会人才市场的竞争中，他们拥有娴熟的体育专长和技能，并不能成为增加竞争力的有力筹码，而文化知识的贫乏和社会实用技能的欠缺往往严重影响到职业生涯的转换，使他们处于十分被动和尴尬的境地。

## 四、中国运动员人力资本市场不健全或欠缺引发优秀运动员人力资本贬值

人力资本与其他生产要素一样也有自己的交易市场，人力资本在市场中的供求关系和交易及流动均会带来人力资本存量变动。人力资本市场是直接进行人力资源配置的手段和途径，它通过人力资本的供求机制、竞争机制、工资机制、动态疏导机制等的相互作用，促进人力资本合理流动，实现人力资源配置的动态平衡。① 中国运动员劳动力具有商品属性，即可以进入人力资本市场进行“买卖”，使运动员人力资本在市场交易中

① 关培兰，刘学元：《论人力资本市场的有效性及其构建》，《江汉论坛》，2000年第7期。

得到合理、有效的配置,这是充分挖掘运动员潜力和实现优秀运动员人力资本价值最大化的重要途径。经过30多年的改革,中国经济的市场化程度有了很大提高,但资本市场建设的进程却相对缓慢,特别是人力资本市场建设明显滞后于中国市场化改革的整体进程,人力资本市场存在着主体缺位、政府作用缺位和中介能力缺位等诸多问题。中国优秀运动员人力资本市场是多元结构市场经济的有机组成部分,然而在中国行政色彩浓厚的竞技体育管理体制和较为封闭的专业运动员训练竞赛体系下,竞技体育的社会化、市场化、产业化仍处于初级阶段的较低水平,尚未形成健全的中国运动员人力资本市场,在中国西部经济欠发达地区几乎没有形成优秀运动员人力资本市场。中国地域辽阔,东西南北差异较大,生态环境、民族差异、体育事业发展的不平衡以及在运动员培养方面的差异造成了中国优秀运动员横向流动受阻,运动员的流动则主要以"三级训练网"运动员培养体系为依托的垂直流动。运动员人力资本市场的不健全或欠缺是中国竞技体育市场化、产业化的最大障碍,阻碍了优秀运动员在市场里的合理流动,特别是横向流动机制存在着机制不健全、制度不完善等明显不足。中国优秀运动员不能合理流动,就不能实现运动员人力资本合理、有效的配置,使优秀运动员过分集中在某些地区或运动队,往往会出现不同地区运动员人力资本的部分短缺与部分过剩并存的现象,造成运动员人力资本的浪费或效率低下,引发中国优秀运动员人力资本贬值。因此,积极发展中国运动员人力资本市场,鼓励并引导优秀运动员合理流动,实现优秀运动员人力资本的优化配置,使运动员人力资本利用率最大化,有效地降低运动员人力资本投资成本和使用成本,是避免中国优秀运动员人力资本存量发生贬损的重要途径。

### 五、中国运动员人力资本产权边界模糊不清降低了优秀运动员人力资本生产效率，引发运动员人力资本贬值

周其仁认为,人力资本的产权权利一旦受损,其资本便会立刻贬值或荡然无存。如果限制人力资本市场自由交易,则在人力资本利用、合约选择、收益和转让等权力约束中,会有一部分被限制或删除。此外,人力资本总是自发地寻求实现自我的市场,人总是以效用最大化作为追求的目

标，总是千方百计找机会实现自身的价值。如果人力资本无法以正常和合法的市场交易实现自身的价值，则可能寻求非正常的甚至非法的渠道实现交易。当前中国的竞技体育管理组织行政垄断特征明显，体育管理组织权限边界不清、管理模式滞后，相关法律制度不够完善，再加上中国竞技体育社会化、市场化程度较低等因素，使得中国运动员人力资本产权必然是难以界定清楚的。

在中国专业运动员人力资本形成中，由于其投资主体的不断改变，形成过程的复杂性，以及各个项目运动员的投入、产出与分配问题不一样，再加上中国专业运动员人力资本产权明显的混合性质以及产权制度的供给不足，长期以来中国专业运动员人力资本产权总体上一直处于归属模糊、边界不清的状况。中国体育管理体制、运动员培养模式、人们思维惯性、相关法律制度的缺失、体育管理部门职能错位，以及市场经济的不完善导致了专业运动员人力资本产权边界模糊不清。在举国体制下，中国优秀运动员大多来自“三级训练网”的专业培养体制，政府管理部门对运动员人力资本产权具有绝对的控制权，国家投资运动员的目标基本不会受到损害，而社会团体、企业、家庭和运动员个人等投资主体往往受制于政府部门，处于配置运动员人力资本产权的弱势地位。此外，中国的市场经济还存在许多不完善的地方，运动员人力资本产权制度尚未建立健全，而政府管理部门在处理相关问题时又存在越权和越位等问题，更是增加了界定专业运动员人力资本产权的难度。①

中国优秀运动员人力资本产权边界不明晰，各投资主体权利和义务就不对等，必然会影响到各投资主体积极性，特别是运动员的主观能动性受挫，在一定程度上势必会在训练和比赛中出现偷懒、消极怠工等现象，造成运动员人力资本生产效率下降，最终引发中国优秀运动员人力资本贬值。从经济学的角度看，中国投资运动员人力资本是建立在高投入低产出的基础之上，而国家的权益要真正得到保护，代表国家利益的各级政

① 王武年，千少文：《我国专业运动员人力资本产权现状及归因分析——基于案例研究》，《武汉体育学院学报》，2010 年第 11 期。

府体育组织就应了解运动员人力资本产权运用的自发激励性这样一个特性，采用各种制度和措施尽量明晰运动员人力资本产权各项权能和权益的边界，使运动员人力资本各投资主体相应的权益得到保障，从而激发各投资主体的积极主动性，实现运动员人力资本保值和增值。

## 本章小结

本章以中国优秀运动员人力资本贬值为切入点，在全面分析了新中国成立以来中国优秀运动员人力资本总量的基础上，以在役优秀运动员人力资本贬值—退役优秀运动员人力资本贬值—引发中国优秀运动员人力资本贬值的原因为逻辑主线，进一步深入剖析和梳理中国优秀运动员退役安置制度的历史变迁，并以大量翔实的调研数据对新中国成立以来中国退役优秀运动员不同时期的就业安置情况进行了客观分析，最后对引发中国优秀运动员人力资本贬值的一般常规性因素和独特原因进行了全面、深入的分析与归纳。

研究认为：中国竞技体育“举国体制”的产生是在整个国家处于完全生产资料公有制和计划经济体制条件下的必然，是中国的一项基本国策，也是中国竞技体育事业快速发展的保证。在“举国体制”管理框架下，中国实行以金字塔式“三级训练网”为主、其他形式为辅的竞技体育人才培养体系，是中国运动员人力资本存量积聚和总量形成的重要渠道，中国竞技体育取得的辉煌成就无不得益于日渐完善的竞技体育训练体系和基础庞大的运动员人力资本存量。在中国优秀运动员人力资本投资和形成过程中，投资主体的多元性、投资客体的异质性、运动员竞技能力及水平发挥的不稳定性、意外伤害等风险因素的不可预知，以及人力资本形成过程中个人的主观努力程度和客观条件的限制等诸多因素，使得运动员人力资本存量具有不稳定性，其价值会随着运动员身体健康状况、职业年龄、训练年限、竞技水平、社会知名度和影响力等内外因素的变化而发生贬损。

中国优秀运动员退役后其人力资本发生的普遍性贬值，造成中国大

量的退役优秀运动员失业、体育专业人才资源的浪费、运动员人力资本的闲置、浪费、使用效率低下甚至报废等问题，运动员退役安置难是长期以来一直困扰着中国政府管理部门、各级运动队和优秀运动员的棘手问题。总体上讲，中国退役运动员安置制度的变迁，是由指令性安置制度向市场化安置制度渐进的过程，退役运动员的就业安置基本上经历了“体育系统内安置”到“体育系统外安置”再到“社会各行业安置”的演变历程。安置方式主要由政府指令性计划安置向政府扶持性安置、就学安置、自主择业的货币安置等多渠道的市场化方向发展。计划经济时期，运动员职业具有明显的政策优势，中国绝大多数的退役优秀运动员通过指令性安置制度得到了妥善安置，在很大程度上化解了因退役而引发运动员人力资本贬值的风险，退役后其人力资本价值在劳动力市场能够得以有效迁移或延续，中国退役优秀运动员群体人力资本价值存量贬损并不严重。市场经济下中国退役运动员安置办法在实践中遇到了较大的困难，在相对较为封闭并以“运动成绩”为中心的运动员专业化培养体系下，运动员综合素质与社会需求之间的差距日益拉大，运动员退役安置难度进一步加大，退役后不能实现就业的运动员群体数量庞大，每年约有一半多的退役运动员不能顺利安置和就业，造成中国大量的优秀运动员人力资本产生贬值。

中国待安置退役运动员存在的突出问题是基数庞大、所占比例高、待安置年限长，经济不发达地区的退役运动员安置尤为困难。其中，从事社会化程度低、社会基础薄弱项目的运动员退役后安置难度相对较高，未取得过优异的运动成绩，且训练时间长、伤病多、文化水平低、年龄较大的退役运动员安置困难最大。中国退役优秀运动员安置难的问题日益突出，造成中国大量的退役优秀运动员人力资本闲置和浪费，不仅是中国原本稀缺的竞技体育人力资源的极大浪费，而且给中国竞技体育事业的可持续、健康发展带来严重的负面影响。由于中国较为特殊的竞技体育管理体制和专业运动员培养体系，引发中国优秀运动员人力资本贬值的原因是复杂多样的，除运动员健康状况、市场供求关系、技术进步、相关竞争性资本、体制和制度等一般性引发人力资本贬值的因素外，中国运动员伤病过多、文化教育不足、专业化过早、职业生涯规划缺失，以及运动员人力资本产权边界模糊不清等也是导致中国优秀运动员人力资本产生贬值的重要原因。此外，中国较为封闭且相对固化的优秀运动员培养体制、竞技体育过分的功利性和短视行为、竞技体育社会化、市场化程度不高，以及运动员人力资本市场欠缺直接或间接地成为引发中国优秀运动员人力资本贬值的特殊诱因。

# 第六章　中国优秀运动员人力资本贬值的投资补偿

## 第一节　人力资本贬值补偿理论分析

### 一、人力资本贬值补偿理论

作为一种特殊的资本形态，人力资本具有时效性、累积性和可增值性。人是生产力中最为活跃的要素，人的主观能动性具有巨大的创造力和无限的发展潜力，人力资本和物质资本在社会生产实践领域相结合能够创造出巨大的社会财富和经济价值。通过对劳动者进行不断地投资，可以改善人力资本承载者的素质结构，提高劳动者的生产效率，如此，劳动者的人力资本存量得以不断增大。但在劳动者整个生命周期内，人力资本又不可避免地因知识更新、科学技术进步、承载者身体健康程度下降，以及社会环境变化等因素的影响而产生贬值。劳动者在职业生涯期间，其人力资本的存量必须要维持一个相对稳定的动态平衡，才能支撑劳动者的工作行为。因此，对于劳动者人力资本的存量来说，投资和补偿必须大于贬值，使劳动者的人力资本存量动态地保持在一定的水平，才能产生较高的生产效率，创造社会经济价值。人力资本的动态积累属性以及存在的贬值现象，决定了劳动者在其一生的职业生涯中需要不断对自身拥有的人力资本进行保值、增值的努力，以应对其人力资本存量产生的贬损。

在研究人力资本贬值补偿问题时，国内学者提出了人力资本充值的概念。因此，区分清楚人力资本贬值、人力资本充值以及人力资本增值三个概念的含义，是研究人力资本贬值补偿问题的重要前提。人力资本贬值是指因各种内外因素的变化使承载者知识、技能、能力、健康、声誉等价值存量降低而导致其人力资本价值或使用价值的减少和损失，人力资本贬值包含着市场价值存量和使用价值存量两个层面的贬损。而针对已经发生的人力资本贬值，需要通过对人力资本进行充值以补偿其价值存量的贬损。人力资本充值作为一种人力资本投资和开发形式，主要是针对人力资本存量下降而进行的存量补充或增加。对于非人力资本存量变动所引起的经济贬值以及不可逆的人力资本贬值，如衰老或意外致残，则非人力资本充值所能解决。因此，所谓人力资本充值，就是指人们的知识、技能以及健康因受到各种因素的影响和制约，而导致人力资本存量水平（包括数量和质量）的相对性、暂时性以及可逆性的减少和损失进行人为补充的行为。①

在经济生产领域，人们往往会把人力资本充值与人力资本增值等同起来，产生概念混淆。就提高人力资本存量的结果而言，人力资本充值与增值并无本质差别，二者都反映了人力资本投资的追加行为，但两者仍有不同之处。人力资本增值是在原有人力资本存量水平基础上的增加，而人力资本充值却是低于原有人力资本存量水平基础上的一种补充行为。人力资本能否实现增值，取决于人力资本贬值速度与人力资本充值速度之间的消长，若充值速度快于贬值速度，则人力资本增值；反之，若贬值速度快于充值速度，则人力资本仍将继续贬值。人力资本充值以人力资本贬值为基础和前提，充值只能通过人为手段进行人力资本投资来实现，充值的过程具有间断性。而人力资本增值可跳出人力资本投资领域实现，如通过市场变动，增值过程表现出较好的连贯性。对人力资本进行必要、适时的充值，提升和补偿人力资本价值存量的贬损和下降，是应对人力资本贬值，实现人力资本保值、增值的重要手段。

## 二、人力资本贬值—补偿模型

人力资本理论在西方兴起后不久，经济学家在对人力资本存量、人力资本投资的研究中便考虑到了人力资本贬值的相关问题，一些学者也展

① 刘汉辉，李磊：《论人力资本充值：一种新的人力资本投资理念》，《生产力研究》，2007 年第 14 期。

开了对人力资本贬值补偿问题的研究。美国经济学家明塞尔(Jacob Mincer)在《人力资本研究》中指出人力资本贬值是年龄(时间)的一个函数,人力资本贬值最初是负的,之后随着年龄的增长,贬值开始缓慢增加,而当达到较高年龄时,贬值出现加剧。① 明塞尔将完成正规学校教育后的人力资本投资看做是应对人力资本贬值的一种补偿型投资,并提出了人力资本贬值—补偿模型,如图6-1所示。

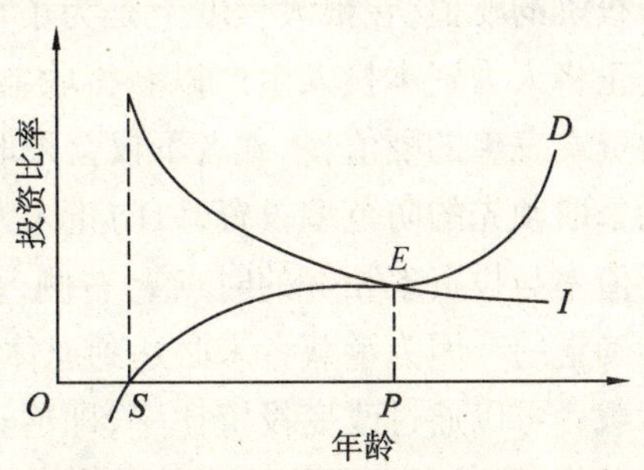


**图6-1　人力资本贬值—补偿模型**

图6-1所示的模型中,$I$ 表示对承载者进行人力资本投资的比率,投资来源可能是公共部门、雇佣者或劳动者本人及其家庭。$D$ 表示人力资本发生的贬值率,$OS$ 表示人力资本承载者接受正规教育的年限,$E$ 点为人力资本投资与贬值的平衡点,$SP$ 代表人力资本承载者的工作胜任期。人力资本贬值—补偿模型用公式可表示为:$(I-D)\geqslant 0$,其中$(I-D)$为人力资本承载者工作期间追加的人力资本投资减去人力资本贬值的净值。

明塞尔认为,只有在 $P$ 点左侧,即人力资本投资率大于贬值率时,承载者的工作胜任度比较理想;而在 $P$ 点右侧,人力资本贬值率已超过投资率,承载者应该离职或者退休。这也说明了,人力资本承载者年龄越大,其人力资本投资(比如参加培训、学习新知识、新技能)的动力越小,因为承载者的预期受益时间较短,而投资机会成本却很大,因此,人力资本投资率曲线是年龄的减函数。承载者年龄越大,人力资本贬值幅度就越大,故人力资本贬值率曲线是年龄的增函数,特别在承载者年龄较大时,人力资本贬值率曲线变得非常陡峭,表明人力资本迅速贬值。

明塞尔的人力资本贬值—补偿模型考虑到了较为清晰地展示了人力资本贬值与追加投资之间的动态变化关系。通过该理论模型可以看出,

---

① [美]雅各布·明塞尔:《人力资本研究》,张凤林译,中国经济出版社,2001年,第33-36页。

使人力资本保值、增值的条件就是:承载者在工作期间的人力资本投资率应该大于其人力资本贬值率,即$(I-D)\geqslant 0$。但是,该模型存在一定的局限性。首先,人们进入市场后接受在职培训不一定都是为了补偿正规教育投资的贬值,在很大程度上是为了承载者能够胜任工作岗位需求从而真正将人力资本投入生产以获得收益。其次,面对承载者进入市场后人力资本发生的贬值,承载者不仅会采取后期的追加投资进行补偿,还会主动采取预先的防范型投资,以防止人力资本发生贬值。最后,在人力资本贬值率与投资率相等的时点 $P$ 右侧,承载者是否留在人力资本市场是不能确定的。因为承载者未必达到退休年龄,仍然能够留在企业中被雇佣,承载者可以通过改变投资比率,即通过后续投资来应对实际的人力资本的贬值,承载者也可能放任其人力资本产生的贬值,不为补偿承载者追加任何投资,但继续留在市场,直至退休。①

考虑到人的主观能动性不仅会影响人力资本的使用效率,也会在很大程度上影响人力资本的贬值状况,因此针对人力资本贬值—补偿模型在理论解释方面存在的局限性,我们在研究人力资本补偿与投资方式时,不仅要很好地应用人力资本贬值—补偿模型这个非常实用的工具,也必须要考虑到人力资本载体的主观能动性。基于上述考虑,韩利红在其研究中从加强职工在职培训、促进人力资本迁移与流动、重视健康投资,延缓人力资本衰退等角度深入分析了人力资本贬值以及应对贬值的投资补偿策略,并从人力资本承载者投资主动性的角度修正了人力资本贬值—补偿模型,进一步阐释了后续投资对人力资本贬值的补偿,如图 6-2 所示。

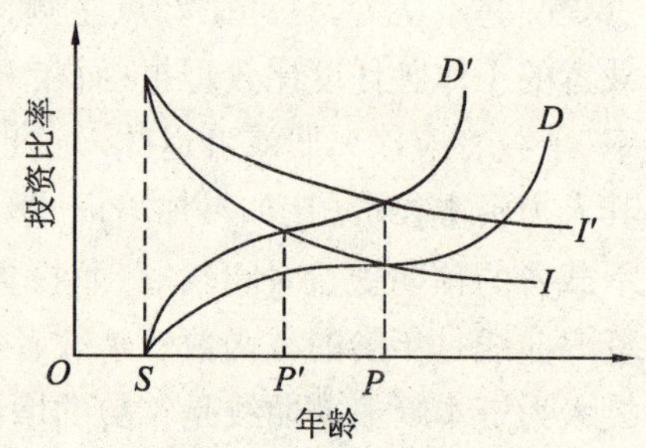


**图 6-2　后续追加投资对人力资本贬值的补偿**

① 张学英:《人力资本存量贬损及应对策略研究》,人民出版社,2010 年,第 10－11 页。

韩利红认为，知识更新加快、技术进步、经济结构和产业结构调整等因素加速了人力资本贬值，因此人力资本贬值率曲线应由图 6-2 中的 $D$ 变为 $D'$，曲线坡度变得更为陡峭，这种变化导致人力资本承载者的工作胜任期从 $SP$ 缩短到 $SP'$，承载者的人力资本很有可能被限制或者更早退出市场。承载者要想工作到正常的退休年龄，就必须增大对人力资本的补偿力度，即增大对人力资本追加投资的程度，后续追加的人力资本投资曲线应由图中的 $I$ 变为 $I'$，这样就能将承载者工作的胜任期延长至原有水平 $SP$，使既有人力资本避免了贬值的风险，从而实现人力资本保值和增值。①

人力资本既具有动态累积属性，又存在着贬值造成的减少，因此承载者在其一生的职业生涯中，需要对自身拥有的人力资本进行保值、增值的努力。人力资本贬值—补偿模型的提出以及对其进行的修正与完善，科学地界定了这种努力的方向，不仅为应对人力资本存量贬损提供了理论依据，而且在实践层面上为人们提供了防范可能产生人力资本贬值以及补偿已经发生的人力资本贬值的策略选择。在现实的经济社会中，对人力资本承载者的在职培训、继续教育、适度流动、健康投入，以及有效激励等就成为防范或补偿人力资本贬值，实现人力资本保值、增值不可或缺的重要手段。

### 三、人力资本贬值补偿机制

人力资本在参与生产活动过程中，表现出非同于物质资本的特性。人力资本的独特性在于其是一种能动的活资本，其载体是具有主观能动性的人，人的主观能动性具有无限的创造力，与物质资本相结合能够创造出巨大的价值。但在劳动者整个寿命期内，人力资本又不可避免地受各种内外因素的影响产生贬值，而且人力资本贬值也是市场的常态。针对普遍存在于社会各个领域的人力资本贬值，社会经济发展的动力机制和人不断追求进步与自我完善的诉求，要求全社会必须积极地应对人力资本贬值，以促进社会的进步和人的全面发展。因此，伴随着社会生产力发

① 韩利红：《人力资本贬值及投资补偿策略》，《江淮论坛》，2005 年第 3 期。

展,在社会发展系统中便会形成特定的人力资本贬值补偿机制,以消解因人力资本贬值造成的对个人以及社会经济发展的消极影响和负面作用。根据应对人力资本贬值的补偿投资主体不同,本书认为人力资本贬值补偿机制一般可分为内在补偿机制和外在补偿机制。

人力资本贬值的内在补偿机制即指承载者为应对自身人力资本贬值而自发启动的"自补偿"机制。任何组织和个人都有追求利益最大化的潜在动机,人的主观能动性决定了人力资本具有"主动性"特征,在社会日趋激烈的就业竞争环境中,面对自身人力资本的贬值或产生贬值的可能,承载者首先会下意识地启动应对自身人力资本贬值的"自补偿"机制,即内在补偿机制,以避免自己在社会竞争中处于不利地位。一旦承载者意识到自身人力资本存量发生贬损或存在存量下降的风险,承载者往往会主动采取积极的应对措施,通过"自我充电""干中学"等方式提升自己人力资本存量水平,还会通过变换工作、单位或迁徙流动等方式来避免人力资本的闲置或浪费,尽可能规避其人力资本产生贬值的风险,承载者这种自觉主动选择的过程,就是对人力资本进行的再投资补偿。此外,对于人力资本,我们不仅要重视知识、技能、能力、健康等价值构成要素,还需特别注意人的态度、动机、兴趣、社会声誉等因素,这些在正规教育和在职培训中常常被忽略的因素制约着人力资本的使用效益,会影响到人力资本存量水平的变化。一般情况下,人的学习、工作动机越强,掌握的知识和技能就越多,生产、工作效率也就越高。学习、工作的动机和能力增长之间的动态相长关系使得人力资本存量能够以较快的速度不断增值,并能够有效地抵御人力资本贬值。面对人力资本贬值风险,较强的学习、工作动机能够促使承载者自觉启动人力资本的"自补偿"机制,而较强的学习、工作动机一方面来源于内在激励,另一方面则取决于外在激励程度。如果承载者受到良好的激励,其工作、生产效率往往会倍增,人力资本就能在使用或消费中表现出很强的适应性和创造性,这种适应性和创造性实质上是一种内生性的人力资本投资,不仅是对人力资本贬值的补偿,而且能降低人力资本贬值的速度。由此可见,承载者的非智力因素在人力资本内在的"自补偿"机制中扮演着举足轻重的角色,即便是外在的

补偿机制也必须要通过承载者的非智力因素发挥作用，因此必须对承载者的态度、动机、兴趣等非智力因素给予足够的重视。

人力资本贬值的外在补偿机制是指国家、社会、企业等主体为应对国民、企业员工等人力资本贬值而启动的有计划、有组织的投资补偿机制。随着现代经济的迅速发展，人力资本因其价值提升而逐步取代物质资本成为经济增长的决定性因素，并且成为实现现代经济增长方式转变的关键，这一变化从根本上动摇了传统经济增长理论的基础。基于理性经济人假设，个人追求人力资本投资收益最大化，企业追求利润最大化，而政府则追求社会收益最大化。但是，伴随着知识经济的迅速发展，经济生产领域频繁发生的人力资本贬值现象有着日益加剧的趋势，已经严重威胁到企业利润的良性增长。人力资本贬值不仅会给企业带来损失，而且会造成大量人才资源的浪费，不利于社会经济的发展，往往成为阻碍国家经济持续增长的阻力。人力资本是一种可再生性的资源，针对人力资本贬值的客观存在，政府、社会和企业会主动采取一系列应对措施，对人力资本承载者进行继续教育、在职培训、终身学习等再投资手段，使他们不断获得新的知识、技能体系，掌握先进的方法和技术，从而适应社会发展和市场需求，补偿产生的人力资本贬值，实现人力资本保值和增值。人力资本贬值的外在补偿机制由国家、社会、企业等主体共同建立并组织实施，并由相关的法律、政策和制度作为保障，具有宏观性、全局性和高效性，往往能调动各方力量有效应对人力资本贬值，降低人力资本的贬值风险，加快人力资本的增值速度。

## 四、人力资本贬值补偿策略选择

引发人力资本贬值的原因不同、人力资本存量贬损形式的差异决定了相关投资主体投资策略选择具有差异性。针对人力资本贬值，无论是内在“自补偿”机制，还是外在宏观补偿机制，追加投资以补偿人力资本贬值采用的策略不外乎防范型投资和补偿型投资两种，二者分别或共同成为应对人力资本贬值的主要策略。防范型人力资本投资主要是随着社会经济的快速发展，针对可能存在人力资本发生贬值的风险，为防止人力资本发生贬值而预先采取的投资决策。防范型投资策略的核心思想是

"防患于未然",针对可能发生的人力资本存量贬损,通过事先的投资预防,降低人力资本存量贬损风险。防范型人力资本投资的目的是确保获得既有投资的预期受益,但实际的投资结果会出现三种可能的情形:第一,实际人力资本投资收益超过既有的预期总收益,人力资本增值;第二,投资失败,人力资本存量贬损无法避免地发生了;第三,实际人力资本投资收益恰好与既有投资预期总收益相等,人力资本保值。① 补偿型人力资本投资是针对已经发生的人力资本存量贬损,需要承载者和其他人力资本收益主体不断追加后续的投资,以维持、改善承载者生产能力、收入水平和获得收入机会等,弥补因人力资本贬值所带来的预期收益下降,使既有人力资本存量恢复或超过原有水平,实现人力资本保值、增值。补偿型人力资本投资的目的是及时阻止人力资本存量下降或者延缓贬值的加剧,使收益至少恢复到原有人力资本投资决策时点的预期收益水平。补偿型人力资本投资结果也可以使人力资本保值或增值,但是补偿型人力资本投资一旦失败,人力资本贬值的趋势就无法逆转,因此进行补偿型投资时的科学决策是至关重要的。

无论是防范型人力资本投资还是补偿型人力资本投资,不外乎是对人力资本承载者的学习能力、技术技能、生产能力、工作效能、能力空间配置等因素的投资,两种投资策略都旨在保证既有的人力资本投资能够至少获得既定的预期收益,即实现人力资本保值和增值。但在现实经济社会中,引发人力资本贬值的原因复杂多样,人力资本发生贬值往往以不同的形式体现出来,贬值的过程也具有隐蔽性和复杂性。因此,针对不同形式的人力资本贬值,在投资补偿策略的选择上也是迥异的。如人力资本闲置,其发生贬值的风险就较大,采取防范型投资是必要的,如果闲置期间人力资本正发生着存量贬损,则需要及时做补偿型投资。针对人力资本承载者非正常永久性退出劳动力市场,以及发生的人力资本不可逆贬值,其人力资本存量贬损的事实已无法逆转,后续补偿型投资已经没有意义,应对这种类型的人力资本贬值,关键是要尽量防止人力资本发生不可

① 张学英:《人力资本存量贬损及应对策略研究》,人民出版社,2010 年,第 139 - 148 页。

逆贬值，即要事先采取防范型投资策略。表 6-1 是应对各种原因引发不同类型人力资本贬值的投资策略选择。

**表 6-1 基于各种原因引发不同类型人力资本贬值的投资补偿策略选择**

| 贬值原因及类型 | 防范型投资策略 | 补偿型投资策略 |
|---|---|---|
| 人力资本收入能力、拓展收入空间下降 | 可采用 | 可采用 |
| 人力资本闲置 | 可采用 | 可采用 |
| 承载者永久性退出人力资本市场 | 可采用 | 不可采用 |
| 人力资本发生可逆贬值 | 可采用 | 可采用 |
| 人力资本发生不可逆贬值 | 可采用 | 不可采用 |

## 第二节 运动员人力资本贬值补偿理论

### 一、运动员人力资本贬值补偿

运动员是从事训练和竞赛的特殊从业人员，运动员特殊的劳动形式、生产活动过程以及独特的职业特点，决定了运动员人力资本及其贬值的发生具有特殊的一面。运动员人力资本属于技能型人力资本范畴，其核心价值要素是运动员花费了大量的时间通过从事大运动量、高强度的运动训练而形成的专项竞技能力。运动员在多年的运动训练竞赛过程中，为不断提高专项竞技能力和水平，往往忽视了文化知识、社会生活经验以及其他生活技能的掌握，在运动员人力资本价值构成要素中，存在着竞技能力突出，其他价值要素存量较为薄弱的现象，所形成的运动员人力资本价值很不稳定，在运动员职业生涯期间和退役后始终面临着较高的贬值风险。在运动员成长过程中的许多不确定因素、训练和比赛中的伤病、文化教育的不足、过早的专业化，以及缺乏科学的职业生涯规划等均能引发运动员人力资本价值存量产生不同程度的下降和贬损。运动员人力资本贬值的发生和过程具有特殊性，表现在发生贬值时过程较短，瞬时性贬值特征明显，特别是运动员退役时其人力资本贬值幅度较大，部分运动员在职业转换过渡期人力资本出现暂时失灵现象，运动员退役时其人力资本贬值对运动员后职业时期影响较大。

基于运动员人力资本贬值的高风险性和贬值过程的特殊性，运动员和各权益主体应正确认识人力资本贬值的客观存在，在运动员人力资本形成和使用过程中，积极主动采取相应措施，一方面，要防止运动员人力资本发生贬值，另一方面，进行追加投资以补偿发生贬值的运动员人力资本，缓解运动员人力资本贬值给运动员自身和运动队带来的压力。一般情况下，运动员人力资本投资的基本主体包括国家、企事业单位、社会团体，以及家庭和运动员个人，这些投资主体在运动员人力资本形成的各个层次中发挥着不同的作用。在运动员在成长的不同时期和阶段，各投资主体不同程度地参与投资，使得运动员人力资本投资结构比较复杂。因此，针对运动员人力资本在不同时期面临的贬值风险和发生贬值的不同程度，在应对贬值策略的选择上也应有所不同。

运动员在役期间其人力资本存量的贬损往往是由于文化知识认知有限、训练和比赛中的运动损伤、对职业生涯发展规划的忽视等主要原因造成的，运动员在成长过程中其人力资本面临的贬值风险较高。针对运动员在役期间人力资本发生贬值的可能，运动员自身应积极启动内在“自补偿”机制，在着力提升专项竞技能力的同时，自觉学习文化知识和相关的社会生活技能，提高自身综合素质和能力，并对职业生涯的发展进行科学规划，尽量避免训练和比赛中的意外伤害事故，消除诱发自身人力资本存量下降和贬损的因素，以防范人力资本贬值的发生，做到“防患于未然”。同时运动员人力资本的其他权益主体，也要及时启动运动员人力资本贬值的外在补偿机制，积极采取措施为运动员成长创造良好的训练、学习、生活的环境和条件，改进场地、器材以及训练手段，降低运动损伤事故的发生概率，不断完善和优化运动员培养和保障机制，降低运动员人力资本的贬值风险，实现在役运动员人力资本保值和增值。总体上，对于在役运动员人力资本发生贬值的可能，应对策略主要是采取有效措施防范贬值的发生，以及针对相对欠缺的运动员文化知识、社会生活技能等人力资本要素的追加投资补偿。

运动员退役后，其人力资本的核心价值要素——专项竞技能力开始

快速消退和下降，导致运动员人力资本产生难以避免的贬值。运动员人力资本极强的专用性，使得其人力资本存量的可用性只局限在体育领域内或某个特定的项目上，运动员一旦退役，由于职业知识和技能的不同，运动员原有的人力资本到其他职业领域很少能派上用场，往往会出现运动员人力资本的闲置、浪费。运动员退役后如果职业转换不及时或不成功，不能实现充分就业，运动员人力资本价值就不能得以良好的延续或有效的迁移，势必导致其价值存量的进一步下降和贬损，从而造成运动员人力资本不同程度的贬值。运动员退役后其人力资本贬值不仅影响到运动员个人的后职业生涯，而且是一个国家体育人才资源的极大浪费。针对退役运动员人力资本发生贬值的普遍性，政府管理部门、社会和运动员个人都需要采取有效措施积极地予以应对。在应对策略上，退役运动员要积极利用自身内在的"自补偿"机制，学习掌握相关职业知识和技能，积极地进行职业转型，以适应社会职业多样化发展的需求。更为重要的是政府、社会和企业要充分发挥运动员人力资本贬值的外在补偿机制作用，为退役运动员提供必要的职业技能培训机会，创造良好的就业环境，尽可能引导退役运动员在体育事业相关的职业领域实现就业，使运动员人力资本能够发挥出最大的生产效率和最佳的社会效能，避免原本较为稀缺的体育人力资源的浪费。可见，对退役运动员进行追加投资或二次投资，能够改善或提高运动员人力资本价值要素结构及其存量水平，是应对退役运动员人力资本贬值的主要策略。

## 二、运动员人力资本贬值风险评估指标体系

由于运动员在职业生涯内和整个生命周期内受到各种内外因素的影响，运动员人力资本面临着三重贬值风险：自然贬值、市场贬值和社会贬值，可见运动员人力资本始终处于贬值的风险当中，贬值成为市场的常态。针对运动员人力资本产生的贬值，如何识别运动员人力资本贬值的风险以及如何进行贬值风险评估，是各投资主体规避运动员人力资本贬值风险、选择应对贬值策略的重要前提。识别风险是风险管理的基础，运动员人力资本各投资主体需要综合分析运动员人力资本贬值风险的基本因素，然后经风险识别程序，对每一个风险因素及其所带来的风险损失进

行确认，以此归纳出运动员人力资本贬值风险的影响因素体系及损失要素体系。① 风险评估是衡量风险发生的概率及可能带来损失的严重程度，准确的风险评估是制定风险防范对策的基础。由于人力资本不能像非人力资本那样可以在静态下以货币形式加以量化，而只能在动态即其使用过程中通过对其载体——人的绩效评估加以确定，因此，只能借助若干相关指标从业绩和培训等方面对人力资本贬值风险进行间接的评估。②

准确的风险评估与预警是规避人力资本贬值风险防范的依据，也是有效控制人力资本贬值风险的关键。通过对运动员人力资本贬值风险进行识别、评估，确认运动员人力资本贬值风险发生的可能性及损失程度后，最为重要的就是对运动员人力资本贬值风险进行有效控制。因此，针对运动员人力资本贬值的普遍存在，建立运动员人力资本贬值风险评估指标体系显得尤为重要。依据引发运动员人力资本产生贬值风险的影响因素以及运动员人力资本的价值体现，本研究在借鉴前人相关研究成果的基础上，通过征求多名专家意见，尝试构建了运动员人力资本贬值的风险评估指标体系，以此来判别运动员人力资本可能产生贬值潜在的风险来源和因素，并为各投资主体及时防范或投资补偿运动员人力资本贬值提供决策依据。运动员人力资本贬值风险评估指标体系如图 6-3 所示。

图 6-3 中的运动员人力资本贬值风险评估指标由运动员健康素质、科学文化知识、职业知识与技能、社会适应素质和综合素质五个一级指标构成，并进一步细化为运动员生理健康状况等 18 个具体的二级评价指标，而每一个二级指标在不同纬度上又包含着更为具体的判别内容和标准。运动员人力资本贬值风险评估指标体系中的每一项指标的变化均能导致运动员人力资本存量发生变化，而一旦其中的某些指标发生负向变化，便会引发运动员人力资本存量不同程度的下降和贬损，导致运动员人力资本处于贬值风险之中。因此，各投资主体需时刻洞察体现运动员人

① 王艳：《人力资本投资风险及其规避问题研究》，西南财经大学硕士学位论文，2003 年。

② 张亚莉，杨乃定：《论企业人力资本贬值风险》，《科研管理》，2000 年第 4 期。

力资本存量的各个指标价值要素的变化情况，做到准确评估运动员人力资本贬值的风险，积极采取相应的防范或补偿措施，规避运动员人力资本贬值风险，实现运动员人力资本保值和增值。

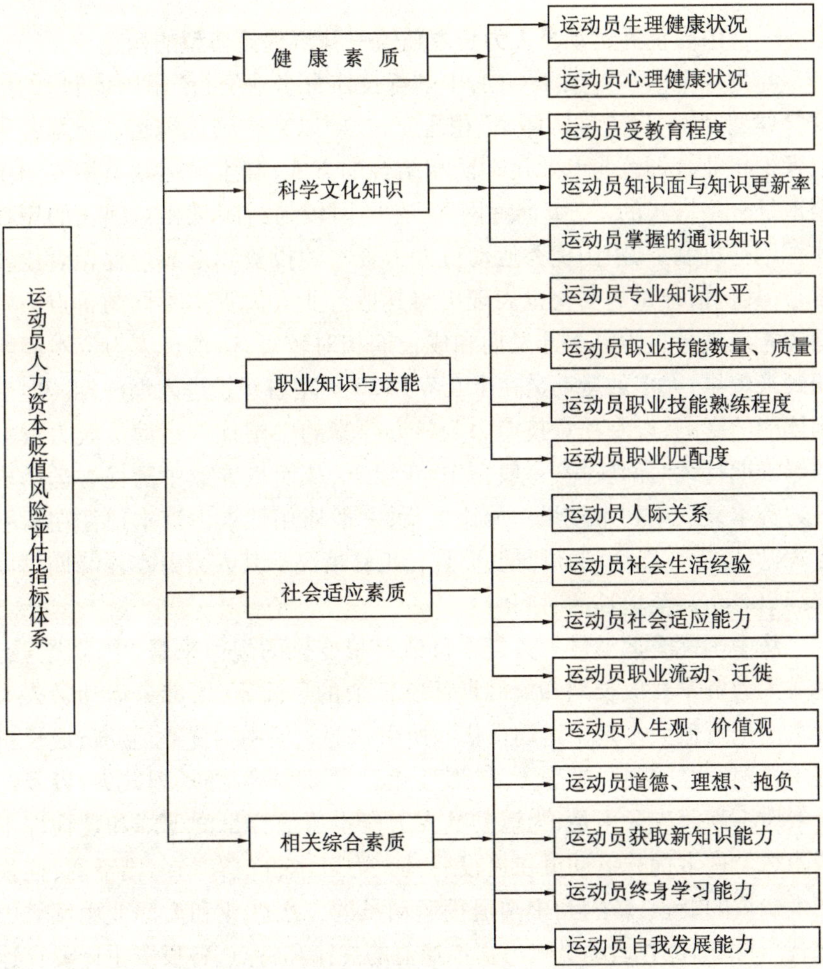

- 运动员人力资本贬值风险评估指标体系
  - 健康素质
    - 运动员生理健康状况
    - 运动员心理健康状况
  - 科学文化知识
    - 运动员受教育程度
    - 运动员知识面与知识更新率
    - 运动员掌握的通识知识
  - 职业知识与技能
    - 运动员专业知识水平
    - 运动员职业技能数量、质量
    - 运动员职业技能熟练程度
    - 运动员职业匹配度
  - 社会适应素质
    - 运动员人际关系
    - 运动员社会生活经验
    - 运动员社会适应能力
    - 运动员职业流动、迁徙
  - 相关综合素质
    - 运动员人生观、价值观
    - 运动员道德、理想、抱负
    - 运动员获取新知识能力
    - 运动员终身学习能力
    - 运动员自我发展能力

**图 6-3 运动员人力资本贬值风险评估指标体系**

## 第三节　中国优秀运动员人力资本贬值—补偿模型及投资补偿机制

### 一、中国优秀运动员人力资本贬值—补偿理论模型的构建

与世界上大多数国家不同，中国竞技体育事业实行“举国体制”的国家管理型制度。与“举国体制”相适应，长期以来中国优秀运动员培养采取青少年业余训练与专业运动队相结合的方式，高水平运动员培养的主渠道是金字塔式的“三级训练网”。在中国较为封闭且相对固化的竞技体育运行机制下，中国优秀运动员人力资本的投资和形成过程相对比较复杂，其价值存量的变化也表现出与其他行业人力资本不同的特点。中国优秀运动员人力资本开发期和成长期相对较短，运动员人力资本巅峰期到来较早，大多数运动员在十几岁到20岁左右开始进入巅峰期。但受到体能的影响，以专项竞技能力为核心要素的中国优秀运动员人力资本的巅峰期持续时间较短，一般在10年以下，从而也导致中国优秀运动员人力资本衰退期到来较早。相比之下，一般通用性人力资本往往在承载者35岁以后方能达到巅峰期，而且在正常情况下其人力资本巅峰期可以持续20年，甚至更长的时间。

从中国优秀运动员人力资本价值存量变化的规律来看，中国优秀运动员人力资本在成长期和巅峰期面临贬值的风险不大，部分运动员人力资本产生贬值大多是由运动员伤病所引致的。但中国优秀运动员成长过程中普遍存在的文化教育不足、专业化过早、职业生涯规划缺失，以及综合素质不高等先天不足，为运动员人力资本价值存量的下降和贬损埋下了隐患。许多优秀运动员在退役后其人力资本价值存量急剧下降，往往产生严重的贬损，影响到中国退役运动员的二次就业和后职业生涯。因此，针对中国优秀运动员人力资本贬值的规律和特点，各投资主体要在运动员职业生涯的各个时期选择相应的措施来防范或补偿中国优秀运动员人力资本产生的贬值。本书在借鉴雅各布·明塞尔的人力资本贬值—补偿模型以及韩利红等人对该理论模型的修正及解释，结合中国优秀运动

员人力资本贬值的特殊变化规律，构建了中国优秀运动员人力资本贬值—补偿理论模型，如图 6-4 所示。

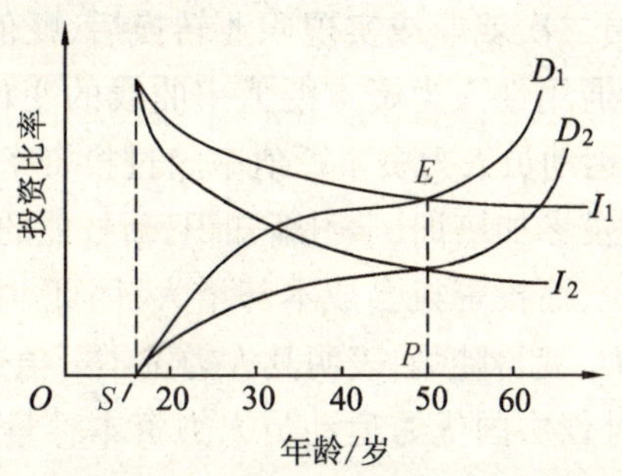


**图 6-4　中国优秀运动员人力资本贬值—补偿理论模型**

图 6-4 所示的模型中，$D_1$ 表示中国优秀运动员人力资本在生命周期内的贬值率，$I_1$ 表示中国优秀运动员人力资本的投资率，$D_2$ 表示一般通用性人力资本在生命周期内的贬值率，$I_2$ 表示一般通用性人力资本的投资率。图中 $OS$ 表示中国优秀运动员接受正规教育的年限，$E$ 点为优秀运动员人力资本投资与贬值的平衡点，$SP$ 代表优秀运动员人力资本的工作胜任期。根据雅各布·明塞尔的观点，代表人力资本投资率曲线 $I_1$ 和 $I_2$ 是年龄的减函数，而代表人力资本贬值率曲线 $D_1$ 和 $D_2$ 则是年龄的增函数，优秀运动员人力资本投资率只有大于或等于其贬值率时，运动员人力资本价值存量才能避免下降或贬损，实现保值和增值。因此，中国优秀运动员人力资本贬值—补偿模型用公式可表示为：

$$K = (I_1 - D_1) \geqslant 0$$

其中，$K$ 也就是$(I_1 - D_1)$表示中国优秀运动员在运动职业生涯期间和工作期间追加的人力资本投资减去人力资本贬值的净值。

图 6-4 所示的模型中，由于中国优秀运动员人力资本形成过程比较特殊，其人力资本开发期和成长期较短，而巅峰期到来早。因此，与一般通用性人力资本贬值率曲线 $D_2$ 相比，中国优秀运动员人力资本贬值率曲线 $D_1$ 更为陡峭。这是因为在中国专业运动员培养体制下形成的优秀运动员人力资本价值存量比较单一，而运动员成长过程中文化教育的不足

更使优秀运动员人力资本始终面临着较高的贬值风险。特别是在中国优秀运动员退役后，其人力资本贬值迅速增加，贬值率曲线变得更为陡峭，直到退役优秀运动员二次就业或实现职业转换后，贬值率曲线坡度才变得较为平缓，与一般通用性人力资本贬值率曲线的变化具有相似性。在 $E$ 点右侧，中国优秀运动员人力资本贬值率超过投资率，随着退役运动员年龄增大，退役运动员参加培训、学习新知识、新技能的动力减小，再投资的预期受益时间变短，而投资机会成本却增大，因此，中国优秀运动员人力资本贬值率曲线 $D_1$ 变得陡峭，表明其人力资本贬值速度加快。

为有效应对和补偿中国优秀运动员人力资本存量贬损，就需要政府管理部门、社会和运动员个人积极地进行追加投资，而且这样的投资补偿力度往往要高于一般通用性人力资本的投资率，正如图 6-4 所示的中国优秀运动员人力资本的投资率曲线 $I_1$ 明显高于一般通用性人力资本的投资率曲线 $I_2$，也只有加大对运动员的投资补偿力度，才能最大限度地降低中国优秀运动员人力资本贬值风险，实现优秀运动员人力资本的保值和增值。由此可见，图 6-4 所示的运动员人力资本贬值—补偿模型，不仅从理论层面上能够很好地诠释现实经济生活中中国优秀运动员人力资本投资、形成以及价值变化等基本规律，而且较为清晰地展示了中国优秀人力资本贬值与追加投资之间的动态变化关系，在实践领域具有一定的可操作性。

## 二、中国优秀运动员人力资本存量贬损的投资补偿机制

伴随着中国竞技体育社会化、市场化的深入发展，优秀运动员培养趋于多元化，社会对竞技体育人才的要求也越来越高，使得中国优秀运动员人力资本贬值风险进一步加大。在市场经济下，中国退役运动员的安置正面临着更大的压力和困难，退役后不能实现就业的运动员数量庞大，造成中国大量的优秀运动员人力资本闲置和浪费，引发了优秀运动员人力资本严重的贬值。当前中国正在实施由体育大国向体育强国迈进的发展战略，中国数量庞大的优秀运动员以及退役的优秀运动员又是践行体育强国战略目标宝贵的人才资源，在新形势下如何建立健全应对中国优秀运动员人力资本贬值的投资补偿机制显得尤为重要，这对于在建设体育

强国战略中避免大量体育类专业人力资源的浪费和闲置具有重大战略意义。中国优秀运动员人力资本存量贬损的投资补偿机制是一项庞大的系统工程,不仅需要运动员自身积极地应对,而且需要国家、社会、企事业等用人单位等多个主体采取多方面措施共同予以应对。根据应对人力资本贬值补偿的一般性机制,本研究认为中国优秀运动员人力资本存量贬损的投资补偿机制包括内在的运动员自我补偿机制和国家、社会、企事业等用人单位等多方主体予以应对的外在补偿机制。本研究构建的中国优秀运动员人力资本贬值补偿机制体系如图 6-5 所示。

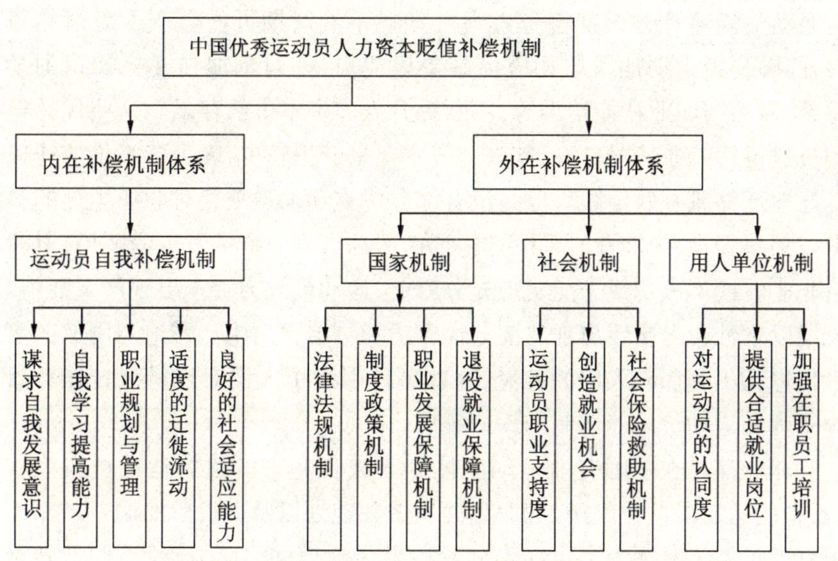


**图 6-5 中国优秀运动员人力资本贬值补偿机制体系**

中国优秀运动员人力资本贬值补偿机制体系中,运动员自我补偿机制主要包括运动员自我发展意识、学习提高能力、职业规划与管理、迁徙流动和社会适应能力等,优秀运动员的这些举措在应对其人力资本贬值过程中因主动性较强往往起到主导作用,能有效降低运动员人力资本贬值风险。中国优秀运动员人力资本贬值的外在补偿机制主要有国家出台的相关法规、制度以及针对运动员的保障机制,社会对运动员职业的支持度、为退役运动员创造就业机会和社会保险及救助机制，企事业等用人单位对运动员的认同度、所能提供的适合运动员的就业岗位，以及加强对员工的在职培训等。中国优秀运动员人力资本贬值的外在补偿机制由国家、社会、企事业用人单位等主体共同建立并组织实施，应对运动员人力资本贬值效率较高，能调动各方力量来共同应对中国优秀运动员人力资本价值存量的贬损问题。

## 三、中国优秀运动员人力资本贬值补偿实证分析——以邓亚萍为例

在多年的运动员职业生涯和退役后职业转换及就业过程中，许多优秀运动员能够及时识别自身人力资本在不同时期可能会产生贬值的风险，能够积极主动地采取相应措施予以应对，如自觉加强文化知识的学习、积极参与职业技能培训等，不断提升人力资本价值存量。这些优秀运动员退役后就业情况良好，其人力资本存量贬损较少，人力资本价值得以良好地迁移或有效延续。但是也有部分优秀运动员缺乏对职业生涯的科学规划与管理，未能及时采取措施抵御运动员人力资本发生的贬值，退役后职业转换不成功或未能实现充分就业，运动员人力资本出现严重贬值。长期以来社会上屡屡出现的部分优秀运动员退役后生活窘迫与困顿的事件报道无不刺痛着人们的神经，这些事件引发了人们对现行竞技体育管理制度和运动员培养体制的深刻反思。

邓亚萍是在中国专业运动队体制下成长起来的优秀运动员典型代表，她的运动员职业经历、职业生涯发展和规划以及退役后的职业转型都很好地抵御了其人力资本在不同阶段发生贬值的风险，退役后职业转换及过渡良好，职业转型非常成功。邓亚萍职业生涯发展与转型的案例不仅很好地阐释了中国优秀运动员人力资本贬值—补偿模型的理论解释力，而且能够佐证中国优秀运动员人力资本贬值补偿机制作用的实效性。本研究引入邓亚萍的职业生涯发展与转型案例来具体分析中国优秀运动员人力资本贬值及投资补偿问题。

### 案例一：邓亚萍职业生涯发展及转型

邓亚萍，1973 年出生于河南省郑州市，前中国女子乒乓球队运动员，

曾是中国乒乓女队的领军人物。邓亚萍是世界乒坛上第一位集奥运会、世乒赛和世界杯三项单打冠军于一身的女子“大满贯”运动员。她在运动职业生涯中共获得18个世界冠军,是第一位蝉联奥运会乒乓球金牌的运动员,连续两届获四枚奥运会金牌,也是乒坛排名世界第一时间最长的女运动员。邓亚萍是乒坛名副其实的“小个子巨人”,被誉为“乒乓皇后”,她的卓越成就,改变了世界乒坛只在高个子中选拔运动员的传统观念。国际奥委会前主席萨马兰奇也为邓亚萍的球风和球艺所倾倒,亲自为她颁奖,并邀请她到洛桑国际奥委会总部做客。

邓亚萍运动职业生涯的发展历程:

在当体育教练的父亲影响下,邓亚萍从五岁开始学打乒乓球,立志做一名优秀的运动员。童年的邓亚萍个子矮,手脚粗短,根本不符合体校的要求,体校的大门没能向她敞开。在邓亚萍七八岁时,为了使自己的球技更加熟练,基本功更加扎实,她父亲便在她的腿上绑上了沙袋,而且把木拍换成了铁拍,这不仅使邓亚萍身体备受煎熬,心理方面也承受了巨大的压力。训练中每次闪、展、腾、挪一步,都可以用举步维艰来形容,腿肿了、手掌磨破了是家常便饭,但邓亚萍都能坚持下来,从不叫苦喊累。付出总有回报,邓亚萍的刻苦训练和执著精神,使她的乒乓球竞技水平大幅提高,10岁时便在全国少年乒乓球比赛中获得团体和单打两项冠军,之前关闭的河南省队的大门也为之开启。在1988年全国乒乓球锦标赛上,邓亚萍又一举夺得女子双打冠军和单打亚军,随后被选入国家队,那时邓亚萍只有15岁。

进入国家队后,邓亚萍都是超额完成自己的训练任务。队里规定上午训练到11时,她就给自己延长到11时45分,下午训练到6时,她就练到6时45分或7时45分,封闭训练规定练到晚上9时,她练到11点多。邓亚萍为了训练经常误了吃饭时间,她就自己泡面吃。在队里练习全台单面攻时,邓亚萍依旧往腿上绑沙袋,而且面对两位男陪练的左突右奔,一打就是两小时。在进行多球训练时,教练将球像连珠炮一样打来,邓亚萍每次都一丝不苟地接球,一接就是1 000 多个。据教练张燮林统计,邓亚萍每天接球打球1万多个,每一节训练课下来,汗水都湿透了她的衣服、鞋袜,有时甚至连地板也会浸湿一片,不得不换衣服、鞋袜,甚至换球台再练。由于长时间从事大运动量、高强度的训练,从颈部到脚,邓亚萍身体很多部位都有伤病。为对付腰肌劳损,她不得不系上宽宽的护腰,膝关节脂肪垫肿胀、踝关节几乎长满了骨刺,平时只好忍着,实在痛得厉害了就打一针封闭,脚底磨出了血泡,就挑破了再裹上一层纱布接着练,就算是伤口感染,挤出脓血也要接着练。

身高仅 1.55 米的邓亚萍在外人看来似乎不是打乒乓球的料,但不服输的性格和对乒乓球的执著精神开创了邓亚萍的运动生涯。著名的留学专家徐小平说:"一个人的能力不是别人评价出来的,而是自己显示出来的;不是别人认可出来的,而是自己证明出来的。"邓亚萍凭着刻苦的训练,以罕见的回球速度,无所畏惧的胆色和顽强拼搏的精神,15 岁时便获亚洲冠军,16 岁时就成为世界冠军。

邓亚萍获得的世界级比赛成绩:

1989 年:世乒赛女双冠军,女团冠军

1990 年:世界杯团体赛冠军

1991 年:世乒赛女单冠军,女团、女双亚军,世界杯团体赛冠军

1992 年:世界杯双打赛冠军

1993 年:世乒赛女双亚军,女团冠军

1992 年:第 25 届奥运会女单、女双冠军

1995 年:世乒赛女单、女双、女团冠军,混双亚军,世界杯团体赛冠军

1996 年:第 26 届奥运会女单、女双冠军

1996 年:国际乒联总决赛女单、女双冠军

1996 年:世界杯女单冠军

1997 年:世乒赛女单、女双、女团冠军,混双亚军

邓亚萍运动职业生涯转型及发展历程:

从 9 岁进专业队打球,到 1997 年 24 岁的邓亚萍退役,邓亚萍运动职业生涯维系了 15 年。对于一名优秀的运动员来讲,退役后的选择有很多种,有从事教练员的,有从政的,有从商的,有进演艺圈的。以邓亚萍取得的运动成绩和对国家所作出的贡献以及她的社会影响力,她退役后找一

份适合自身发展、生活相对安逸的工作是不成问题的。然而，邓亚萍却选择了进入高校继续学习深造的艰辛道路。邓亚萍的性格决定了她的选择，邓亚萍说过："竞技体育的残酷告诉了我，人生没有捷径，只有靠自己去拼。"为了能够更好地适应社会，她没有选择容易的事情来做，而是选择了对自己最有挑战性的事情来做，实践证明，她的选择是对的。邓亚萍后来回忆道："临近退役时，我便开始设计自己将来的路，有人认为运动员只能在自己熟悉的运动项目中继续工作，而我就是要证明：运动员不仅能够打好比赛，同时也能做好其他事情。哪天我不当运动员了，我的新起点也就开始了。"退役后的邓亚萍用了整整 11 年时间分别在清华大学、英国诺丁汉大学和剑桥大学学习，先后获英语专业学士学位、中国当代研究专业硕士学位和经济学博士学位。

邓亚萍在出任北京奥组委官员接受记者采访时回忆说："1996 年底，我被萨老提名为国际奥委会运动委员会委员。我明白，这既是国际奥委会的重用和信任，也是一次严峻的挑战。国际奥委会的办公语言是英语和法语。然而，这时我的英语基础几乎是零，法语也是一窍不通。面对如此重要的工作岗位和自己外语水平的反差，我心里急得火上房。"1996 年亚特兰大奥运会结束后，邓亚萍以英语专业本科生的身份初进清华大学时，她的英文几乎是一张白纸，不但没有英文的底子，更别说有口语交流的能力。刚到清华大学外语系报到时，指导老师让她一次写完 26 个英文字母。当时在别人眼中看来最简单不过的事，邓亚萍却费尽心思后才把它们写出来。

人的性格是不容易改变的，这一点在邓亚萍身上表现得十分明显。无论在做运动员时，还是在求学的过程中，邓亚萍总是认准了那个死理：没有超人的付出，就不会有超人的成绩！这也是她多年闯荡赛场的切身体验。

在清华大学学习期间，邓亚萍除了把自己的睡眠时间压缩到最低限度外，连走路、吃饭时都在看书。邓亚萍不断要求自己，做作业也要和完成训练课一样，绝对是今日事今日毕，毫不含糊。她这种刻苦学习的精神，让辅导老师和学友都深表叹服。为了更快地掌握英语，经清华大学和国家体育总局批准，1998年初，刚在清华大学读了几个月的邓亚萍作为交换生被送到英国剑桥大学突击学习英语。

2001年9月，邓亚萍前往英国诺丁汉大学攻读中国当代研究专业硕士学位。在诺丁汉大学，邓亚萍坚持每天8点多从自己的住所赶往学校上课，下午3点半下课后，她还到学院的学习中心去学习，听磁带、练口语，直到晚上8点学习中心关门后才赶回住所。回到住所，她坚持和房东用英语交流，坚持做作业和预习功课到深夜。为了撰写学位论文，邓亚萍曾集中两个月的时间把自己锁在屋子里，然后每天就着速冻饺子查资料、打文稿。

2002年12月邓亚萍获得诺丁汉大学硕士学位，这对于一名退役运动员来说已经是非常的难能可贵。然而邓亚萍并没有止步，2003年她又被英国剑桥大学录取，攻读“奥林匹克和体育对中国社会的影响”方向的博士学位，踏上了她职业转型过程中目标更高也更为艰辛的求学之路。长时间固定姿势写稿诱发了邓亚萍的颈椎病，头不能移动，一动就钻心的疼。但是，疼痛并没有让邓亚萍屈服，她咬紧牙关，以一种固定的姿势坚持查阅资料和写作。经过不懈的努力，邓亚萍于2008年11月29日被剑桥大学授予经济学博士学位。在剑桥大学近八百年的历史中，第一次有像邓亚萍这种世界级顶尖运动员拿到博士学位。

永不言败，一切追求最高、最好、最快，邓亚萍的自信、不怕吃苦的精神以及善于钻研的学习方法，让她取得了令人信服的成绩。“性格决定命运”，邓亚萍以自己的经历印证了这一理论的有效性。邓亚萍在从打球到读书，从“武”到“文”职业转型过程中，11年的求学经历付出了大量心血，道出了冠军求学路上不为人知的艰难困苦。邓亚萍在读书的同时，还要兼顾国际奥委会和北京奥组委的工作，她知道除了需要学习新的技能知识外，还得时时审视自己的生涯资本并意识到其不足的地方，从而不断修正自己的目标。除了攻克英语这一语言关外，在清华大学她还刻苦学习了语文、历史、国际关系等课程；在诺丁汉大学又专心攻读了几门特殊课程，如采访课、开会课以及演讲课等。2004年，当邓亚萍的长达4.5万字的英文版论文《从小脚女人到奥运会冠军》出版时，国际奥委会前主席萨

马兰奇在论文的序中写道:“世界是你的,因为你拥有开启它的钥匙。”

从所向披靡的金牌运动员到一心向学的学生,从响当当的博士到勤勤恳恳的政府公务人员,邓亚萍职业生涯的每一次转身都扎扎实实、可圈可点,也正是在包容和理性之中,邓亚萍成功实现了职业人生的三次角色转换。

## 一、从一个普通运动员到一个战绩卓著的世界冠军

邓亚萍5岁开始学乒乓球,经过多年艰辛的训练最终用实力证明了自己,登上了世界乒坛冠军的宝座。然而,由于竞技体育职业的特殊性和运动生涯周期特点,加上多年来的大运动量、超强度训练导致的腰、脖子和脚上的伤病困扰需要邓亚萍重新进行职业定位。

## 二、从一名世界冠军到一个出色的体育研究专家

在国外总有人问邓亚萍:“你们中国女运动员的成绩为什么比男运动员好?”言者无意,听者有心,正是这样一个有意无意的询问才有了邓亚萍后来选择《从小脚女人到奥运冠军》的理论课题作为她诺丁汉大学硕士学位论文来进行研究,以中国女子乒乓球为例,她希望能够有人真正关注中国妇女和中国女运动员的研究。邓亚萍在攻读英国剑桥大学的博士学位时,选择奥林匹克运动员对中国社会的影响为研究课题,就这样她一步一步地塑造着自己国际体育专家的形象。

## 三、从一名体育研究专家再到一个优秀的社会体育活动家

2002年,邓亚萍分别在国际奥委会道德委员会以及运动和环境委员会担任职务,在国内,她是全国人大代表,又是全国政协委员。2003年邓亚萍在北京奥组委市场开发部工作,她所在的部门主要是负责国内外大公司接洽为北京奥运会争取资金赞助。邓亚萍不但钻研精深的体育课题,还广泛地参加社会活动,她曾经两次参与中国申奥活动。2001年2月她从英国返回中国,担起了申奥形象大使的重任,为成功申办2008年北京奥运会做出了杰出的贡献。北京奥运会结束后,担任奥运村部副部长的邓亚萍回到国家体育总局,出任体育器材装备中心副主任。2009年4月,邓亚萍就任共青团北京市委副书记,2010年9月起,任人民日报社副秘书长兼人民搜索网络股份公司总经理。

邓亚萍的运动职业经历和退役后职业转型及发展过程，可以说有无数的荣誉加身，但是她自己最知道自己一路走来的不易，人生每前进一步都比同龄球员艰难得多，也正因为这个原因，她需要比其他人付出更多的努力。从这点来说，一个人在成长过程中，经历逆境对一个人来讲是很有帮助的，意义在于精神层面，造就了一个人超强的抗压能力和超强的心理素质，为后来迎接挑战储备了充足的精神资源。

邓亚萍职业生涯获得的社会荣誉：

1987 年：获运动健将称号

1988 年：获国际级运动健将称号

1990 年：获国家体委颁发的体育运动荣誉奖章

1990—1993 年：连续四年被评为全国十佳运动员

1995—1997 年：连续三年被评为全国十佳运动员

1990 年：全国妇联授予她全国“三八红旗手”称号

1990 年：共青团中央授予她“全国新长征突击手”称号

2009 年：荣获“光耀 60 年”最具影响新中国体育人物

2010 年：入选“2010 首届王顺利百年中国人物榜”

2011 年：获得 2011 年中国十佳劳伦斯冠军奖特别成就奖

**简要评述**：邓亚萍是中国专业竞技体育体制下成长起来的优秀运动员，尽管邓亚萍在退役后转型成功必然有国家、社会的特殊青睐和照顾等原因，但邓亚萍从小不服输的性格和坚强的意志品质，决定了她退役后没有“等、靠、要”，一味地要求政府安排其就业，而是充分地认识到自身的不足之处，提前做好职业生涯转型与发展规划。正如邓亚萍所说：“临近退役时，我便开始设计自己将来的路，有人认为运动员只能在自己熟悉的运动项目中继续工作，而我就是要证明：运动员不仅能够打好比赛，同时也能做好其他事情。哪天我不当运动员了，我的新起点也就开始了。”

从邓亚萍职业生涯发展及退役后职业转型历程可以看出，邓亚萍在青少年时期为形成高品级的运动员人力资本，多年坚持大强度的训练，付出了大量的心血和艰辛的劳动，伤病缠身，并且承担了很大的机会成本。

但是邓亚萍最终拥有了高品级的运动员人力资本，站在了中国优秀运动员金字塔的塔尖，为祖国争得了荣誉，也实现了自己的梦想。但在邓亚萍成长过程中，文化教育的严重缺失以及过早的专业化为其运动员人力资本埋下了贬值的风险，在大多数专业运动员竞技能力的黄金时间段邓亚萍不得不选择退役。而出生于1965年、六岁开始学乒乓球的瑞典名将瓦尔德内尔被誉为世界乒坛的常青树，与中国几代选手抗衡了20多年，直到2006年他40岁时才宣布退役。但是，难能可贵的是邓亚萍意识到了自身运动员人力资本贬值的风险，退役后果断采取了应对措施，根据新形势进行了自己的职业生涯规划，及时启动了运动员人力资本贬值补偿的内在、外在机制，先后选择到清华大学、诺丁汉大学和剑桥大学分别攻读学士、硕士和博士学位。

在邓亚萍退役后的职业转型过程中，国家关于优秀运动员入学的优惠政策无疑起到了积极的作用。邓亚萍具有的名人效应也被社会所认同和接受，可见中国优秀运动员人力资本贬值的外在补偿机制对于邓亚萍的职业转型起到了积极的作用，但邓亚萍自身强烈的主观意志和努力程度以及坚定的求学欲望是她最终坚持读完学士、硕士、博士学位的强大推动力。正如邓亚萍所说："如果亚运会、世乒赛和奥运会的冠军是我乒乓球生涯的'大满贯'，那么清华获得学士学位、诺丁汉大学硕士毕业和取得剑桥大学博士学位，就是我要完成的另一项'大满贯'。"正是邓亚萍退役后的这种道路选择，有效地弥补了她人力资本的先天不足，避免了退役后其运动员人力资本的快速贬值。邓亚萍在退役后长达11年的求学过程中不断地提升其人力资本存量水平，并将原本拥有的以专项竞技能力为核心要素的运动员人力资本价值进行了有效迁移和延续，最终形成了她在运动员后职业时期价值更高、更稳定、更稀缺的高品级人力资本，成为邓亚萍后职业生涯乃至终身受用不尽的宝贵财富。

在中国竞技体育发展过程中，很多的优秀运动员在运动生涯中都曾创造过辉煌的成绩，但在退役之后却不知该如何抉择。许多退役的优秀运动员因缺少生存的技能，没有完善的生活保障机制，而逐渐沦落为社会的边缘人，退役运动员为维持生计摆地摊、卖鸡蛋、当街卖艺成了屡见不鲜的新闻。不可否认,邓亚萍的乒乓球专项、取得的成绩和荣誉为邓亚萍退役后职业转型虽起了巨大的支持作用,但邓亚萍退役后的不懈努力和奋斗经历为我们清晰地展现了一个世界冠军退役后成功进行职业转型的发展历程,并成为中国优秀运动员退役后职业转换的典范。相比之下,有部分中国退役的优秀运动员却不能做到这一点,即使有的进入高校就学的运动员也只是应付性地学习,有的退役运动员是在一些大学的"特殊照顾"下降低要求,在宽松的环境中拿到相应的文凭,并未能真正学到多少知识和技能。2012 年 10 月,国家羽毛球队现役运动员林丹被华侨大学授予公共管理专业硕士学位的事件引起人们的热议,其硕士学位的含金量就饱受人们的争议。由此可见,邓亚萍职业生涯发展及退役后职业转型的历程能很好地印证本书提出的中国优秀运动员人力资本贬值模型的理论解释力和贬值补偿机制的实效性。

## 第四节　中国优秀运动员职业生涯规划与管理及其人力资本贬值补偿

### 一、职业生涯规划、管理与发展

《礼记·中庸》中讲到:"凡事预则立,不预则废。"因此,人人都需要职业生涯规划,只有认真做好职业生涯规划,并对职业生涯进行科学的行之有效的管理,才可以在职业生涯的起跑线上赢得先机,才会获得良好的职业发展空间。职业生涯规划与管理理论和技术是在现代职业心理学对职业选择和发展的理论基础上诞生的。职业生涯规划与管理是作为职业人士所面临的首要问题,它是对个人职业发展的远景规划和资源配置,是一个持续的过程。所谓职业生涯,是一个人一生的工作经历,特别是职业、职位的变动及工作理想实现的整个过程。职业生涯规划则是指个人和组织相结合,在对一个人职业生涯的主客观条件进行测定、分析、总结研究的基础上,对自己的兴趣、爱好、能力、特长、经历及不足等各方面进行综合分析与权衡,结合时代特点,根据自己的职业倾向,确定其最佳的职业奋斗目标,并为实现这一目标做出行之有效的安排。

职业生涯管理理论是在职业生涯规划理论基础上发展而来的，职业生涯管理更加强调组织的责任和义务。从组织的角度对员工的职业生涯进行管理，集中表现为帮助员工制定职业生涯规划、建立各种适合员工发展的职业通道、针对员工职业发展的需求进行适时的培训、给予员工必要的职业指导、促使员工职业生涯的成功。① 职业生涯管理是指组织和员工本人对职业生涯进行设计、规划、执行、评估、反馈的一个综合管理过程。职业生涯管理包括个人职业生涯管理和组织职业生涯管理两个层面。个人职业生涯管理是个人为了自己的职业生涯发展的需要，进行自我职业生涯的设计、规划和管理。组织职业生涯管理是组织协助员工规划其职业生涯的发展，并为员工职业生涯发展设计通道，提供必要的教育、培训、轮岗、晋升等发展机会。现代职业生涯理论中，职业生涯规划与职业生涯管理两个概念经常被结合起来使用。职业生涯规划与管理是一个动态的过程，更加注重个人的主体性，侧重于发展的内涵。现代职业心理学认为，职业生涯规划与管理具有不可替代的教育、经济和社会功能。职业生涯规划与管理有助于加快社会成员的社会化过程，有利于个体的全面发展，能有效提高劳动效益，同时有利于解决社会就业问题，缓解劳动力市场的矛盾。

进行职业生涯规划与管理的最终目标是赢得个人职业生涯的发展。职业生涯阶段理论研究学者认为，人的总体生命空间包括：生物生命周期，它贯穿人的一生；职业生涯周期，从职业活动开始到退休结束；家庭生命周期，它从结婚开始贯穿人的一生。② 三个生命周期中职业生涯周期与家庭生命周期重合的时间可能较早，持续时间较长。职业生涯周期中的各个阶段是与年龄密切相关的，不同年龄段在不同的职业生涯阶段中职业生涯发展的任务和目的是不同的，而且这个过程随着生命周期的发展不可重复。职业生涯发展阶段理论认为，不同职业发展阶段的职业特征、职业需求和职业发展任务随着年龄的增长、受教育程度的加深和环境

---

① 周文霞：《职业生涯管理》，复旦大学出版社，2005 年。

② 张莹：《如何进行职业生涯规划与管理》，北京大学出版社，2004 年，第 132 页。

的变化各有不同，而又相互作用和影响；在同一个发展阶段，有效认识和把握职业特征、职业需求和职业发展任务，更有助于个人有效管理自己的职业生涯，同时有助于组织管理和开发人力资源。美国职业生涯发展研究专家格林豪斯根据人的生命周期内不同年龄阶段职业生涯发展所面临的主要任务，将一个人的职业生涯发展划分为五个阶段，如表6-2所示。

**表6-2 格林豪斯的职业生涯发展5阶段论**

| 职业阶段 | 年龄 | 主要任务和作用 |
| --- | --- | --- |
| 职业准备 | 0～18岁 | 发展职业想象力，对职业进行评估和选择接受必需的职业教育。一个人在此阶段所作的职业选择，是最初的选择而不是最后的选择，主要目的是建立起个人职业的最初方向。 |
| 进入组织 | 18～25岁 | 在一个理想的组织中获得一份工作，在获取足量信息的基础上，尽量选择一种合适的、较为满意的职业。在这个阶段，个人所获得信息的数量和质量将影响个人的职业选择。 |
| 职业生涯初期 | 25～40岁 | 学习职业技术，提供工作能力；了解和学习组织纪律和规范，逐步适应职业工作，适应和融入组织，为未来职业成功做好准备。 |
| 职业生涯中期 | 40～55岁 | 对早期职业生涯重新评估，强化或转变自己的职业理想；选定职业，努力工作，有所成就。 |
| 职业生涯后期 | 55岁至退休 | 继续保持已有的职业成就，维持自尊，准备引退。 |

## 二、运动员职业生涯规划、管理与发展

### （一）运动员职业生涯周期

运动员劳动的特殊性和职业的阶段性特征，决定了运动员职业生涯周期与一般劳动者有较大差异。运动员职业生涯周期指从事运动员职业的个体职业生涯中行为与态度的发展变化过程，持续的时间从运动员步入运动生涯到运动员退役后再就业、直至退休的全过程。按照所从事的职业类别及阶段性目标的不同分类，运动员职业生涯周期由运动员职业生涯阶段—职业转型探索过渡期—运动员后职业生涯阶段组成。前后两

个阶段可以按照职业发展目标的不同划分为不同的子阶段，并通过职业转型探索过渡期衔接和过渡。① 运动员不是终身职业，随着运动员年龄的增长必然面临着退役的选择，而许多运动员退役后可能从事一个与体育毫无关系的职业，运动员的这种职业转换与其他人群的职业生涯周期有所不同。在运动员职业生涯结束后，将再次步入普通的职业生涯发展阶段，重新开始另一个相对封闭的职业生涯周期。通过分析运动员职业生涯周期，可以探究运动员职业生涯阶段在运动员的总体生命周期中的地位和作用，进一步发现运动员职业生涯周期的内在运行规律，为更有效地进行运动员职业生涯规划与管理提供理论层面的指导和参考。运动员职业生涯周期模型如图 6-6 所示。

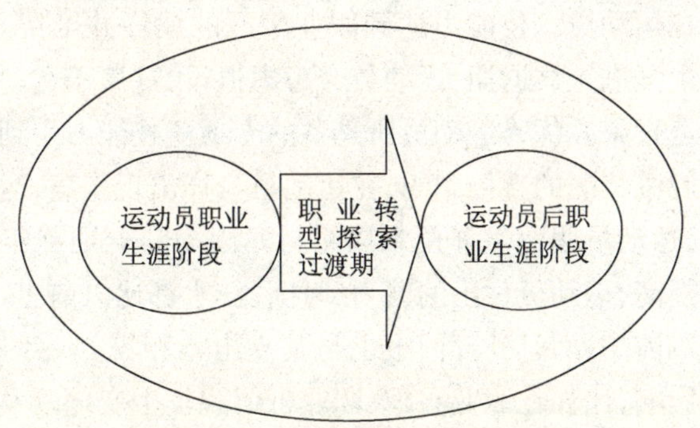


**图 6-6　运动员职业生涯周期模型**

### （二）运动员职业生涯过程与发展

运动员职业生涯发展的过程也正是运动员人力资本投资与形成的过程。根据运动员的专项竞技能力的形成规律以及运动员成长历程，运动员职业生涯发展过程一般包括职业生涯的探索阶段、建立和维持阶段以及衰退和退役三个阶段。青少年选择从事竞技体育事业，从进入业余体校或体育俱乐部进行系统的专业性训练时起都可以算作运动员生涯的探索阶段，此时个人包括体育组织都以发现和培养个体的运动天赋和能力

---

① 张锐铧：《运动员职业生涯规划与管理研究》，北京体育大学博士学位论文，2007 年。

为目标。通过探索阶段的尝试能够顺利进入优秀运动队的运动员，就建立了一种与体育组织的职业关系，职业生涯也进入了建立和维持阶段。运动员职业生涯的目标是参加高级别的比赛并获取好的比赛名次，因此运动员必须长期接受以运动训练为主的专项竞技能力提升培训，逐步掌握高水平的专项竞技能力，在各种比赛中获得好的成绩，最终取得成功。但运动员不是脱离社会的个体，在运动员接受以运动训练和竞赛为主的体育职业技能培训的同时，运动员也必须在运动职业生涯期间接受系统的文化知识教育，掌握必要的社会生活技能，以适应社会和未来职业发展的要求。在这个阶段，由于不同运动项目特点的差异决定了从事不同项目的运动员成才规律不同，因此不同的运动员在这个阶段的持续时间也有所不同。在运动员竞技能力达到职业生涯的巅峰并维持一段时间后，运动员职业生涯进入衰退期，运动员会考虑退役，这属于运动员职业生涯中的自然衰退现象。优秀运动员所具备的专项竞技能力受到运动员生理年龄和身体健康状况的直接制约，在运动员身体出现伤病、运动潜能达到极限的时候，运动员职业生涯便难以维持。因为随着训练年限的延长和技术水平的提高，运动员付出的精力、时间、汗水都比以前多，但成绩的提高幅度却比以前小，而且外部回报也与其支出不相符。[①] 此外，运动员受到各种因素影响，比如在职业兴趣、职业价值观发生变化以及体育组织从事业发展角度、人才队伍更新角度考虑，也会要求运动员终止训练和竞赛，提前进入退役阶段。

运动员职业生涯阶段在运动员整个职业生涯周期、运动员生命周期、家庭生活周期当中有着特殊的重要意义，运动员职业生涯阶段的发展状况直接影响并决定着运动员后职业生涯。因此，应该积极主动规划运动员职业生涯和管理运动员职业生涯，及时解决运动员在职业生涯发展的不同阶段出现困惑和矛盾，尽量消除运动员人力资本贬值风险，争取人力资源开发效益的最大化。

---

① 刘方琳，张力为：《运动员心理疲劳的定性探索》，《体育科学》，2004 年第 11 期。

## 三、中国优秀运动员职业生涯规划与管理现状

### （一）中国优秀运动员职业规划与管理发展历程

运动员职业生涯规划与管理既是面向运动员群体的一项宏观指导性工作，也是一项突出个性化需求的微观服务性工作。在中国优秀运动队管理中，关于运动员职业生涯规划与管理以及就业服务方面的实践尚处于初步探索阶段。中国从20世纪50年代开始到改革开放前，实行的是计划经济体制，该阶段相继建立各级运动队对劳动者实行计划招收、统一调配的政策。在这一阶段中国对于优秀运动员只有“转业”“安置”等提法，运动员退役分配的主渠道是通过体育系统内部，体育理论界尚未能提出运动员就业指导、职业生涯规划与管理等先进的理念，运动员职业生涯规划与管理在实践层面处于萌芽阶段。改革开放后，中国人事制度进行了较大的改革，企事业等用人单位自主权扩大，初步建成了劳动力就业市场，中国优秀运动员的招收和退役后的工作分配方式也发生了较大的变化，在运动员的招收和选择上进一步进行了规范，将招收运动员人数与工资纳入国家的劳动工资计划。1986年，国家体委、劳动人事部、财政部颁布了《运动员退役费实施办法》，在运动员退役后的职业转型问题上，首次提出了经济补偿的概念，并对退役的优秀运动员给予退役费，进行一次性经济补偿。同时对运动员退役后的职业发展途径进行积极探索，为鼓励部分优秀运动员进入高校学习，提出了“免试入学”的照顾政策。总体上，从改革开放后到20世纪90年代，中国优秀运动员职业生涯规划与管理的实践工作在多层面进行了探索，获得了初步发展，并开始向市场经济转轨。

90年代后，随着中国市场经济的不断深入和发展，中国优秀运动员职业生涯规划与管理进一步向科学化、规范化方向发展。2002年，国家体育总局、中央编办、教育部、财政部、人事部、劳动保障部联合颁发了《关于进一步加强退役运动员就业安置工作的意见》，从加强运动员职业教育、技能培训、文化教育、鼓励运动员自主择业等几个方面制定了相关的政策规定，这极大地促进了中国运动员职业生涯规划与管理实践工作的开展。2006年国家体育总局在《“十一五”人事工作规划》和《体育人才队伍建设规划》等文件中提出，要加大退役运动员就业指导力度，引导退役运动员通过市场自主择业，要针对运动员特点，研究运动员职业生涯规划体系建设的理论与方法。同年，国家体育总局人力资源开发中心编制了《运动员就学就业工作指南》，为运动员及体育组织规划和管理运动员职业生涯提供参考依据。2007 年，国家体育总局在《关于进一步做好全国优秀运动员保障工作的意见》中明确规定：在运动员从事专业运动训练的过程中，通过日常思想教育、专业化的职业心理咨询和指导，帮助运动员了解运动员的职业特点，激发运动员的职业兴趣和职业认同感。运动员停止训练后，应按规定给予职业转换过渡期，有针对性地组织开展职业技能培训，切实增强运动员再就业时的社会竞争力，为运动员退役后的职业转换做好积极的准备，帮助运动员顺利实现职业生涯各阶段的衔接和过渡。① 同年，国家体育总局又颁布了《关于做好运动员职业转换过渡期工作的意见》，规定了各级职能机构和相关部门在退役运动员职业转换过渡期所应承担的主要工作和任务。在过去相当长的时间内，中国优秀运动员退役安置工作以“计划选调、组织分配”为原则，优秀运动员的管理过程和管理要素中没有职业转换、退役过渡的概念。运动员职业转换过渡期制度的提出是对运动员管理工作理念的创新，极大地促进了中国优秀运动员职业生涯规划与管理工作的开展。运动员职业生涯规划和职业指导是新时期运动队管理工作的重要内容之一，关系到中国优秀运动员的全面发展和运动队伍的新陈代谢，是运动员保障工作的重要内容。国家体育总局等管理部门顺应运动队管理体制的改革，先后出台了一系列政策法规，将运动员职业生涯规划与管理理念引入运动队管理工作，并在国家队开始进行相关尝试，促使中国优秀运动员职业生涯规划与管理向科学化、规范化趋势发展。

党和国家及各级政府领导一贯高度重视在训运动员的培养和退役运动员职业转换难的问题。尤其是 2008 年成功举办北京奥运会后，国家进

① 国家体育总局：《关于进一步做好全国优秀运动员保障工作的意见》（体人字〔2007〕391 号），2007 年。

一步加大了对优秀运动员保障工作的力度。胡锦涛同志在北京奥运会总结表彰大会上讲到:“要关心运动员的长远利益和全面发展,高度重视并切实加强运动员社会保障工作。”国务委员刘延东提出:“要按照中央领导同志最近的指示,坚持以人为本,完善政策,创造条件,解决好运动员接受教育、退役后的生活保障和伤残医疗保障等问题,解除运动员的后顾之忧。”国家体育总局局长刘鹏在总局深入学习实践科学发展观活动动员大会上也强调:“要特别利用好、落实好运动员职业转换过渡期制度,针对运动员开展专门的职业指导。”近年来,国家体育总局把运动员职业生涯教育、职业技能培训作为新形势下的一项重要工作,并建立了人才服务部,专门指导退役运动员职业培训、职业推介、运动员过渡期职业指导、技能培训、免试入学和就业指导等相关工作。随着对退役运动员的职业辅导以及所采取的一系列利好政策的相继实施,各级运动队管理部门和运动员逐渐意识到开展运动员职业生涯规划与管理的必要性和重要意义。然而要真正解决退役运动员的生存保障问题,就需要在运动员的成长过程中加强对运动员职业生涯的管理,教育和引导运动员积极开展职业生涯规划,让他们尽早学会如何面对社会和退役后的职业转型。

**(二)中国优秀运动员职业规划与管理中存在的主要问题**

中国优秀运动员是社会劳动力的一部分,积极开展优秀运动员职业生涯规划与管理工作,做好运动员人力资源的开发和利用,将其培养为全面发展的优秀人才从而对社会作出更大贡献,符合中国经济、社会发展的需要。同时,引导运动员积极进行职业生涯规划,是有效促进运动员退役后成功转型和就业的重要手段之一。然而现实的情况是,中国优秀运动员职业生涯规划与管理工作存在着许多的问题和不足,主要表现在以下几个方面。

首先,长期以来中国优秀运动员职业生涯规划严重缺失,运动队领导和教练员一味地追求运动员竞技能力的提升,一切以训练和比赛为中心,忽略了基本的文化学习和社会实践教育。在中国优秀运动员培养过程中,进行的职业生涯规划完全是针对如何提高运动员专项成绩和参加比赛获取名次而进行,并没有过多地考虑运动员退役后以及运动员后职业时期的发展,绝大多数运动员的深层次需要、全面发展需要被忽视。此外,长期封闭式的训练导致中国运动员群体思想观念与社会发展出现了不适应,一些不利于退役运动员职业转型的因素随之出现,如消极等待、依赖心理过重、缺乏独立性、运动员自我定位不准确等。而专业化训练水平越高,运动员职业生涯发展的专业性越强,与体育之外的社会需求之间的差距就越大,这不利于运动员职业生涯发展渠道的拓宽。本研究的调查显示,71.7%的运动员认为自己在运动员期间没有进行过长远的职业生涯规划,83.2%的运动队管理层也没有对运动员进行过职业生涯规划,这充分表明职业生涯规划在中国运动员培养和成长过程中严重缺失,职业生涯规划与管理工作任重道远。

其次,各级运动队管理部门和运动员观念陈旧,主观上缺乏现代职业生涯规划与管理的意识。运动队管理层认为职业生涯规划、管理与组织无关,是运动员个人的事情,致使体育组织在管理职能上出现了缺位,忽略了运动员队伍职业生涯的特殊性,对运动员职业生涯发展缺乏相应的指导,没有承担相应的为运动员后职业生涯发展负责的管理义务。近些年来,尽管中国一些优秀运动队也开展了运动员职业生涯规划与管理,但层次普遍偏低、内容与形式较为单一。如针对自主择业退役运动员实行的经济补偿办法,这仅仅为运动员顺利渡过职业转型过渡期提供了资金的支持。对退役运动员提供的服务也主要以就业指导为主,大多数停留在就学、就业信息服务上,缺乏真正意义上个性化的职业生涯规划与管理,尤其缺乏对退役运动员的就业心理辅导。此外,现有运动员职业生涯规划与管理工作还比较被动,在运动队管理工作中属于从属性的工作,未能收到应有的重视。例如,退役就业安置工作仍缺乏主动性,只有在运动员被调整准备退役期间体育组织才真正开始了解运动员的职业理想、职业兴趣,才安排职业技能培训等课程,时间安排上明显滞后。

最后,中国运动员职业生涯规划与管理体制不完善。在中国现行的竞技体育管理体制下,运动员的选材与招收、文化知识教育、训练竞赛管理以及人事和退役安置等几项工作分别由不同的部门或主体管理,各部门和各管理主体的工作目标不统一,缺乏在运动员职业生涯规划与管理方面的协调配合机制。当前,中国运动员职业生涯规划与管理工作尚处

于起步阶段，现有的运动队就业指导和服务人员多数为兼职，队伍不稳定，缺乏高素质的专业人员，运动队缺乏专职的职业生涯咨询和辅导人员。此外，中国运动队管理过于封闭，教练员职能全能化，各级运动队长期形成的“师傅带徒弟”现象屡见不鲜。在运动员成长过程中，教练员与运动员之间的关系过于密切，运动员对教练员的依赖程度较高，因此运动员受教练员个人职业观念、职业意识和职业决策能力影响较大，这非常不利于运动员职业生涯规划与管理工作的开展。①

在中国竞技体育发展过程中，很多的优秀运动员在运动生涯中都曾创造过辉煌的成绩，为中国竞技体育事业的发展做出了巨大的贡献，也为祖国争得了荣誉。但是，由于运动员职业生涯期间缺乏长远的规划和打算，许多优秀运动员在退役之后不知该如何面对未来的生活。许多退役的优秀运动员因缺少相应的生存技能和谋生手段，或者因为其他的一些原因，在脱离运动队后不知如何抉择，逐渐沦落为社会的边缘人，退役后的生活窘迫，难以维持生计。长期以来，退役后落魄的体坛明星乃至世界冠军并不少见，许多运动员离开大家关注的视野后，冠军光环也随之消失，甚至连基本的谋生都很困难。以下是中国17位退役优秀运动员因职业转型不成功而导致生活窘迫的真实状况，其中部分优秀运动员退役后的生活落魄状况在社会上引起了人们极大的关注和强烈的反响。

**邹庆东**

项目：自行车

成绩：八枚省运会自行车公路赛金牌

经历：2004年，邹庆东被推荐进入大连陆上运动学校开始从事自行车运动训练。六年运动员生涯中，邹庆东共获得了八块省运会金牌，几乎包揽了辽宁省运会的自行车公路赛金牌，在业内被誉为“辽宁第一腿”。2008年在一次训练中时，邹庆东的自行车以70公里的时速与队友的车撞在了一起导致受伤，并因此留下隐患。2010年入选国家队体检时才发

① 张锐铧：《运动员职业生涯规划与管理研究》，北京体育大学博士学位论文，2007年，第88－89页。

现腰椎间骨突出骨刺，并且已难以治愈，被迫退役。邹庆东退役后做了一个普通的鸡蛋商贩，由于他母亲患上了尿毒症，收入难以维持生计，母子两人以每月 250 元的价格租住在一间不足 10 平方米的屋子里。2012 年 10 月 26 日，这位昔日的冠军登上了浙江卫视《中国梦想秀》的舞台，现场拿出八块金牌作抵押，希望以此筹得医药费延续母亲生命。

**徐伟利**

项目：链球

成绩：第三届亚洲青年田径锦标赛链球比赛冠军

经历：原为辽宁省铅球运动员，1988 年被引进到陕西省体委体育运动技术学院主攻链球，两年后夺得了亚洲链球比赛冠军。1999 年退役以后，徐伟利被安排在陕西省青少年体校当教练，并一次性给予六万多元退役补贴。但后来徐伟利离开了陕西省青少年体校，2007 年，他和同是运动员的妻子离婚。后来他的肾脏出现了问题，胸腔积水严重，心脏和肺受到压迫后导致供血不畅，到医院治疗时因交不起 600 元的医疗费而流泪。

**张尚武**

项目：体操

成绩：大运会男团和吊环冠军

经历：1995 年进入国家队，2001 年 18 岁时曾在北京世界大学生运动会上夺得男子体操团体和吊环两枚金牌，2003 年因落选雅典奥运会退役，2005 年在河北省体育局正式办理退役手续。张尚武从小就刻苦训练，除了体操身无旁技，多年来处境很不好，一直处于贫困的状态。他多次行窃入狱，出狱后因在北京王府井地铁口乞讨卖艺而引起社会关注。

**樊迪**

项目：体操

成绩：世锦赛和亚运会高低杠冠军

经历：1984 年进入国家队，是黄玉斌的第一个弟子。1987 鹿特丹世锦赛上，首次参赛的她获得高低杠第六名、团体第四名。1989 年世锦赛，16 岁的她以满分 10 分夺得高低杠冠军，成为继马燕红之后中国第二个女子体操世界冠军。北京亚运会上，樊迪获得高低杠冠军。随后她选择

了退役读书，在短暂执教生涯后樊迪又去了美国。由于身体不太好，且父母年纪大，樊迪从美国回到了深圳。然而樊迪如今被户口问题严重困扰。樊迪的经济状况很一般，生活并不富裕，她的恩师、国家体操总教练黄玉斌还时常资助她。

**邹春兰**

项目：举重

成绩：全国举重冠军

经历：从 1987 年进入吉林省第一体工队，到 1993 年退役，邹春兰共获得九块金牌，还曾拿过全国举重冠军，打破过全国纪录和世界纪录。在 1993 年退役后，邹春兰在经济上陷入困境，开过洗衣店，最后在一家浴池靠搓澡谋生，每月收入不足 500 元，这样一个头顶冠军光环的人，悲惨的人生经历让人感慨。2006 年媒体将她的生活情况曝光后，在社会各界帮助下，邹春兰开起了一家干洗店，生活才开始好转。

**黄燕兰**

项目：举重

成绩：全国少年女子举重冠军

经历：1998 年，黄燕兰首次获得全国少年女子举重冠军，之后她又连续四届卫冕成功。然而在 2001 年备战第九届全运会时，黄燕兰在训练中不幸受伤，第六块和第七块腰椎滑臼，后被鉴定为九级伤残。缺席了九运会，黄燕兰又坚持带伤训练了四年，但一直没有起色。2005 年，23 岁的黄燕兰拿着队里发给她的四万元退役金，是举重队第一批买断工龄自谋出路的退役运动员之一。黄燕兰在受伤后，除了领到一本九级伤残证，得到 4 000 元补偿金，就再也没有享受过任何医疗方面的保障了。退役后的黄燕兰和同是举重运动员出生的丈夫莫君成开始了艰辛的自主创业，目前在广西南宁市开了一家“举重夫妻的烧卤店”，维持着一家人的生活。店门两旁是一副励志对联：“曾经举起运动的尊严，现在举起生活的重担。”

**赵永华**

项目：滑雪

成绩：获四次全国滑雪冠军

经历:赵永华很早就在滑雪项目上崭露头角。1997 年,当她第一次参加全国高山滑雪锦标赛时,就已经获得了四枚金牌,后来她不幸被检查出患有重度糖尿病。即便这样,她依然带病坚持训练,并在 1998 年又拿了一块全国锦标赛的金牌,随后便因病情加重告别了运动员生涯。退役后为了治病,赵永华花光了家里的积蓄,并欠下了 10 多万元的债务。祸不单行,此后爸爸又患脑血栓、妈妈没有工作、哥哥也丧失劳动能力,全家五口挤在 40 平方米的房屋内,一家人仅仅靠父亲 400 百元的退休金以及赵永华本人申请的 200 多元低保还有其他的微薄收入勉强维持生活。最终,无奈的赵永华在中国红十字会的帮助下,忍痛卖掉了自己曾经获得的金牌,换取了三万多元的救命钱。

**才力**

项目:举重

成绩:亚运会举重冠军

经历:1985 年 9 月在全国首届青运会举重比赛中,获得 110 公斤以上级冠军;1990 年第十一届亚运会上,才力摘取了亚运金牌,打破亚洲纪录。才力一生共获得 40 多次全国冠军,20 多次亚洲冠军,是当时名副其实的亚洲第一力士。在 1997 年的八运会预赛上,因为他旧疾复发而被迫退役。2003 年 5 月 31 日,由于多年受困于贫穷和不良的生活习惯,过于肥胖的才力因患“呼吸睡眠暂停综合征致肺内感染呼吸衰竭”病逝,享年 33 岁。在生前最后四年,他的工作是辽宁省体院的门卫,在他去世的当天,家里只有 300 元钱。

**艾冬梅**

项目:田径

成绩:国际马拉松冠军

经历:14 岁进入火车头体工队,跟随名帅王德显训练田径。在 8 年的运动员生涯中,艾冬梅先后夺得包括北京国际马拉松、大连国际马拉松和日本千叶公路接力赛冠军在内的 19 枚奖牌。2007 年 4 月,因训练导致双脚残疾。以摆地摊为生的艾冬梅在网上开设博客,公开表示愿将自己所有的奖牌出售,后在通州某商城开起了服装店。

**刘菲**

项目:技巧

成绩:世锦赛冠军

经历:1998 年,刘菲获得在俄罗斯明斯克举行的世界技巧锦标赛女子三人项目冠军。此前获得世界锦标赛第三名、世界青年锦标赛第四名及七项全国冠军。2000 年她退役后,始终无法找到正式工作。由于长年坚持刻苦训练,以致伤病缠身,刘菲只能居住在狭小的房间里,而她的父亲则要搭折叠床住在小走廊里,窘迫的生活令人心碎。刘菲一再后悔自己走上了体育之路:"鲜花、掌声、鲜艳的红旗已经离我远去。站在世界冠军领奖台上的时候,我怎么也没有想到,当我退役的那天,就是我艰难生活的开始。我没有房子住,没有工作干,没有基本的生活费,甚至连户口都不知道该放到哪。"连拥有洗衣机和电冰箱等基本家庭电器,对于刘菲而言,都是一个可望而不可即的梦想。

**陈又香**

项目:赛艇

成绩:亚洲冠军

经历:1999 年 7 月份,湖北省体委批准了陈又香的退役报告,此后的七年时间里,她跑遍了武汉三镇,也未找到过一份比较固定的工作,只能干些家政服务之类的零散活儿来挣钱。更糟的是,她八岁的儿子从一出生,就患有数种先天性疾病,全家每月仅靠丈夫打工挣得的 800 元来生活,还要给儿子治病。

**徐翠娟**

项目:自行车

成绩:全国山地自行车冠军

经历:徐翠娟曾是全国自行车界的一颗耀眼明星,她六次获得全国山地自行车冠军,并组建了深圳第一批自行车车队。现在,这个曾见证了深圳自行车运动从无到有的全国冠军,成了深圳观澜湖高尔夫球场的打工者,每月工资除去房租,剩下的只能勉强维持生活。

**戴国宏**

项目:游泳

成绩:世界游泳锦标赛冠军

经历:戴国宏10岁进入辽宁省体院,14岁进入国家游泳队。1993年,戴国宏在西班牙世锦赛上打破五项游泳世界纪录,被大家公认为“中国泳坛杀向亚特兰大奥运会最厉害的武器”。由于1996年奥运选拔赛前,戴国宏突然扁桃体发炎无法参赛,痛失奥运参赛资格。心灰意冷的戴国宏决定退役,但随后竞聘教练失败,无奈之下她开始自谋出路,做过服装生意,后来在家附近的菜市场摆起了地摊以卖菜为生。其实以戴国宏世界冠军的身份,辽宁省体院是应该负责她的工作的,经过数年的努力,戴国宏被安排在学院的游泳队负责登记的“打杂”工作,而且是临时工,每月只有数百元的收入。

**李颖**

项目:中长跑

成绩:曾担任“马家军”队长

经历:李颖曾经担任“马家军”队长。1998年4月27日,李颖的尸体在沈阳棋盘山水库被工作人员发现,此时距李颖失踪已经一个星期。据传,李颖是因为爱情受挫、工作不如意而选择自杀,李颖之死是“马家军”悲剧里最浓重的一笔,她的死留给亲人无尽的伤痛,也给旁人留下了无尽的感叹。

**陈玉梅**

项目:中长跑

成绩:世青赛亚军

经历:她是当年叱咤风云的“马家军”成员之一,她个人的最好成绩是1992年在首尔获得第三届世青赛800米亚军。后来她的工作就是在鞍山齐大山铁矿负责计数(在山顶上记录车子运走的矿石数量)。一般情况下,陈玉梅要站在外面工作一个多小时以后,才能和另外一个女工友换一下,进铁皮屋休息半个小时左右再出来工作。面对记者的采访,陈玉梅说:“要在这地方生存,必须命贱!”

**平亚丽**

项目：跳远

成绩：残奥会冠军

经历：平亚丽在1984年的残奥会上获得跳远冠军，帮助中国体育代表团实现了残奥金牌零的突破。平亚丽有着先天性白内障，且命运多舛，先后经历过下岗、离异和贫困等打击。最落魄时，平亚丽每个月只能靠领取285元的救济金来生活。不过平亚丽并不甘心于此，自主创业开起了按摩院，这也令她的生活有了明显改观。

**温俊武**

项目：足球

经历：他曾经被誉为"彭伟国接班人"，19岁时进入广州太阳神一队，1997年成为主力，全年出场16次，其中13场为首发。但1999年的一场赌球风波之后，温俊武被调整到二队，年轻气盛的温俊武接受不了这个现实，一气之下走向社会，其后进入广州酒家踢过一段时间的业余比赛，但很快就从广州足球界消失。2007年，温俊武因欠下巨额赌资，最终伙同谢炜成等人走上杀人这条不归路。2008年11月27日，温俊武被判死刑，缓期2年执行。

## 四、中国优秀运动员职业生涯规划与管理对其人力资本贬值的补偿——以郭晶晶为例

相对封闭的体育专业人才培养模式，一方面为中国竞技体育的辉煌奠定了基础，另一方面也使运动员成为一个特殊群体。他们学习能力强，但大多文化素质不高，对社会了解不够，退役之后在融入社会和再次就业上普遍存在困难。运动员职业不是终身职业，运动员人力资本投资的高风险使得其未来收益充满不确定性。因此，科学而有效的运动员职业生涯规划与管理对于运动员的一生十分重要，是运动员实现职业理想和职业目标的关键环节。中国优秀运动员的职业生涯非常短暂，运动员在成长过程中始终面临着较高的淘汰率，如果不及早做好职业生涯规划，脱离运动队后很容易被社会淘汰，其人力资本面临着较高的贬值风险。中国优秀运动员职业生涯规划与管理工作的明显缺失或不足，造成许多退役

的优秀运动员在选择参与市场竞争中，往往因为缺乏预先的职业规划、相关职业素质和能力不高等原因而无法顺利过渡到后运动员职业生涯阶段，造成中国优秀运动员人力资本的闲置或浪费，引发运动员人力资本贬值。

面对运动员人力资本贬值的风险，运动员在职业生涯期间要珍惜各种学习和发展的机会，充分发挥主观能动性，树立和增强职业生涯规划意识，积极进行职业生涯规划设计。郭晶晶是中国专业运动队体制下成长起来的优秀跳水运动员，她的运动员职业经历、职业生涯发展和规划都很好地抵御了其人力资本可能发生贬值的风险，是值得许多运动员学习的榜样。本书引入郭晶晶的职业生涯发展案例来诠释职业生涯规划与管理对于应对优秀运动员人力资本贬值的重要作用。

**案例二：从"跳水皇后"郭晶晶的成功看职业生涯规划与管理**

郭晶晶，原中国女子跳水队运动员，1981 年出生于河北保定，1988 年 7 岁的郭晶晶在河北保定训练基地开始了自己的跳水生涯，1992 年进入河北省跳水队，1993 年郭晶晶入选国家跳水队，师从中国跳水界著名教练员于芬，2011 年 1 月退役。作为曾经的中国"跳水皇后"，郭晶晶 14 岁时获得第一个世界冠军，自 2003 年起，郭晶晶几乎包揽了所有国际跳水大赛三米跳板单人和双人冠军。郭晶晶在雅典奥运会上获得两块金牌后，标志着中国女子跳水进入"郭晶晶时代"，成为继伏明霞之后中国女子跳水新的领军人物。郭晶晶职业生涯一共拥有 4 枚奥运金牌、31 项世界冠军头衔。郭晶晶在她 20 多年的跳水生涯中留下无数神奇的纪录，不仅创造了奥运会 4 金 2 银的骄人成绩，更重要的是，她在世界跳水运动项目中具有垄断性优势。截至北京奥运会，郭晶晶还创造了三项纪录：一个是参加奥运会次数最多的女选手，另一个是年龄最大的女子冠军，还有一个是年龄最大的单人项目金牌得主。以下是郭晶晶职业生涯期间获得的世界大赛成绩及主要社会荣誉情况。

郭晶晶历年世界大赛成绩：

1995 年：世界杯女子十米台双人冠军、三米板双人冠军

1996 年：亚特兰大奥运会女子十米台第五名

1998 年：世锦赛女子三米板亚军

1999 年：世界杯女子三米板双人冠军、单人第三名

2000 年：世界杯女子三米板单人冠军、双人亚军

2000 年：悉尼奥运会女子三米板单人亚军、双人亚军

2001 年：世锦赛女子三米板单人冠军、双人冠军

2002 年：世界杯女子一米板冠军、三米板单人冠军、双人亚军

2003 年：世锦赛女子三米板单人冠军、双人冠军

2004 年：世界杯女子双人三米板冠军，单人亚军

2004 年：雅典奥运会女子三米板单人冠军、双人冠军

2005 年：世锦赛女子三米板单人冠军、双人冠军

2006 年：世界杯女子一米板单人冠军，三米板单人第三名、双人冠军

2007 年：世锦赛女子三米板单人冠军、双人冠军

2008 年：北京奥运会女子三米板单人冠军、双人冠军

2008 年：世界杯女子三米板单人亚军、双人冠军

2009 年：世锦赛女子三米板单人冠军、双人冠军

郭晶晶运动员职业生涯规划、管理与发展历程：

2009 年 4 月，中国教育报资深记者李薇薇特别邀请向阳生涯首席职业规划师洪向阳，就“跳水皇后”郭晶晶所经历的成功与失败、挫折与挑战，从职业规划的专业角度进行剖析，希望给中国运动员以启迪和感悟。

在经历近半年的休整之后，28 岁的郭晶晶又回到了国家跳水队并投入训练，开始备战 2008 年北京奥运会，为再次续写跳水世界的新传奇做着准备。谁也不会忘记，在 2008 年北京奥运会上，继 2004 年雅典奥运会之后，郭晶晶再次成功夺取奥运会三米板单人、双人冠军。是什么让郭晶晶承受着长年伤痛的困扰，却依然在各大比赛中取得如此辉煌的骄人战绩？她成功的背后又有什么鲜为人知的经历和特质？

郭晶晶曾是中国跳水“梦之队”的领军人物，曾多次获得世界冠军。然而，辉煌的背后是她一步步走过的荆棘之路。

7 岁开始练跳水，15 岁首次参加奥运会，连续经历了两届奥运会的失败，骨折、改变技术、视网膜脱落，直到2004年雅典奥运会，郭晶晶才最终修成正果，后又蝉联北京奥运会冠军，诠释了自己完美的跳水人生。

到底是什么一路支撑着她走下去呢？用郭晶晶的话来说："因为喜欢，才会投入，才愿意付出。"为了实现自己心中的冠军梦想，她承受了常人无法忍受的痛苦，顶受住了巨大的压力，朝着锁定的目标，一路走来不放弃。

寻找郭晶晶走向成功的动力源泉，可以看到，对跳水的热爱支持着她战胜种种艰辛、勇往直前，而清晰的职业定位加上对职业生涯的良好规划则支撑着她义无反顾地为目标而不懈努力。因为热爱跳水，所以她始终对跳水运动情有独钟；因为将跳水运动员当成自己现阶段的最佳定位，所以她20年如一日地为之努力和付出；因为心里锁定了成为奥运冠军的奋斗目标，所以她不懈努力，克服一切困难。

然而，纵观郭晶晶的成长历程，不难看出这是一个找准定位、锁定目标和不断修正的过程。"跳水皇后"郭晶晶是怎样为自己作出职业定位和职业规划的呢？这对于职场人士的生涯发展与成功有着怎样的借鉴意义？

## 一、认清自我，找准定位

只有找准了职业定位，才能充分激发出一个人的兴趣与潜质，给予我们走向职业成功的动力和直面职业挫败的信心和勇气，以及持之以恒的毅力与决心。

"你相信吗？我小时候其实很怕水。那时我本来想学游泳，但因为怕水而放弃。当时我就决定要挑战一下自己的胆量。既然要挑战就得选个难度更高的，我就去学了跳水。"就是因为这个"想要挑战高难度"的初衷，郭晶晶与跳水结下了不解之缘，一练就是20年。在这期间，因为训练太苦，郭晶晶也曾想过要放弃，但始终放不下对跳水的热爱，所以还是一路坚持了下来。对于运动员这个特殊的职业，郭晶晶有着自己的理解："当选择做一名运动员时，就必须接受很多东西，包括牺牲一部分可自由支配的时间或是忍受训练中出现的疾病和伤痛。在运动队里必须服从安排，虽然这在外人听起来有些残酷，但我觉得这是为了取得好成绩所要付

出的。”

郭晶晶具备跳水运动员的先天素质，又有国家队软硬件的优势，在这片成长的沃土，对于她来说，只要发挥得好，出成绩是迟早的事。回顾她的成长史，不难看出郭晶晶较早时就对自己有了一个清晰的认知，她了解自己的性格、气质、能力、兴趣和特长，并且给了自己恰当的定位。知道自己适合跳水，并渐渐发现自己特别喜欢跳水，于是“跳水运动员”这一职业定位开始在郭晶晶的脑海中日益明晰起来。正因为有了这个明确的发展方向，在长时间的训练中，郭晶晶非常投入并享受这个过程，即使遇到不如意或挫败时也能坚持下去，并快速调整心态。

然而，并不是所有人都能对自身的职业生涯进行准确定位，职场上能像郭晶晶这样专注跳水“一元化”发展的人并不多。大部分人对于自己的职业定位还很模糊，看到别人学 MBA 他也学 MBA，人家考研他也凑热闹，丝毫不考虑自己的发展需求盲目跟风，不但耗费了大量精力，更浪费了宝贵的时间。

在今天的职场上，很多人职场发展不顺利不是因为能力不够，而是没有找到适合自己的发展平台。他们并没有认真地思考过“我是谁”“我适合做什么”，也因为不清楚自己究竟要什么，对未来 3 年至 5 年的发展毫无规划。

可以说，准确的职业定位是职业生涯规划的基础和关键，它直接影响到职业生涯的成功。只有找准了职业定位，才能充分激发出一个人的兴趣与潜质，给予我们走向职业成功的动力和直面职业挫败的信心与勇气，以及持之以恒的毅力与决心。

## 二、锁定目标，不懈努力

锁定目标，不懈努力，不仅能够让自己的职业生涯向着更好的方向发展，同时也是使自己直面挫折获得更大成功的有效方法。

“2008 年北京奥运会，我期待自己可以拿出一个不错的成绩。我要做的就是在跳台上专心跳好我的每一个动作。”从 1996 年的亚特兰大到 2008 年的北京，郭晶晶已经参加了 4 届奥运会，在她心中，“超越自己、为国争光”的目标始终没有动摇过。是的，郭晶晶在北京奥运会上交出了一份令所有中国人满意的答卷——在决赛中以总成绩415.35的高分，夺得了女子三米板的冠军。夺冠后，郭晶晶将自己的奥运奖牌数升格为4金2银，成为中国女子跳水界的骄傲。锁定目标，不懈努力，不仅能够让自己的职业生涯向着更好的方向发展，同时也是使自己直面挫折获得更大成功的有效方法。

当今社会，职场人士要想获得成功，需要在准确定位的基础上，制订出不同阶段所要达成的目标，为自己的职业生涯作出长远的规划。

其实，进行职业规划的目的绝不仅是帮助个人找到一份最合适的工作，更重要的是帮助我们真正了解自己，设定自己不同阶段的职业目标，提前筹划自己的未来，拟定一生的职业发展方向。“跳水皇后”郭晶晶的成功，也恰恰说明了这一点。她正是依照对自身兴趣、爱好的了解，并在教练的帮助下，找准了从事跳水运动员这个职业角色，并通过20多年持之以恒的努力，最终到达了自己职业生涯中的巅峰。

### 三、不断修正，规划长远

职业规划是一个不断探索的过程，你可以将自己做得好的地方继续发扬，对需要完善的方面进行改进，同时对实施过程中需要调整的方面进行适当的修改。

北京奥运会后，郭晶晶的去留问题便一直吸引着各方的关注，这位“垄断”女子跳台多年的选手曾经在北京奥运会前流露过退役想法，而正当人们以为她将在“水立方”完成自己的最后一跳时，郭晶晶表示：“今天我发现自己是那么热爱跳水，所以我想继续跳下去。”年初，郭晶晶已经公布了自己2009年的比赛计划：“我回到国家队恢复训练已经一个多月了，如果情况一切正常，7月在罗马举行的世界游泳锦标赛和10月在济南举行的第十一届全运会，将是今年的两大重要赛事。”有媒体问：“你是在利用半年的休整期为自己以后的路到底怎么走找答案吗?”郭晶晶回答说，其实在这段休息时间里，她都在考虑如何规划自己以后的职业生涯。最后的答案是，她要回来，继续跳水！

北京奥运会后，郭晶晶曾经表示想去学法律，并且希望自己跳满了20年可以退役，以便好好享受人生，不过还是想做跟跳水有关系的工作。

但没多久，郭晶晶已经改变了当初的想法，重新回到国家跳水队训练，为自己新的赛程开始备战。如今的郭晶晶已成为了商家的宠儿，是众多知名品牌公司的代言人，但她却初衷不改，依然选择了自己最爱的跳水事业。

很多人一开始对职业规划多少都会有所误解，甚至认为“规划不如变化”，认为职业规划不切实际。其实，职业规划是一个不断探索的过程，是对自己能力、需要和价值观更深入的认识过程。职业生涯行动计划表实施了一个阶段后，需要适时地进行评估和调整，职业生涯目标计划也要进行一系列的调整。在这个阶段，你可以将自己做得好的地方继续发扬，需要完善的方面进行改进，同时对实施过程中需要调整的方面进行适当的修改。

对于运动员这种特殊职业而言，经历了夺冠的辉煌时刻之后难免需要重新定位，不管从事的是哪一项体育项目，谁都有面临今后职业生涯重新规划和转型的时候。郭晶晶是运动员的职业生涯成功典范，但不论是郭晶晶还是其他运动员，都应提前打算，抓住机会，为未来的职业生涯早做准备。

郭晶晶职业生涯中获得的主要社会荣誉：

2002 年：获 2001 年中国十佳运动员奖

2003 年：获 2002 年中国十佳运动员奖

2004 年：获 2003 年中国十佳劳伦斯冠军奖

2004 年：获感动中国的体坛“真心英雄”

2005 年：获 2004 年中国十佳劳伦斯冠军奖

2007 年：获 2006 年中国十佳劳伦斯冠军奖最佳女运动员奖

2007 年：获国际泳联名人堂颁发的德拉夫利克斯国际跳水奖

**简要评述**：郭晶晶的职业生涯发展经历向我们清晰地展示了职业生涯规划与管理对于运动员职业健康发展的重要性。中国相对封闭的运动员成长环境、因训练和比赛导致的伤病、文化教育的缺失、专业化过早，以及职业生涯规划缺失等因素造成了中国大批运动员综合素质不高，在社会竞争中处于劣势，优秀运动员人力资本贬值风险较高。中国优秀运动员退役后其人力资本发生的普遍性贬值,往往导致中国大量的优秀退役运动员失业,造成中国体育专业人才资源的极大浪费。在中国运动员成长过程中,积极开展运动员职业生涯规划与管理,可以帮助运动员了解运动员的职业发展特点,较为清晰地认识自己职业的特性、社会环境、就业形势与政策法规,掌握基本的劳动力市场信息以及创业的基本知识。此外,开展运动员职业生涯规划与管理,可以使他们明确运动员职业生涯与未来职业发展的关系,激发其职业兴趣和职业认同感。同时可以帮助他们树立起职业生涯发展的自主意识,把个人发展和国家需要、社会发展相结合,使运动员退役后进一步明确新的职业生涯发展方向,有效地实现职业生涯的顺利转换。

由此可见,开展运动员职业生涯规划与管理,可以有效防范和降低运动员人力资本贬值的风险,消除因运动员人力资本价值存量的单一性和不稳定性带来的就业劣势。正如奥运冠军王军霞所说:“奥运冠军不等于铁饭碗,当运动员时与社会脱节太厉害,退役后就应该学习、学习、再学习,并保持良好的心态,才能从赛场转战到社会大职场。只有通过不断的学习,保持良好的心态,去积极应对社会发展的需求,那么在社会中也能发挥赛场上的精神,搏击出属于自己的一片天空。”

## 第五节　应对中国优秀运动员人力资本贬值的投资补偿策略

中国优秀运动员人力资本存量贬损的投资补偿是一项庞大的系统工程,不仅需要运动员自身积极地应对,而且需要国家、社会、企事业用人单位等多个主体采取多方面措施共同应对。根据应对人力资本贬值补偿的一般性机制,本书认为中国优秀运动员人力资本存量贬损的投资补偿机制包括内在的运动员自我补偿机制和国家、社会、企事业用人单位等多个主体共同予以应对的外在补偿机制。应对中国优秀运动员人力资本所发生的贬值,各投资主体采取的补偿策略主要有防范型投资和补偿型投资两种,二者分别或共同成为应对人力资本贬值的主要策略。总体上讲,中

国优秀运动员人力资本投资的主体基本可分为国家、社会和个人三大类。其中国家投资主体包括各级政府体育行政部门、政府行政部门下属的行业体育协会、相关事业单位、相关国有企业、解放军等相关部门;社会投资主体主要指进行运动员培养投资的各类社会团体、私有性质的企业、职业体育俱乐部,以及各种私立运动学校等;个人投资主体指运动员的家庭和运动员自身。上述这些投资主体在中国运动员人力资本形成的各个阶段和层次发挥着重要作用,共同促成了中国优秀运动员人力资本的形成。针对中国优秀运动员人力资本投资及形成的特殊性以及运动员人力资本贬值的普遍存在,本节将从国家政府管理部门、社会团体组织和优秀运动员自身三个层面来分析应对中国优秀运动员人力资本贬值的投资补偿策略。

## 一、国家及政府管理部门应对中国优秀运动员人力资本贬值策略

在中国专业运动员“三级训练网”培养体制下,国家在培养运动员方面投入了大量的财力、物力和人力,投资数额巨大,投资面广,在投资主体中占据主导地位,是其他任何投资主体所不能替代的。因此,国家及政府管理部门仍然是应对运动员人力资本贬值的主导力量,在应对中国优秀运动员人力资本贬值过程中具有宏观性、全局性和高效性,能调动各方力量来共同应对。国家及政府管理部门应从以下几个方面采取强有力的措施,以应对中国优秀运动员人力资本所发生的贬值问题。

### (一)改进和完善运动员培养模式,切实加强运动员文化知识教育,着力提升运动员人力资本综合价值

1. 加强和改进“体教结合”的运动员培养模式,走院校化发展之路

中国现行的竞技体育举国体制具有自身的优势,优秀运动员培养机制和体系在短期内不会有彻底的改变,只能是逐步改进和完善。“体教结合”是中国竞技体育发展和教育改革进程中必然触及的课题,是现阶段根据中国体育与教育行政机构分置的国情而构建的关于中国高水平竞技体育人才培养的新理念。“体教结合”的最终目的是实现体育和教育部门

优势互补、资源共享、成果共用，实现双赢的战略性措施。① 文化教育不足、过早专业化是引发中国优秀运动员人力资本贬值的重要原因，并造成了优秀运动员退役后的就业困境。要从根本上解决这个问题，政府妥善安置的利好政策是一个方面，而最关键的还是要解决运动员培养过程中的文化教育问题。中国竞技体育倡导“从小抓起”“从娃娃抓起”的育才机制，要努力改变以往只关心运动成绩的单向发展观，树立以人的全面发展为核心，以提高教育质量为重点的运动员培养价值观，从根本上改善运动员高学历、低能力的现象。各级体育、教育行政部门要综合分析举国体制和市场机制的优势，借鉴国外的好经验、好做法，深入研究探索符合中国国情、适应社会经济发展和建设体育强国要求的体育人才培养模式。要以运动员全面发展为前提，以政府为主导，社会参与，体教结合，整合资源，统筹规划，改革创新，积极进行探索实践，努力构建符合体育人才成长规律和教育规律、充满活力和可持续发展的竞技体育人才培养体系。

如果不从培养运动员的源头上抓文化教育，不提高运动员的综合素质，即使用职业培训解决了一批退役运动员的就业问题，也不过是解决燃眉之急，治标不治本，而且还会有新的一批运动员等着同样的办法来解决，形成恶性循环。另外，从培养运动员的途径看，国外专业运动员少，业余运动员多，中国刚好相反，专业运动员多，业余运动员少，运动员退役后就业渠道过于狭窄。因此，要不断突破体制障碍，逐步建立由现有的“三级训练网”、二级专业队建制向基础教育和高等教育系统扩展的运动员培养模式。要以科学发展观来改革现有的运动员教育和管理体制，切实加强运动员培养的“体教结合”，运动员培养逐步走院校化发展之路，不断提高运动员文化及综合素质，改变运动员“脑体不平衡”的局面，使退役运动员不再是中国的弱势群体。针对运动员文化教育问题，在本书所调查的中国优秀运动员认为运动员退役后最需要在文化素质、职业技能两个方面进行加强和提升，运动员也希望政府能够提供更多的就业岗位，并

① 于晓光：《加强“体教结合”改进和完善竞技体育举国体制》，《2009 年全国体育发展战略研讨会论文集》，北京体育大学出版社，2010 年，第 445－446 页。

能进一步提高货币安置力度和安置经费的资助标准。具体的调查情况如表6-3所示。

表6-3　中国优秀运动员退役后急需提升和加强之处情况调查

| 需提升和加强之处 | 选择频数 | 百分比/% |
| --- | --- | --- |
| 提升文化素质 | 248 | 66.7 |
| 职业技能培训 | 224 | 60.2 |
| 政府提供就业岗位 | 170 | 45.7 |
| 提高货币安置力度 | 140 | 37.6 |
| 其他方面 | 2 | 0.5 |

注:样本数为372。

### 2. 为各级运动队配备职业生涯发展顾问和心理咨询师,指导优秀运动员职业生涯健康发展

职业生涯规划专家、清华大学樊富珉教授表示,不能说中国体育界对于退役运动员缺乏关怀,但是以往的做法大都是“授之以鱼”,难以解决根本问题。一些运动员拿到补偿金后,不会合理支配,缺乏创业能力,钱花完了便再次陷入困境。要真正预防运动员人力资本贬值,关键在于“授之以渔”,就是国家为各级运动队专门配备职业生涯发展顾问,在运动员成长过程中,不仅仅是让运动员具备较高的专项竞技能力,而且要引导运动员及时做出合理的职业生涯规划,尽早学会如何面对社会、选择职业。职业生涯发展顾问可以帮助运动员了解社会职业变化的方向,激励他们对职业技能的追求,促使他们更快的成长,使他们增添接受社会挑战的勇气,根据自身能力、发展潜力和兴趣,更好地规划和实现退役后职业生涯发展的目标,选择退役后适合自身发展的工作,从而有效预防运动员退役后人力资本的贬值。

近些年来,越来越多的运动心理咨询师被邀请为备战大型比赛的运动队提供运动心理咨询服务。运动心理咨询师对于一个团队的成功是不可或缺的,为运动队配备心理咨询师,进行必要的日常心理训练,以帮助运动员解决心理问题是必要的,有助于延长优秀运动员的运动年限,这就

减少了优秀运动员人力资本的浪费。运动心理咨询师的任务就是为运动员、教练员在运动训练和竞赛方面提出心理学方面的指导意见,帮助他们解决心理疑难问题,改善人际关系,最大限度地发挥运动员的运动潜力,并形成良好的体育道德。张忠秋博士在第一届全国运动心理咨询师培训班教学时进一步指出:同一般心理咨询相比,运动心理咨询更注重对咨询对象潜力的挖掘,促使运动员由“正常人”向“超长人”转化。①

### (二)建立“训、学、医、科、管”五位一体的运动队训练竞赛管理机制,促进运动员的全面健康发展

广东省体育局提出了“训科医一体化”的运动队管理模式,后来又提出了“训练是主导、科研是先导、医务是督导”的口号。在备战2008年奥运会暨2005年冬训大会上,国家体育总局领导提出构建复合型国家队训练团队的构想,要求中心管理者、主总教练、科研人员、医生组成一个知识更为系统、形成合理的实现“国家最高水平”的训练和管理体系。随后,总局领导多次强调要高度重视运动员医疗服务和保障工作,建立训练、科技、医疗“三位一体”的科技服务和保障体系,健全、落实各项工作制度,做好运动员伤病的预防和治疗工作,促进科学训练水平的提高。“训科医一体化”的模式在广东省和江苏省取得了良好的成效,开始被广泛认可并推广。在此基础上,本书提出建立“训练、学习、医疗、科研、管理”五位一体的运动队训练竞赛管理模式,进一步加强运动队管理和运动训练的科学性,促进中国优秀运动员的全面发展。

科技是提高运动技术水平的关键,对竞技体育的发展具有先导作用。为此,要加大对体育科技的投入,提高体育科研水平,加大科技在测试选材、运动训练、营养恢复等方面的指导和支持力度,构建科学训练监控服务体系,努力提高科技对运动技术水平的贡献率。② 运动员学习要有保障,保证运动员接受和在校青少年同等的文化教育,支持传统项目体育学

① 李欣:《运动心理咨询师工作绩效评价研究》,华中师范大学硕士学位论文,2009年。
② 刘江南:《四轮齐驱——竞技体育由大做强的创新模式》,《2009年全国体育发展战略研讨会论文集》,北京体育大学出版社,2010年,第291-292页。

校的发展，将“教体结合”向“教体融合”方向发展，引导竞技体育走“院校化”发展之路。加强对运动员生理生化指标的机能检测，尽最大可能避免运动训练和比赛当中的运动性伤病，减少运动员人力资本因伤病发生贬值的风险因素。加强专业防护与医疗能力，完善运动医学专科医师资格的审定工作，建立由运动医学专业系统、人才培训系统、后勤保障系统构成运动队医疗服务体系。倡导科研人员走出实验室到运动队去为训练实践提供科技服务，使科研和训练有机的结合在一起。

美国高水平运动队在体制、机制和人员配备上十分重视发挥系统的作用。其基本模式是由主教练根据运动队实际需求，采取市场化运作的方式，聘请由助理教练、体能教练、医务、营养和信息等各方面人员组成科学训练团队。俄罗斯也十分重视科技、医疗保障工作，体育科研、医疗和运动队的结合非常紧密，基本上每个奥运会项目都有一个工作小组，小组成员包括训练学专家、生理生化专家、心理专家、技术分析专家和运动医学专家，不同学科相互交叉、相互渗透，形成了多学科、多层次、集约化的攻关服务。中国可以借鉴国外的训练管理模式，建立“以人为本”的运动员全面发展机制，切实解决运动员成长中的学训矛盾，保障运动员应有的文化教育，加强在役运动员职业发展规划，为各级运动队配备职业生涯发展顾问和心理咨询师，组建科学训练团队，负责优秀运动员的全面健康发展，努力构建运动队“训、学、医、科、管”五位一体的训练竞赛管理机制。

### （三）健全运动员退役保障与就业机制，加强退役运动员职业转换技能培训，避免竞技体育人力资源的极大浪费

随着中国体育改革的不断深化和全社会保障体系的不断完善，建立优秀运动员的社会保障体系已成为当前体育改革的重中之重。完善的社会保障体系，不仅能够促进体育人才资源的合理流动和优化配置，保障优秀运动员的合法权益，充分调动优秀运动员的竞赛和训练的积极性，同时，也是社会主义市场经济发展和体育社会化进程的必然要求。① 2007

① 聂振亭，王玲玲：《探析我国优秀运动员退役安置问题》，《山西师大体育学院学报》，2008 年第 3 期。

年，国家体育总局实行《运动员聘用暂行办法》，该办法明确规定“优秀运动员实行职业转换过渡期制度”，这是在中国的运动员管理制度中首次提出实行运动员职业转换过渡期制度。该制度的提出，对于中国退役运动员就业安置及其后职业生涯发展来说具有深远的意义。如何在实践中不断完善这个制度，是当前中国运动员保障工作面临的新课题之一。

1．建立运动员保障信息和服务指导系统，健全运动员退役保障制度

建立健全优秀运动员档案，包括运动技术档案、健康体检档案、社会保险基础档案和文化学习学籍档案等，并成立专门的服务部门，对运动员的各种档案进行有效的管理。政府部门应建立基于互联网的退役运动员信息服务系统，建立运动员择业网站，信息服务中心及时对各种就业信息进行搜集和整合，为退役运动员提供各种就业信息，同时对运动员的就业给予指导。各级体育管理部门需要拓宽就业信息渠道，尝试设立“退役运动员就业指导服务部”，指导退役运动员就业和职业转型。另外，建议运动员退役之后能否像军队转业干部一样建立相应的就业安置制度。如根据运动员取得的成绩或服役年限，在运动员退役时根据政策给予相应数额的退役安置费或者提供工作岗位。

当前中国优秀运动员文化教育缺失和退役再就业困难等仍是当前运动员保障政策难以有效解决的突出问题，运动员保障制度面临不少的挑战，优秀运动员保障政策在实践中碰到了许多新情况、新问题。中国运动员社会保障存在的主要问题是运动员过分依赖行政保障，保险意识不强，运动员工资福利待遇不够理想，退役经济补偿金标准过低，伤残运动员保障不到位，进入高校深造门槛过高等。针对出现的新问题，要进一步建立健全涉及优秀运动员工资福利、人员管理、伤残抚恤、医疗照顾、文化教育、退役安置等为主要内容的政策保障体系。将运动员保障尽快纳入整个社会保障体系之中，以人为本切实做好运动员的退役安置保障，建立与使用好社会公益基金，加快出台相关的政策法规，强化运动员保险，增强伤残运动员社会保障。要着力解决运动员最关心、最直接和最现实的利益问题，使运动员的社会保障工作进入法制化、规范化和社会化的轨道。

2. 拓展运动员多元化职业技能培训,加强运动员职业指导服务

通过职业技能培训,可以增强运动员的就业竞争能力。政府管理部门在退役运动员职业转换过渡期内,要从退役运动员文化基础和择业意向的实际出发,开设各种社会实用技能的培训,以增强其在人才市场上竞争能力。近些年,国家体育总局和各省市体育局每年都针对退役运动员开展了多种形式的就业技能培训班,但由于培训时间短、覆盖面小、规模有限,加上运动员基础薄弱,培训效果并不理想,对于解决运动员就业困难问题帮助不大。面对新的就业形势,各级人力资源社会保障行政部门与体育行政部门要不断完善运动员职业转换扶持体系,进一步拓宽技能培训的视角和途径。要结合运动员的特长,大力开展针对性强、切合实际需求的职业辅导工作,努力拓展运动员职业发展空间,增强他们在人才市场上竞争择业的资本和能力。通过职业技能培训,让退役运动员全面、多方向、多领域地增强再就业技能,为退役运动员掌握新技能、拓宽新视野、获得新优势提供了机会,力求使退役运动员学有所获,学以致用,顺利实现职业转型。要积极创造条件,引导和支持退役运动员进入高等学校和各类职业学校培训、学习,不断提高综合素质和就业能力,帮助运动员实现职业转换。各级公共就业服务机构要积极为运动员提供职业介绍、职业指导等服务,各类体育职业教育机构要积极为运动员提供就业指导和职业培训服务。建立运动员自主择业经济补偿标准的动态调整机制,各地根据当地经济发展水平、物价指数等因素适时调整经济补偿金标准。

**(四) 加强运动员保险制度建设,建立运动员伤残及退役失业保险救助机制**

运动员社会保险制度是保障运动员权益,解除退役运动员后顾之忧的最基本手段,在新时期,必须结合运动员自身的特点,进一步完善运动员社会保险制度,保证中国竞技后备人才的培养和体育事业的可持续发展。中国现行《体育法》纲领性过强,没有对运动员伤残医疗保险、社保互助进行具体的立法保护。运动员各种保险制度不健全,保险的覆盖面不宽。现在运动员投保的情况是,奥运会和全运会项目的运动员,直至省一级才有投保,而非奥运项目和省级以下的运动员并没有得到很好的保障。同时,中国的保险公司在体育保险费率制定上缺乏基本数据,在保险设计上,还没有专门针对体育项目、运动创伤和伤病开办具体的保险种类。此外,由于运动员受伤频率以及伤残赔付率太高,等级认定又极其烦琐复杂,而国内从事体育保险的机构不多,也没有统一的赔付标准,且商业保险公司都是以营利为目的的,一般不愿意承保运动员的伤病情况。

1. 加强和完善运动员社会保险制度建设

中国运动员社会保险应按照现代市场经济条件下公平和效率兼顾的要求,既有平等保障基本生活的组成部分,又有体现不同运动队、不同运动员之间由社会化程度不同和贡献差别所决定的保险水平差别的组成部分。明确国家、单位、运动员个人三方应承担责任,即为满足一定年限和一定条件的服役运动员,由国家财政负担其社会保险金和养老保险金的缴纳,使其退役后能依靠社会保险机制获取固定的收入。国家体育总局可以协同民政部、国家税务总局,根据公益捐赠事业出台法律政策,对捐赠运动员社会保障资金的企事业法人、自然人和个体工商户,给予享受税收减免政策。此外,国家体育总局可以争取体育扶贫工程专款支持,以确保运动员社保资金的筹措。1994—2006 年,中国体育彩票公益金总额达 513 亿元,其中约有 44% 的比例归财政部。① 如果国家体育总局协同财政部等相关部门出台针对运动员保障的利好政策,就可以把公益金的使用范围扩展到运动员社保资金的支出,切实提高中国运动员保障水平和效果。目前,江苏省在优秀运动员保险方面走在了全国的前列,江苏省体育局已经为优秀运动队的正式在编运动员、试训运动员以及部分集训运动员购买了商业保险,运动员因意外或疾病身故、疾病住院、意外伤害医疗、门诊医疗都可以在中国人寿保险公司得到相应的赔付。

2. 建立运动员伤残、失业等行业保险体系

运动员职业具有较高的风险,由于长期的高强度训练,运动员极易发生身体损伤,甚至可能在运动训练和比赛中发生意外导致伤残或死亡事

① 马敏:《公益金为运动员保障埋单　体彩巨额资金出面解忧》,《中国体育报》,2007 年 12 月 20 日。

件。因此，有必要为优秀运动员建立一个行业保险，并以此作为其工伤保险体系的主体，以妥善解决运动员的医疗、伤残保险问题。首先，完善运动员社会保险、伤残保险制度，改变以往一次性赔付为主的做法，对影响终身的伤残状况要给予终身保障；其次，在原有失业保险的基础上，探索补充失业保险的途径，提高退役运动员再次失业后的生活保障标准。①此外，中国自主可以设立运动员伤残伤病的商业体育保险公司，为运动员的身体健康提供保障。这种形式就如同一份"行业互助保险"，有其可取之处。在这种体系下，当"才力"再次出现，他们能得到的帮助就不仅仅是官方的救助和热心人的捐款，或是媒体的呼吁，而是由专业运作团队展开的系统化的帮扶救助工作。② 总之，要积极创造条件，切实解决好运动员的工伤保险问题，推动运动员保障与整个社会保障体系相衔接，各级人力资源社会保障和体育部门要确保运动员在役期间参加社会保险并享受相应待遇。

## 二、社会应对中国优秀运动员人力资本贬值策略

### （一）提高社会各界对运动员及其职业的认同度和包容度

退役运动员特征的不确定性、相对性、个体差异性决定了社会对其认识的局限性。③ 随着竞技体育的专业化发展，长期困扰中国优秀运动员的"学训"矛盾不但未能得到有效解决，而且日益突出，运动员综合素质与社会需求之间的差距日益拉大，使运动员对运动员职业的自我评价下降。同时，伴随着社会职业类别发展不断多样化、自由职业不断涌现的趋势，运动员职业对比优势不断减弱，社会上也长期存在着对运动员群体"头脑简单，四肢发达""社会再就业中的弱势群体"等负面评价。因此，全社会在为运动员巅峰时期的辉煌欢呼的同时，更要关心运动员带着一身伤病走向社会的失落，人们应改变对运动员的一些过激的或是片面的

① 潘书波：《改革开放前后30年我国运动员职业化培养的研究》，《2009年全国体育发展战略研讨会论文集》，北京体育大学出版社，2010年，第460页。

② 蒋志华：《从法律视角对退役运动员社会保障机制的研究》，《湖北体育科技》，2009年第7期。

③ 陈太彬：《我国退役运动员潜人才资源开发的研究》，《科技信息》，2008年第5期。

看法，提高对运动员职业的社会认同度和包容度。处于中国竞技体育金字塔顶端的优秀运动员，退役后基本上不愁出路。但处于金字塔中下层的运动员，是中国竞技体育的基础力量，不仅需要体育管理部门的关注，更应得到社会各界的支持与关照。

所谓社会支持是指运动员在退役过程中接受来自家庭成员、亲戚、朋友、单位和社会方面的支持和帮助。① 社会支持的重要作用之一在于通过这种方式使运动员的消极心理情绪获得缓解，增强自信心，从而改善退役后的生活质量。另外，从心理学的角度讲，社会支持可以帮助运动员提升自我认同，调整心理情绪，提高处理问题的应激能力。社会支持不仅能帮助运动员解决再就业问题，更重要的是从心理上缓解运动员退役引起的"社会焦虑综合征"，提高运动员退役后的生活质量。② 例如，有退役想法的运动员可能会反映出运动员角色认知、自我评价和生活满意度降低，人际交往减少，同时也可能感到生活焦虑和孤独感增加。在这些情况下，及时的社会支持能改善和调节运动员的心理状态。社会各界应提高对中国运动员，特别是对退役运动员的认同度和包容度，对运动员退役后的就业安置给予理解和支持。政府管理部门、社会团体以及企事业单位要引导退役运动员对自己进行正确的定位，提供更多的就业信息和就业渠道，并指导运动员进行有效的职业决策。就业信息的传递渠道越畅通，工作岗位信息越透明，退役运动员越容易找到工作，其人力资本贬值风险就越小。

### （二）动员全社会力量，为退役运动员提供就业机会和岗位，拓宽退役运动员就业渠道

退役运动员的就业、创业是一项系统工程，需要动员全社会的力量参与。中国竞技体育事业的健康、可持续发展，需要两条腿走路，一方面，

---

① 王进：《从过程理论观点探索我国运动员的退役——社会支持与退役教育的构想》，《体育科学》，2006 年第 8 期。

② Peitpas A, Danish S, McKelvain R, et al. A Career Assistance Program for Elite Athletes. *Journal of Counseling & Development*, 1992, 70.

国家要继续对竞技体育项目投入资金和人力；另一方面，在政府主导的同时，需要鼓励社会力量参与竞技体育事业的各个领域，促进竞技体育的社会化，更多地通过市场化的模式来培养和使用运动员。当前，中国竞技体育已经从封闭走向开放，向多元化趋势发展。行业体协、大学、社会体育俱乐部、企业，甚至个人投资办高水平运动队、培养高水平运动员已经比比皆是。竞技体育的投入已经从单纯依靠国家的局面逐步转变为以国家为主导、社会各界积极参与的新格局，调动了社会各界的积极性，由此也大大减轻了国家负担。我们应该顺应这种趋势，通过立法、财政资助等方式，鼓励扶持学校、商业企业以及非赢利组织等社会力量，积极投身包括冷门项目在内的各项体育运动，使之形成成熟的市场化运作模式和完整的产业链，从而在培育人才的同时，培育起相关商业市场，由此完善并促进体育运动在经济、健身和娱乐诸方面的有机关联，使运动员更有展示专业才能和自身价值的舞台。

要争取社会各方面对退役运动员就业问题的理解和支持，给运动员提供更多的就业机会和岗位，拓宽退役运动员就业渠道。社会就业公共服务机构要积极为运动员提供职业介绍、职业指导等服务，定期发放有关就业信息，并根据退役运动员等级分类建立运动员再就业数据库和信息网站，开展面向社会的网上专场职业介绍等各种形式的招聘活动，提高退役运动员的就业率。凡是用体育彩票公益金建立的体育运动场所，要根据需要优先安置退役运动员。体育行业中一些新增加的就业岗位也要优先选用退役运动员，引导并支持退役运动员从事社区体育服务业、社会体育指导员、体育教师和基层体校教练等。要致力于通过财政统筹、社会捐助、提取体育彩票公益金等途径尽快建立退役运动员创业基金，扶持退役运动员自主创业，并加大对退役运动员“自主择业”的扶持力度，缓解退役运动员滞留压力，保证运动队进出机制通畅。要充分发挥社会各界及企事业单位的优势，通过多方渠道分流安置退役运动员，对于招收一定比例的退役运动员的企业，应给予相应的税收优惠政策。对于自主创业、自谋职业、自找出路的退役运动员，应给予小额贴息贷款、基金扶持等扶持政策。金融机构要视情况对自主创业的退役运动员提供无息或低息贷款，税务部门对退役运动员创建的经营实体在最初的一至两年内予以减免税收。

### （三）依靠社会力量，完善和扩大运动员公益基金的建设，建立生活困难退役运动员的帮扶救助机制

目前国家与地方逐渐意识到，仅靠政府对运动员社会保障的投入是远远不够的，要动员全社会的力量来共同关心运动员社会保障问题。近年来，中国一些省市以及退役运动员与社会公益组织相继携手设立了针对运动员职业发展、退役后职业转型以及就业困难的公益基金，在社会上引起了较好的反响。如由退役运动员李宁、蔡振华、李永波、许海峰等作为信托人共同发起设立的中国运动员教育基金（CAEF），旨在为曾经对国家和社会作出突出贡献的中国运动员，在其运动生涯过程中及退役以后对其进行体育管理知识及外语技能等教育进修以及学成后的个人创业及新职业选择提供资助，或为有重大贡献的杰出教练员进行进修或管理培训提供资助等；由中央电视台主持人季婷和中国红十字基金会共同发起的奥运之星保障基金，旨在动员社会力量向曾经为国家作出贡献的退役运动员、教练员及国家正在培养的明日之星，在身体遭受运动损伤而面临医疗、学习、就业等困境时提供社会援助；由中国红十字基金会携手运动员大杨扬发起设立、安踏等企业首批注资支持的“冠军基金”，是中国首个支持退役运动员职业发展、关注体育基础教育的体育专项公益基金；由中华国际医学交流基金会设立的“桑兰基金”，致力于运动急救、救援、体育职业病防治、伤后康复，以及推进退役运动员、教练员医疗保障等工作；江苏省推出的优秀运动员“勿忘我创业扶持计划”，主要内容包括资助因伤病造成就医困难、生活困难的伤残运动员、老运动员和老教练员，并为在役和退役运动员提供奖学金、助学金，为处于职业转换过渡期的运动员提供就业前的培训服务和资助；由上海市体育发展基金会与汤淼共同发起、五星体育全力协助的“汤淼——伤残运动员保障基金”旨在资助伤残运动员伤后康复及前期预防等。

上述公益基金的建立，对部分需要关怀和帮助且符合资助条件的运动员进行了必要的救助，为完善和健全中国运动员保障制度提供了契机。但面对基数庞大的运动员群体，中国这些为数不多的公益基金存在着覆

盖面过于狭窄、公益资金缺乏等不足，只有极少数的冠军运动员和伤残运动员才能得到资助，而绝大多数在役和退役运动员并不能从中获得关心和帮助。目前中国运动员退役后补偿机制不健全，保障水平偏低，获得足额的经济保障非常困难，运动员退役后养老保险和国家社会保障体系衔接不畅，生活得不到应有的保障，绝大多数生活陷入困境的退役运动员也难以得到帮助。因此，要依靠和动员社会力量，完善和扩大运动员公益基金的建设，尝试建立覆盖大多数生活困难退役运动员的帮扶救助机制。首先，从在役运动员的社会保险角度考虑，参照社会保险救助机制，为满足一定年限和一定条件（比如获奖情况、贡献情况等）的服役运动员，由国家财政负担其社会保险和养老保险金的缴纳，使其退役后能依靠社会保险机制获取固定的收入。其次，要建立困难运动员帮扶救助机制。对于确实经过自身努力，仍然无法找到合适工作、合适项目，生活又极度艰难的运动员，重点进行帮扶，为他们寻找合适的就业机会。对于因为疾病及其他特殊情况造成生活极度困难的运动员，进行必要救助，帮助其渡过难关。

## 三、运动员自身应对人力资本贬值策略

### （一）运动员要审时度势，变被动为主动，识别和评估自身人力资本贬值风险，及时启动内在的自补偿机制予以应对

运动员既是运动员人力资本投资的主体，又是投资的客体，在运动员人力资本投资形成过程中，运动员自身付出了大量的心血、精力、常人难以忍受的艰辛训练，以及高昂的机会成本等。而运动员人力资本一旦发生贬值，直接影响的就是运动员自身，运动员人力资本贬值最终会导致运动员收入减少、失去收入来源以及收入机会减少等。在社会发展和经济运行中，人的主观能动性具有无限的发展潜力，人力资本是具有无限创造性的活资本。因此，针对运动员人力资本的贬值，运动员在职业生涯发展过程中，特别是在即将退役之际，要审时度势积极主动地识别和评估自身的人力资本贬值的风险，及时启动运动员自身内在的自补偿机制以应对人力资本的贬值。运动员要树立自我发展意识，在训练过程中要积极主动地加强文化知识的学习，全面提升自身综合素质，在不同的运动职业生涯阶段进行职业发展规划，克服因伤病过多、文化教育不足、专业化过早

等先天不足引发的运动员人力资本贬值。

长期以来,中国运动员在成长过程中缺乏学习文化知识的主动性,忽视运动员人力资本综合价值的均衡发展。广大的退役运动员在很大程度上还存有依靠政府解决就业的求稳心态,对自主创业或到企业就业顾虑重重。不可否认中国运动员的这种求稳心态和就业顾虑与当前的经济社会大环境有关,但运动员应该清醒地认清现实的就业环境,摆正自己的位置,及时调整好心态。运动员要根据时代和社会经济发展要求,不断加强文化学习,积累社会经验,掌握谋生技能,全面提升自身人力资本综合价值,提高就业竞争力。此外,许多优秀运动员在退役前期,由于缺乏对退役后职业生涯的准备,而忧郁、迷茫甚至产生一些抵触情绪等。其实,这些都是没有必要的,关键是要摆正心态,转变观念,不等、不靠、不要,及时主动地启动内在的自补偿机制,努力提升自身综合素质和人力资本价值,从容面对社会的挑战。拼搏精神是中国优秀运动员最突出的优点之一,运动员在役期间曾经为了祖国的声誉和创造运动佳绩而努力拼搏,而当运动员退役后走上社会,为了继续美好的生活,还要在社会这个大熔炉中历练和拼搏。邓亚萍退役后11年在艰辛求学道路上的不懈努力和奋斗就是一个鲜活的例子,为我们清晰地展现了一个世界冠军退役后成功进行职业转型的发展历程。对于中国广大的退役优秀运动员来说,唯有拼搏,才能彰显运动生涯的精彩,也唯有拼搏,才能开创退役运动员未来美好生活的新天地。

### (二)运动员在役期间要积极开展职业生涯规划与设计,减少运动员人力资本贬值风险

运动员职业生涯规划对于运动员整个职业生涯周期和运动员生命周期都有着重要意义,运动员职业生涯阶段的发展状况直接影响并决定着运动员后职业生涯。长期以来中国运动员职业发展环境过于封闭,运动员的社会竞争意识不强,职业规划意识薄弱,对于退役后的就业及职业转换等问题比较茫然,缺乏对运动员职业生涯的科学规划与管理,因而引发了运动员职业危机。此外,中国运动员职业生涯规划与管理体制不完善,现行运动队的训练竞赛机制与运动员职业生涯规划相抵触,各级运动队

管理部门和运动员观念陈旧，缺乏现代职业生涯规划与管理的意识，运动员职业生涯规划严重缺失，而职业生涯规划缺失与不足为运动员人力资本贬值埋下了隐患。因此，运动员在职业生涯发展过程中要充分发挥主观能动性，积极主动对自己职业生涯发展进行科学的规划与管理，以有效降低运动员人力资本贬值的风险，规避运动员人力资本贬值。

运动员进行职业生涯规划时需要考虑一些关键性要素，中国著名的职业生涯规划专家罗双平用一个公式总结了职业生涯规划的三大要素，即：职业生涯规划 = 知己 + 知彼 + 抉择。“知己”是对自身条件的充分认识和客观评价；“知彼”是对当下就业形势和环境、欲从事职业以及相关组织等信息的有效掌握；“抉择”是在知己知彼的基础上，确定既能发挥自己的专长，又能切合实际，与社会、组织环境相适应的职业目标，从而实现综合效应的最大化。对于中国优秀运动员来说，职业发展目标的设定和退役后的职业选择是运动员进行职业生涯规划的关键点，我们可以用一个著名的机会评估工具——SWOT 分析法来具体分析专业运动员职业目标设定的方法和战略。SWOT 分析法是由哈弗商学院的安德鲁斯于 1971 年提出的。常用来作为企业内部的分析方法，即根据企业自身的既定内在条件进行分析，找出企业的优势、劣势及核心竞争力之所在。SWOT 四个英文字母分别表示：强项/优势（Strengths）、弱项/弱势（Weaknesses）、机会/机遇（Opportunities）、威胁/对手（Threats）。运动员在确定职业生涯发展目标和退役后职业选择时，也可以借用 SWOT 分析法对自己进行全面的分析，即通过与他人相比较，认识自我发展中的优势和劣势，考察周围环境对于自己的机会与威胁，从而清楚地评价自身的综合素质，客观地分析自己的核心竞争力，从而认识到如何利用和增加优势，如何把握发展机会，认识到哪些不足是可以通过努力得到弥补的，哪些外部环境的威胁是可以通过协调得到化解的，从而制定出适合自己发展的职业目标，并在退役后进行职业抉择。[①] 运动员职业发展的 SWOT 分析如表 6-4 所示。

---

① 龙丽群：《专业运动员职业生涯管理——完成“体育人”向“社会人”的成功转型》，华东理工大学出版社，2010 年，第 128 - 131 页。

表 6-4　中国优秀运动员的 SWOT 分析

| 内部因素 | | 外部因素 | |
|---|---|---|---|
| 优势 | 劣势 | 机会 | 威胁 |
| 1. 运动成绩突出，有体育名人效应<br>2. 多年的体育技能训练，成绩突出，有丰富的运动专业知识和技能<br>3. 个性独立、意志坚强、注意力集中、能够控制自己、内心稳定、富有创造性、勇于拼搏、理解力强、想象力丰富等<br>4. 高智力水平和超群的身体素质、极大的生理潜能和遗传方面的优势 | 1. 学历水平低，文化基础差<br>2. 外语、计算机水平低<br>3. 缺乏工作经验<br>4. 专业不对口<br>5. 缺乏非体育职业技能<br>6. 半封闭的环境中训练，社会交往能力差<br>6. 易冲动，争强好胜<br>8. 伤病困扰 | 1. 国家政策的倾斜，颁布了就业、求学等各项优惠政策<br>2. 体育组织重视运动员职业转换工作，给予帮助<br>3. 经常外出比赛，交往面广，拥有社会资源，创业机会多<br>4. 国际市场对所练项目有需求<br>5. 人民生活水平提高，日益重视健康和休闲，体育在人们生活中的重要地位逐渐凸显出来。专项体育人才需求逐年增加，体育教师、私人教练等的需求逐年增加 | 1. 就业形势严峻，比起技能，许多就业单位更重视学历、工作经验<br>2. 体育院校的毕业生、各校毕业的高水平运动员<br>3. 运动员保障制度不健全 |

通过以上 SWOT 分析，运动员就会清楚地知道自己在运动职业生涯发展期间的优势和劣势，进而做出有利于自己职业发展的规划与设计。退役运动员通过 SWOT 分析，也可以知道自己有哪些职业发展机会，并对各种职业发展机会进行全面客观的评估，然后确定运动员后职业生涯目标，对有利于自身发展且能使运动员人力资本价值发生有效迁移和延续的职业选择做出决策，避免运动员人力资本的浪费和贬值。

### （三）运动员退役后要积极参与职业转换技能培训，转变就业观念，拓展就业渠道，努力实现其人力资本价值的有效迁移和顺畅延续

近些年来，国家体育总局和各地省市体育局每年都会开展针对退役

运动员职业转型的各种培训班。职业技能培训是提升退役运动员就业能力的有效措施，这些培训班对运动员从就业形势、安置政策、生涯规划、进修学习、技能培训等方面进行了较为系统的介绍和辅导，使退役运动员从思想上、心理上做好进入退役后职业的准备。面对当前运动员退役后就业形势的严峻挑战，中国广大的退役运动员要积极参加职业转化技能培训，参与职业技能培训、心理辅导、就业指导等一系列的培训安排，在实践中正确认识自己、评估自己，并按照社会的需要来努力塑造自己，协调与他人之间的关系，认真选择就业岗位，提高参与社会就业竞争力，以更好地适应职业生涯的重大转折，在新的职业生涯中再创辉煌。由于中国运动员在退役以前周围的环境、人和事都跟体育有关，一旦离开了体育领域这个赖以生存的环境，大多数的运动员都会感到无比的失落与无助，尤其是那些在役时取得优异运动成绩的优秀运动员，退役后通常会产生巨大的心理落差，导致不能很快适应和融入社会，因此，对退役运动员在转型过渡期进行心理辅导也是非常必要的。

此外，中国运动员由于长期处于较为封闭的环境当中，对当前的就业形势与政策缺乏深入的了解，更不用说掌握实用的基本求职技能与技巧了，而这些恰恰是运动员退役走向社会面临就业、创业所必需的基本信息和能力。因此，退役运动员更要积极参与就业培训，了解当前的就业形势与政策，树立正确的就业观，掌握基本的求职技能与技巧，为步入社会做好准备。运动员在结束了多年的运动职业生涯后，往往错过了在学校接受教育的黄金时期，文化素质普遍不高，直接影响到运动员步入社会后的“二次就业”。退役运动员在职业转换过渡期中，通过参加多层次、全方位的各类就业技能培训，能够了解国家安置政策和当下就业形势，掌握相关就业技能，提高求职实力，拓展就业渠道，顺利地渡过职业转换过渡期，完成从运动员从“体育人”到“社会人”的成功转型，努力实现运动员人力资本价值的有效迁移和顺畅延续。

## 本章小结

本章以补偿中国优秀运动员人力资本贬值为切入点，以人力资本贬值补偿理论分析—运动员人力资本贬值补偿理论—中国优秀运动员人力资本贬值补偿模型与机制—应对中国优秀运动员人力资本贬值的投资补偿策略为逻辑主线，首先深入分析研究了人力资本贬值补偿模型、补偿机制以及补偿策略选择等重要基础理论问题，构建了人力资本贬值—补偿理论体系框架。在理论分析的基础上，探讨了运动员人力资本贬值及补偿问题，建立了运动员人力资本贬值风险评估指标体系，并结合中国运动员人力资本贬值的实际情况，研究了中国优秀运动员人力资本贬值—补偿模型以及投资补偿机制，并选用案例进行了实证分析。之后在深入分析中国优秀运动员职业生涯规划与管理现状的基础上，探讨了职业生涯规划与管理对于运动员人力资本贬值的有效预防和补偿作用，最后从微观层面探讨了国家、社会和运动员自身应对中国优秀运动员人力资本贬值的投资补偿策略。

分析认为：人力资本贬值补偿机制分为内在补偿机制和外在补偿机制。人力资本贬值的内在补偿机制即指承载者为应对自身人力资本贬值而自发启动的“自补偿”机制。人力资本贬值的外在补偿机制由国家、社会、企事业用人单位等主体共同建立并组织实施，并由一定的法律、政策和制度作为保障，具有宏观性、全局性和高效性，能调动各方力量有效应对人力资本贬值。针对人力资本贬值，追加投资以补偿人力资本贬值采用的策略有防范型投资和补偿型投资两种，二者分别或共同成为应对人力资本贬值的主要策略，都旨在保证既有的人力资本投资能够至少获得既定的预期收益，实现人力资本保值和增值。针对运动员人力资本发生贬值的可能性，运动员自身应积极启动内在“自补偿”机制，着力提升自身综合素质和能力，对职业生涯的发展进行科学规划，消除诱发运动员人力资本存量下降和贬损的因素，尽量防范运动员人力资本贬值的发生。政府、社会和企业要充分发挥运动员人力资本贬值的外在补偿机制作用，

为运动员提供必要的职业技能培训机会，创造良好的就业环境，对运动员进行追加投资或二次投资，改善或提高运动员人力资本价值要素结构及其存量水平，实现运动员人力资本保值和增值。运动员人力资本贬值风险评估指标由运动员健康因素、科学文化知识、职业知识与技能、社会适应和综合素质5个一级指标构成，并进一步细化为运动员生理健康状况等18个具体的二级评价指标，而每一个二级指标在不同纬度上又包含着更为具体的判别内容和标准。各投资主体须时刻洞察体现运动员人力资本存量的各个指标价值要素的变化情况，准确评估运动员人力资本贬值的风险，积极采取相应的防范或补偿措施，避免运动员人力资本贬值。

中国优秀运动员人力资本贬值—补偿模型，不仅从理论层面上诠释了中国优秀运动员人力资本投资、形成以及价值变化等基本规律，而且较为清晰地展示了中国优秀运动员人力资本贬值与追加投资之间的动态变化关系。中国优秀运动员人力资本存量贬损的投资补偿机制包括内在的运动员自我补偿机制和国家、社会、企事业等用人单位多方主体予以应对的外在补偿机制。运动员自我补偿机制主要包括运动员自我发展意识、学习提高能力、职业规划与管理、迁徙流动和社会适应能力等，优秀运动员的这些举措在应对其人力资本贬值过程中因主动性较强往往起到主导作用，能有效降低运动员人力资本贬值风险。中国优秀运动员人力资本贬值的外在补偿机制主要包括国家出台的相关法规、制度以及针对运动员的保障机制，社会对运动员职业的支持度、为退役运动员创造就业机会和社会保险及救助机制，企事业等用人单位对运动员的认同度、所能提供的适合运动员就业岗位以及加强对员工的在职培训等。运动员职业生涯周期由运动员职业生涯阶段—职业转型探索过渡期—运动员后职业生涯阶段组成。运动员职业生涯发展的过程也正是运动员人力资本投资与形成的过程，包括职业生涯的探索阶段、建立和维持阶段以及衰退和退役三个阶段。运动员职业生涯阶段在运动员整个职业生涯周期、运动员生命周期、家庭生活周期中有着特殊的重要意义，其发展状况直接影响并决定着运动员后职业生涯。长期以来中国运动员职业生涯规划与管理体制不完善，优秀运动员职业生涯规划严重缺失，各级运动队管理部门和运动员观念陈旧，缺乏现代职业生涯规划与管理的意识。积极主动地对运动员职业生涯进行科学的规划与管理，可以有效降低运动员人力资本贬值的风险，规避运动员人力资本贬值。

针对中国优秀运动员人力资本贬值问题，国家应改进和完善运动员培养模式，加强运动员培养的“体教结合”，走院校化发展之路，切实加强运动员文化知识教育，着力提升运动员人力资本综合价值。建立“训、学、医、科、管”五位一体的运动队训练竞赛管理机制，促进运动员的全面健康发展。建立健全运动员退役保障制度，拓展运动员多元化职业技能培训，加强运动员职业指导服务，避免竞技体育人力资源的极大浪费。加强运动员保险制度建设，建立运动员伤残及退役失业保险等救助机制等。社会各界应提高对运动员及其职业的认同度和包容度，动员全社会力量，为退役运动员提供就业机会和岗位，拓宽退役运动员就业渠道，并依靠社会力量，完善和扩大运动员公益基金的建设，建立生活陷入困境的退役运动员帮扶救助机制。运动员应主动识别和评估自身人力资本贬值风险，及时启动内在的自补偿机制应对运动员人力资本贬值。优秀运动员在役期间要积极开展职业生涯规划与设计，降低运动员人力资本贬值风险，运动员退役后要积极参与职业转换技能培训，拓展就业渠道，完成从运动员从“体育人”到“社会人”的成功转型，努力实现其人力资本价值的有效迁移和顺畅延续。

# 第七章　西方发达国家优秀运动员职业发展、退役转型及其人力资本价值迁移途径分析

西方发达国家由于市场经济较为发达,本身并不存在国家包揽退役优秀运动员的再就业问题,但在培养优秀运动员的现实过程中,一直也存在许多运动员在青少年时期全身心投入运动训练与比赛,而在体育职业生涯终止后却很难适应和融入社会的问题。为了解决这个问题,许多国家也针对运动员职业生涯的可持续发展进行了积极的探索,并在实践中不断地积累经验,形成了较为完善的优秀运动员培养机制以及有效解决退役运动员职业转换问题的模式,而对国外优秀运动员成长及退役后职业转换模式的了解有助于寻找到适合解决中国运动员退役安置的有效方法。因此,我们有必要了解国外及欧美等主要发达国家竞技体育的管理、训练、竞赛、运动员培养、运动员退役后职业转换以及社会保障等机制,从而为中国在优秀运动员的培养与管理、退役后职业转换与发展及其人力资本价值有效迁移提供有益的借鉴和参考。

## 第一节　美国优秀运动员职业发展、退役转型及其人力资本价值迁移途径

### 一、美国竞技体育管理机制

美国在竞技体育历史上一直处于全球领先地位,从参加第一届奥运会开始美国所获奖牌总数始终保持在前三名。在奥运会历史上,美国共举办过四届奥运会,是举办奥运会次数最多的国家。美国竞技体育管理

的基本模式是典型的社会主导型，政府没有设立专门负责高水平竞技体育的部门，对体育事务的直接管理和介入都很少。参与美国竞技体育管理的主要是美国奥委会、美国单项体育联合会、美国大学生体育联合会，以及美国职业体育联盟等社会性组织。在美国的《业余体育法》中，规定了由美国奥委会为主导，国内单项体育联合会为下级的体育社团垂直管理体系，奥委会有权确定哪一个组织可以作为列入奥运会和其他运动会比赛项目，奥委会是美国体育运动的国家级管理机构。美国的社会性体育组织在各自的职责范围内自主开展竞技体育活动，社会组织的广泛参与极大地促进了美国竞技体育的开展。美国奥委会主要负责协调处理国内的各种竞技体育事务，并负责组织运动队参加奥运会和其他世界性大赛。美国充分发挥体育市场的功效，市场机制的充分调节是促进美国竞技体育发展的基本动因。①

在美国竞技体育的管理模式中，法规条例起着决定性的作用。由于美国的政治体制的原因，美国的体育法规条例的制定分两套，一套是联邦政府制定的，另一套是由各个州自行制定的。此外，美国的社会体育组织、体育团体也各自制定了法规、决议、条例和规定等，内容涉及颇广，如在世界范围内颇为独特的法典——《业余体育法》，其内容不仅包括规划美国现代奥林匹克运动、促进美国体育发展和提高公众体育参与程度等方面相应的法规，而且对美国体育管理组织职能以及参加国际竞赛的相关具体问题也做出了规定，甚至对职业运动员行为的调整等细节问题也都做出了明确规定。在美国，社会体育组织和团体的具体工作也都有法可依。例如，美国高校体育运动竞赛的管理不是通过直接行政手段，也不是通过对各高校体育团体或体育协会进行间接的行政干预来控制高校体育运动竞赛的运行，而是借助法律程序和规范的宏观约束来规范和管理竞技运动。美国高校的体育活动与竞赛就是根据美国大学生体育联合会（National College Athletic Association，简称 NCAA，美国高校体育运动竞赛

① 张晓琳：《中美竞技体育管理体制与运行机制的比较研究》，北京体育大学博士学位论文，2011 年。

最主要的管理机构)、全美校际运动联合会(National Association of Intercollegiate Athletics,简称 NAIA)等协会和组织来进行调节和管理。①

美国是一个高度普及大学教育的国家,高校竞技体育在美国竞技体育系统中提供主要力量,可以说美国高等学校是优秀运动员攀登世界体育高峰的必由之路。② 池建教授在其专著《竞技体育发展之路——走进美国》中,将美国竞技体育体系的整体构架解构为美国中学体育、美国大学体育和美国职业体育。③ 由 1 200 多所美国大学、联盟和单项协会组成的美国大学生体育联合会(National Collegiate Atheletic Association,简称 NCAA)目前是美国规模最大,会员最多的体育管理机构,其职能非常广泛,对涉及大学生运动员的各项事务均进行管理。美国各高校的竞技运动水平在世界上都是一流的,如印第安纳大学的篮球队、犹他大学的游泳队以及休斯敦大学的田径队等。1992 年的巴塞罗那奥运会上,斯坦福大学有 28 名运动员和教练员参加,共获得 19 枚奖牌,其中金牌 10 枚、银牌 4 枚和铜牌 5 枚。大学生是美国奥运代表团组成的主流人员,美国奥运代表团基本上是以大学生运动员为主构成的。美国 90% 以上的优秀运动员是从大学中直接选拔出来,著名篮球运动员乔丹,田径运动员刘易斯等一大批闻名遐迩的体坛天才,都是通过大学阶段的培养,最终步入职业体育,并取得辉煌成绩。④ 总体上,美国竞技体育的发展,呈现出一个具有美国特色的以人为本、以职业体育为核心、以学校为后备人才基地的较为完善的竞技体育体系。

## 二、美国优秀运动员培养机制

美国竞技体育后备人才的培养主要是通过学校体育、校内外俱乐部、企业体育俱乐部培养等训练形式来共同实施和完成的。由于美国的教育比较发达,学校有良好的体育场地设备。如美国著名的斯坦福

---

① 凌平:《中美高校大学生体育运动竞赛管理体制的比较》,《体育与科学》,2001 年第 5 期。

② 王波:《中美高等学校高水平运动队外部领导和内部管理体制的比较研究》,《西安体育学院学报》,1997 年第 7 期。

③ 池建:《竞技体育发展之路——走进美国》,人民体育出版社,2009 年,第 30 页。

④ 池建:《美国大学竞技体育管理体系的研究》,北京体育大学博士学位论文,2003 年。

大学，在校园内可以进行许多种运动项目的训练和比赛，刚落成不久的体育中心有26个网球场，2个体育馆，1个18洞的高尔夫球场和4个游泳池。因此，美国竞技体育优秀人才的培养是以教育体系为依托，形成从小学、中学到大学紧密衔接的“科训一体化”的竞技人才培养模式。

中学是美国培养青少年运动员的摇篮，全美50个州，每个州都有自己的中学校际体育协会（简称州中学体协），它对本州各运动项目的校际竞赛实行全面的负责与管理，每年都进行分层次和分项目级别的各州中学间校级体育竞赛。① 社区或中学的体育教师在比赛中如发现有培养前途的学生，然后告诉家长，让家长在社会上找私人俱乐部，请一些有名望的教练员对其子女进行训练和比赛指导。美国各州中学校际体育竞赛均实行赛季制度，当一个项目处在赛季外（off-season）状态时，学校一般不得组织该项目的训练活动。这样，在赛季中，青少年学生一边学习一边参赛，而在赛季外则可全力以赴地投入课程学习。这样的赛季制度使学生运动员以学习为主、以训练为辅原则得以贯彻执行。② 美国采取这样的运动员培养机制把体育和教育有机地结合在一起，实行了真正意义上的体教结合。

大学时期是美国培养优秀运动员的高级阶段。美国各高校可以在法律许可的范围之内，通过向运动员提供优厚奖学金等条件来吸引具有体育特长的中学毕业生。但美国大学体育联合会宪章特别强调“不允许把运动员视为获胜的工具，必须保证运动员的学业，保证运动员的身心健康，运动员享受接受大学教育的任何权利，享受应有的待遇，参加体育运动，接受体育教育只是大学教育经历的一个组成部分。”该条款为发展大学的竞技体育奠定了法律依据。③ NCAA对美国大学生运动员的学习、参赛、学籍管理等都有严格而详细的规定，其中包括要求大学生运动员在校

① 潘前：《美国奥运优势项目青少年竞赛体制主要特点研究》，《福建体育科技》，2009年第10期。

② 潘前：《美国青少年篮球竞赛体制主要特点初探——以得克萨斯州高中篮球联赛为例》、《体育科学研究》，2010年第1期。

③ 池建：《美国大学竞技体育管理体系的研究》，北京体育大学博士学位论文，2003年。

学习期间,每天参加训练的时间和其他用于体育活动的时间不得多于4小时,每周不得多于20小时,每周必须保证一天的闲暇时间。若达不到规定,则运动员不可以参赛。① 在这样的规定下,美国学生在各高校的学习过程中,不会因为其优秀运动员的身份,而在学习标准上有所降低。由于运动员很大一部分时间要用于参加训练和比赛,但在学业上又不能降低标准和要求,所以只能延长学习时间,以确保运动员学习的质量和效果。与普通大学生相比,美国学生运动员在校学习的时间会高于普通学生完成学业所需要的年限,一般为5~6年,有的甚至长达8年之久。美国大学生运动员的特殊之处在于学校为运动员指定了专门的文化课学习指导教师,指导教师根据运动员入学时的文化程度、所修专业的特点和参加比赛的时间,指导运动员选择合适的课程,制订相应的学习计划,以保证达到其参赛要求的最低学分。此外,大学校园拥有良好的体育场馆和训练设施以及高水平的教练员,这些优越的物质基础条件加上完善的法律法规保障,使有发展潜力的运动员在校期间一边学习自己的专业,一边通过接受系统的训练和参加比赛,从而不断地提高其专项竞技能力和水平。大学毕业后部分特别优秀的运动员可参加选拔赛进入国家队、国奥队或职业体育俱乐部,或在大型比赛前进行赛前的短期集训,然后代表国家队参加世界大赛。

从以上分析可以看出,美国完全可以被认为是“竞技体育走学院化之路”的典范。② 整个国家的竞技体育体制最显著的特点是以学校为中心,美国高校竞技体育系统的管理目标也从为高校自发创造无形资产发展转变为美国奥林匹克运动培养人才的摇篮。③ 美国当前的竞技体育后备人才培养是一个良性的、可持续发展的并具有较强操作性的模式,这种培养模式利用奖学金吸引优秀的体育人才,通过健全的管理组织和机构运用

---

① 张晓琳:《中美竞技体育管理体制与运行机制的比较研究》,北京体育大学博士学位论文,2011年。

② 贾佩丰:《世界体育强国优秀运动员培养模式研究》,《吉林大学硕士学位文》,2009年第5期。

③ 郑久华,张淑华:《中美竞技运动员培养模式的比较研究》,《邢台学院学报》,2007年第6期。

法律手段制定规章制度管理运动员学生训练与参赛,从而保证了运动员的全面发展。

## 三、美国竞技体育竞赛机制

由于美国竞技体育采用的是社会型管理体制,它具有较成熟的竞技体育社会组织体系,这些社会组织自负盈亏,因而拥有相对独立的权利,各种社会组织负责竞技体育运动员的选拔和竞赛。美国竞技体育竞赛体制的包括两个方面:一是职业联赛体制的关键作用。职业联赛重视市场化运作,重视持续发展,努力保证各方利益都能得到满足。二是青少年联赛的基础作用。NCAA 作为较为完善的校际间竞赛组织网络系统,为美国竞技体育的发展提供了丰富的人才资源,是美国竞技体育可持续发展的重要保障。大学生运动员是美国竞技体育队伍的主要力量,在美国参加奥运会的运动员绝大多数是大学生运动员。美国在派队参加重大比赛特别是奥运会前,都会采用客观的相对固定和公开公正的选拔模式,即各级各类的选拔赛,依据比赛成绩挑选出优秀运动员组成奥运代表队参赛。选拔赛成绩作为能否参加奥运会的唯一依据,水平再高的运动员如果不能通过选拔赛,也不能够代表国家参加奥运会。美国在 1976 年蒙特尔奥运会时建立了常设性的集训机构——美国奥林匹克训练中心,其目的也是培养更多的高水平的奥运会参赛选手。

美国共有 45 个单项体育协会(National Gorerning Body,简称 NGB),其会员身份由美国奥委会确认。各单项协会负责美国各个运动项目在美国的开展,与美国奥委会一起组织参加奥运会、泛美运动会以及各类国际体育竞赛,在整个美国竞技体育系统中承担着重要的角色。各单项协会在国家单项协会或残疾人协会的授权范围内为奥运会、泛美运动会和残疾人运动会的运动队公平选择运动员和教练员。为促进单项体育协会的发展,为美国培养更多的优秀运动员。美国奥委会曾给在国际比赛中取得好成绩的协会以金钱奖励,对协会的奖励数额与该协会培养获奖运动员的数量相联系。美国奥委会拨款的主要对象是困难大、需求多的协会,现在这些协会不仅可以从美国奥委会得到拨款,同时还能因获得奖牌多、培养出世界级运动员多而得到奖金,这对美国各体育协会的发展具有极

大的促进作用。

为鼓励运动员在世界大赛中取得优秀成绩，美国采取奖励手段来激发参赛者的斗志。据1993年瑞士《体育周报》第23期报道，美国执行对奥运金、银、铜牌明码标价实行奖励的制度始于1994年。美国奖励运动员的范围比较广泛，有奖励为本国体育事业作出突出贡献的运动员的“沙利文体育奖”①、1968年开始实施体育精神奖、1974年开始评选最佳男女运动员奖、1996年增设的团队奖、最佳教练员奖，以及2004年为致力于体育事业的残疾人设奖等。1979年，美国体育研究院设立“杰出贡献奖”，表彰为体育事业作出突出贡献的个人。除此之外，美国奥委会实施五种计划以对各类优秀运动员进行奖励和资助。对符合美国奥委会代表队条件的高水平运动员和泛美运动会项目的优秀运动员等实施一级补助金计划；对具有特殊需要的优秀运动员给予二级补助金；对参加国际比赛进入前6名，或在淘汰赛中进入1/4决赛的个人或集体实施金牌奖励计划；对未享有大学体育奖学金的优秀学生运动员实施奖学金补助计划；对部分现役或退役的优秀运动员实施奥林匹克就业机会计划。② 美国奥委会针对优秀运动员的奖励和资助计划，对美国保证一支优秀运动员队伍的可持续发展提供了有力的保障，对巩固其竞技体育在全世界的霸主地位起到了重要的作用。

### 四、美国优秀运动员职业发展及退役后职业转型

美国的优秀运动员培养模式是学院化和职业化培养相结合，国家宏观指导、选拔优秀运动员参加训练和竞赛的运作模式，主要通过学院教育和职业体育解决优秀运动员的生存问题。政府执行的只是监督指导，重视发挥国家权威力量（直接的经济支持和政策投入）来培养优秀运动员，但大部分训练工作由市场需求自动完成，这不仅解决了运动员的选材和训练问题，也节省国家的投入，更重要的是优秀运动员退役后很少会面临生存困难的问题。

---

① 张友韬：《世界大奖辞典》，北京奥林匹克出版社，1992年，第485页。

② 李晒晒：《中国竞技体育奖励制度研究》，上海体育学院硕士学位论文，2010年。

美国一直比较关注运动员职业生涯规划和发展，很早就开始对运动员的职业生涯规划与管理进行研究。美国奥委会在 1977 年就制定了奥林匹克工作机会计划（OJOP），旨在为参加奥运会的运动员进行职业规划和就业指导。20 世纪 70 年代末，美国的一些学者开始从个人发展的角度对运动员的职业生涯问题进行了研究，多名学者运用问卷对优秀运动员进行调查，并提出要对优秀运动员的发展进行职业生涯规划与指导。① 另外针对不同的运动员群体，美国都有相应的就业辅助计划。例如，为美国的 NGB 的精英运动员和职业精英运动员等提供服务的是"运动员职业生涯计划"（Athlete Career Programme，简称 ACP）；为奥运选手提供职业指导、目标设置和工作技巧的有 1977 年施行的奥林匹克工作计划；还有为退役奥运会参赛选手的就业过程提供帮助、支持和咨询的是"运动员职业辅助计划（CAPA）；为高中运动员和优秀大学生运动员提供帮助的分别是 1989 年实施的"实现跨越计划（MJP）"和 1990 年实施的"Whole-Istic"。此外，美国在 1994 年成立了"WS 纽约妇女运动基金"专门为非美籍女性运动员提供教育机会和支持。②

通过对美国管理机构、培养训练体制和竞赛体制的分析，可以发现，美国优秀运动员培养过程中依托的培养机构是大学和俱乐部，以体育市场、体育产业保持其生存的活力，职业体育已经发展成熟，国家给予一定的政策支持，根据非常完善和健全的体育法律进行指导和监督。美国重视对运动员的文化教育，重视对青少年的体育教育，要让优秀运动员成为真正的大学生，培养全面发展的符合社会需求的适用人才。美国学生运动员虽然在训练时间和精力上不具备优势，但其培养人才的教育模式在其他各方面的巨大优势显示出了强大的生命力。各种关于运动员保障的法规，不仅使美国的竞技体育训练体制能够得到保障，运动项目健康、持续开展，也使运动员较少受到退役后职业角色转换的困扰。

分析美国优秀运动员退役后职业转换顺畅的原因，可以大致归结为

① 李强：《运动员职业生涯规划的发展研究》，《体育与科学》，2010 年第 1 期。

② 黄志剑：《优秀运动员的职业变迁与人生发展》，北京体育大学出版社，2006 年，第 52－53 页。

以下三点：首先，职业体育发展比较成熟。美国的竞技体育体系分为中学体育、大学体育和职业体育，优秀运动员通过大学阶段的培养，毕业后可以成为职业运动员，取得辉煌成绩的同时赚取高额的报酬，完全足以维持其后职业生涯期间的生活。其次，美国竞技体育优秀人才的培养以教育体系为依托，竞技体育不是他们的全部，而是个人的兴趣或爱好。运动员有着各自的专业，运动训练过程始终贯彻执行学习为主、训练为辅的原则，毕业后完全可以选择与所学专业对口的工作，不存在就业难的问题。最后，大学对优秀运动员的文化知识学习依法管理，严格执行学位教育的规定。美国大学体育联合会宪章对优秀运动员各项具体事务的管理都有相应的明确条款，为确保优秀运动员学习质量和效果提供了法律依据。

总而言之，美国的竞技体育体制就是把体育和教育有机地结合在一起，运用法律手段制定规章制度并依法进行管理和运作。这种体育和教育的高度融合，保证了优秀运动员综合素质的全面发展。优秀运动员有自己所学的专业，在具备了专业相应的知识及技能储备的同时，又具备了较高水准运动竞技能力和有关的体育知识，其形成的运动员人力资本价值要素比较均衡，优秀运动员在运动职业生涯期间和退役后其人力资本存量面临贬值的风险很小，运动员在结束运动职业生涯后其人力资本价值能够进行有效迁移和顺畅延续。可见，美国优秀运动员的人力资本积累不仅仅是在专项能力和竞技水平方面的积累，而是综合素质方面的全面积累。运动员退役后可以胜任多项工作，不会因为环境的变化而导致运动员人力资本的急剧下降和贬损。

## 第二节　英国优秀运动员职业发展、退役转型及其人力资本价值迁移途径

### 一、英国竞技体育管理机制

英国是西方近代竞技体育运动的故乡，其竞技体育有着悠久的传统。英国体育代表团也是国际竞技体育舞台上的一支劲旅，先后参加了历届奥运会的角逐。从英国体育代表团参加奥运会的成绩看，总体上排在第

二集团偏后的位置，竞技体育成绩相对比较平稳。但近5届奥运会以来，也就是从1984年洛杉矶奥运会后的5届奥运会，其在金牌榜上的位次一直下滑，至1996年亚特兰大奥运会时跌入低谷，仅获1枚金牌。究其竞技体育成绩滑落的原因，是由于近代保守、传统的英国政府介入竞技体育慢于其他西方国家。1996年亚特兰大奥运会之后，为重振竞技体育，英国政府开始全面介入竞技体育领域，并发挥了主导作用。英国政府介入竞技体育的最主要方式就是设置专门的机构，加强对全国竞技运动发展的规划和政策引导，并增加了资金投入。此后在2000年悉尼奥运会、2002年冬奥会和英联邦运动会上，英国都取得了不错的成绩。

英国体育管理是一种国家宏观调控，全社会共同参与管理和经营的体育管理体系。英国体育管理组织体系是一个非常复杂和庞大的体系，除了政府机构，众多的非政府组织也参与体育事业的管理。政府机构包括英国文化、媒介和体育部、英国体育理事会、英格兰体育理事会等4个区域体育理事会，以及英格兰体育理事会的区域办公室等组织机构。非政府组织主要包括英国奥委会、国家体育理事机构、不列颠大学体育联合会、青年体育基金会，以及体育与娱乐中央委员会等。政府机构在英国体育管理体系中起主导作用，其他的非政府组织在体育计划、政策的推广和实施过程中，起重要的辅助作用。英国文化、媒介和体育部、奥委会和体育理事会是国家层面的体育管理机构，英国体育理事会是全国最大的公共体育管理组织，主要负责英国竞技体育的管理。英国体育理事会负责执行文化、媒介和体育部的相关政策，管理和分配英国政府的公共体育资金，并统筹协调优秀运动员培养及发展、英国境内的重要赛事项目的申办工作。国家理事机构受英国和英格兰等区域体育理事会的委托，负责单项运动发展计划的实施，以达到国家的战略目标。① 英国体育管理组织机构体系如图7-1所示。

① 王英峰：《英国体育管理体系组织研究》，北京体育大学博士学位论文，2011年。

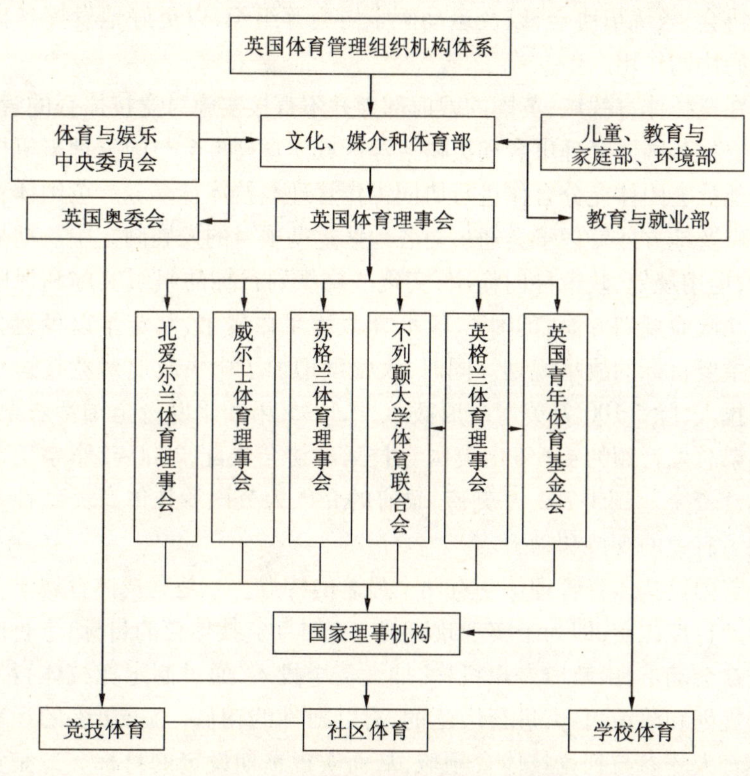


**图 7-1 英国体育管理的组织结构体系**

英国是个联盟制国家，由英格兰、苏格兰、威尔士和北爱尔兰组成，地区自治权很大，很多方面都是各自为政，这就使得英国竞技运动管理组织比其他国家更复杂。英国竞技体育管理模式是政府主导，依靠社会力量共同促进竞技体育事业的发展。1992 年英国在环境部设立体育大臣，1997 年成立文化、媒体与体育部，同年，根据《英国皇家宪章》成立了英国体育理事会(UK Sports)，主要负责英国精英体育的发展。① 英国体育理事会吸纳英格兰、苏格兰、威尔士和北爱尔兰竞技组织领导人进入该协会的领导决策层工作，协调全国性运动组织，包括奥委会、各单项运动协会、

① 汤际澜:《英国公共服务改革和体育政策变迁》,《南京体育学院学报》,2010 年第 4 期。

行业协会、教练员协会,以及运动医学协会等组织,以更好地发挥各机构组织的协同作用。

在竞技体育领域,英国的政府部门并不直接实施对竞技体育的管理,而是委托英国体育理事会和英格兰等区域体育理事会与国家理事机构以及其他社会团体充分合作进行协同工作管理竞技体育事务。英国体育理事会以及地方体育理事会通过对各地区运动项目的发展制定中长期战略规划,运用规划、政策导向作用,实现战略规划目标的组织实施和保障落实。在政府规划方面,英国于1998年发表了白皮书,制定了以奥运会夺牌为主要目标的战略规划。同时,大幅度增加了中央政府对竞技运动方面的投入,除5 100万英镑政府拨款外,1995年开始发行全国性彩票,规定彩票总发行额的4.6%由英国竞技运动协会支配,2000年彩票用于竞技体育资金达到1 700万英镑,政府的介入为英国竞技体育突破性发展提供了有力的支持和动力。①

英国竞技体育管理体制有两个显著的特点。一是竞技体育属于一种社会动员性体制,即为了实现政府某一个时期竞技体育的目标,进行的一种全社会动员,由政府专设机构,加大资金投入,通过制定竞技体育发展战略规划和政策引导,进行广泛的、有针对性的动员,力求更多的运动员和体育人才参与到竞技体育领域,从而实现预期设定的目标。二是竞技体育体制下的组织体系,是个开放的体系。英国竞技体育组织体系的范围,包括了地区政府组织、教育组织、企业组织、非营利组织和民间组织。政府通过制定体育政策进行调控,强调政府与社会的广泛合作,把社会力量统一纳入国家竞技运动发展战略之中。② 可以看到,社会组织在英国的竞技体育管理过程中扮演了重要的角色,同时,英国政府并没有任由体育自由发展,而是通过宏观管理手段,实现竞技体育发展的战略目标。

---

① 张天白:《英国竞技体育的调研与思考》,《体育文化导刊》,2004年第8期。

② [英]伊恩·亨利:《英国和欧洲大众体育哲学思想的变迁》,徐通译,《体育学刊》,2007年第12期。

## 二、英国优秀运动员培养机制

英国的中小学、大学、校内外体育俱乐部，以及英联邦体育研究院网络为体育运动的发展提供了强有力的支撑，这些机构和组织的协调配合构成了英国体育运动发展的基石。英国竞技体育后备人才培养的主要途径是学校体育活动、校外体育活动和参加社会体育俱乐部。英国青少年通过参加学校和校外体育活动接受体育锻炼和高质量的体育培训，成绩较好的运动员可以进入地方体育发展中心，成绩突出者进而进入国家优秀运动员培训中心，接受世界级精英运动员培养计划的培训。英国后备力量培养模式是以学校为基础，以俱乐部为载体，以社会的非营利性组织作为保障，形成了完备、顺畅的精英运动员培养体系。英国竞技运动协会的后备人才培养计划拟在全国发展400个运动特长学校，培养各运动项目的专业人才。英国运动员由国家单项协会负责选拔，学校的录取标准会根据运动员的成绩而有所降低。英国政府计划在2012年伦敦奥运会后的4年内投入10亿英镑，鼓励中小学竞技体育的发展，以真正贯彻伦敦奥运的口号“激励下一代”。政府要求获得体育署4～8年资助培养的运动员每年必须有5天的时间进行志愿活动，到中小学去带学生们参与体育竞赛活动。

英国政府规定直接或间接隶属于英国竞技运动协会的各城市运动训练基地都要与各地学校联合，对8～16岁的在校学生进行特定运动项目的系统训练。英国的各地俱乐部与城市、当地支持者建立了长期稳定的合作关系，以便能够得到社会或企业的资金支持。为了更好地回报支持俱乐部发展的个人和社会团体，英国的各体育俱乐部都愿意自己去培养尖子选手，以提高或保持体育项目的运动竞技水平。各个体育俱乐部都建立起自己的后备人才培养链，对一些有天分的8～16岁的青少年学生进行业余训练，再从中选出佼佼者，在青少年17～19岁期间进行专业训练，其中成绩突出的运动员可以进入职业俱乐部开始运动职业生涯，像英国著名足球明星贝克汉姆就是曼联俱乐部从小培养出来的职业运动员。这种优秀运动员成长模式以及与各类学校、俱乐部的合作，构筑起了英国强大的竞技体育“金字塔”的基石，大量有体育天赋的青少年在中学阶段就自发地开始参与运动训练,为英国竞技体育发展奠定了坚实的人才基础。此外,在培养优秀运动员的过程中,英国注重发挥体育运动院校的骨干作用,通过改善院校体育场地设施和运动科研机构,在学校或某个地区建立国家训练基地,建立和完善有关各方协作机制,使体育院校的基地成为高水平运动员集训地。如拉夫堡大学,就是国家板球运动和田径运动基地,直接为国家队选手训练提供服务。

英国政府对有发展潜力的青年运动员给予一定的津贴。例如,为了使25岁以下的优秀运动员能够在正常完成学业的同时,潜心于高水平运动训练,英国文化、媒介和体育部从2004年9月开始实施奖学金额度为3 000英镑的“优秀运动员奖学金计划”,主要用于支付运动员们在运动训练方面的支出,并提供包括体育科学、运动物理疗法和生活方式咨询等服务。这个计划以全国高等院校聚集区为中心划分出9个地区协会实施网络化服务,有效地保障了在校大学生运动员的全面发展。此外,英国的大学还针对高水平运动员设立校奖学金,用于奖励运动员购买器材和参加比赛等。诺丁汉大学就是中东部地区协会的主要大学之一,先后共接收了21名享受政府优秀运动员奖学金计划的优秀运动员。诺丁汉大学所设立的校优秀运动员奖学金计划每年为优秀运动员提供1 000英镑的奖学金,该校现在有14名运动员享受校奖学金计划。

英国政府还为优秀运动员的成长提供了非常优越的训练条件,修建了诸如曼彻斯特国家的田径运动训练中心、诺丁汉滑冰馆(国家滑冰运动训练中心)和诺丁汉网球运动训练中心等场馆和配套设施。英国政府对于这些建筑不惜重金,都采用了最新的材料、技术和设备,训练功能齐全。这些场馆不仅在建筑上高度现代化,还在使用和管理上设计周密。一方面,为运动员的训练提供专门教练组、科研人员、训练设备、心理医疗服务、辅助训练和恢复设施等全套的服务。英国奥委会外联部主任塞贝尔斯向新华社记者介绍提到,英国在北京奥运会和伦敦奥运会取得“腾飞的进步”,其中世界级的一流设施是主要因素之一。英国奥委会主席科林·莫伊尼汉则强调了学校在运动员培养中的作用,他说:“我们要用更加健全的学校体育机制以及足够的资金,给那些有志于从事体育运动的年轻

人提供方便的设施和各种机会，这有助于发掘人才，让那些最优秀的人走上奥运舞台。”[①]由此可见，院校化为主、社会力量多方支持为辅的竞技体育后备人才模式，加上政府的资助和优越的训练条件，为英国竞技体育的发展奠定了坚实的基础。

## 三、英国竞技体育的竞赛机制

英国竞技体育的竞赛机制主要是通过一系列的招募比赛，选拔出优秀运动员代表国家参加各类比赛。在英国，擅长某项体育运动者均可报名参加选拔赛，英国至今已经有 7 000 多名运动员是经过这样的选拔程序而产生的，最终政府会挑选出最为优秀的运动员代表国家参加各类世界大赛。运动员一旦被选中，就可获得英国体育署 4 ~ 8 年（以一届奥运会为周期）的资助培养。英国的这种选拔方式颇有成效，在 2012 年伦敦奥运之前，所选拔出的 100 多名运动员中已有 49 名参加过 269 场各类国际比赛，先后获得过 99 枚奖牌。[②] 在伦敦奥运会中获得双人赛艇金牌的 Helen Glover，正是通过这种选拔方式选出的种子选手。Helen Glover 原本是一名体育老师，直到 2008 年才开始真正参加赛艇比赛，但到 2010 年就入选英国赛艇国家队。

英国奥委会主要负责促进奥林匹克运动在英国的发展，为奥运会的各成员协会及其运动员提供技术、医疗方面的服务，选拔最优秀的运动员代表国家参加奥运会，促进竞技体育的发展。英国体育理事会主要代表英国负责竞技体育运动，申办主要体育赛事和反兴奋剂事务。英国体育理事会目前支持 47 项奥运及残奥会项目的 1 200 多名运动员，主要通过两种方式对运动员进行资助。一种是通过资助具体的体育项目培养运动员，包括提供运动员的教练费用、体育的科学研究和医护支持、对不同气候环境的适应训练、参加国际竞赛、运动员的个人发展以及训练设施的配

---

① 英国运动员自谋生计，夺牌没有一分钱奖金。http://sports. ifeng. com/zonghe/detail. 201208/07/166003320. shtml，2012 - 08 - 07.

② 英国提前承诺预算，延续奥运夺金势头。http://international. caixin. com/2012 - 08 - 13/100423024. html，2012 - 08 - 13.

置等。这种类型的资助通常对每个处于发展阶段的运动员每年资助3万英镑,对每个有实力获得世界大赛奖牌的优秀运动员资助5.5万英镑,但不同的运动项目会有所差别。第二种方式则是对运动员个人的嘉奖,包括在奥运会或世界级大赛中获得奖牌和进入前八名的运动员,并且按照各项目的具体情况灵活制定奖励标准,目前这一嘉奖分为三个不同的等级。

## 四、英国优秀运动员职业发展及退役后职业转型

长期以来,欧盟各个国家均非常重视运动员的文化教育问题,不论是义务教育阶段的中小学校,还是中等专业学校、大专类院校、大学和研究生阶段,都普遍重视和协调运动员的文化教育与训练竞赛之间的矛盾。2004年,作为州体育教育年活动的一部分,欧盟曾专门委托英国拉夫堡大学体育与休闲管理系组织项目小组对欧盟25个成员国青年运动员的文化教育状况进行了调研,并形成了长达134页的总报告,这份报告成为制定优秀运动员培养和训练竞赛等各项政策的重要依据之一。①

为了让运动员全身心投入运动训练,减少不必要的分心,解除运动员的后顾之忧,英国体育理事会早在1988年就开始着手研究运动员的文化教育和职业发展问题,并于1999年引进澳大利亚的做法开始实施"就业和教育计划"(Athlete Career and Education Programme)。2004年2月,英国体育理事会又在前一计划的基础上,针对各类运动员启动了一项名为"高成就的生活方式规划"(Performance Life-style)。这个规划的重要指导思想是,在重大赛事期间,运动员要以备战训练为主,在赛事结束1~2年内,以工作或学习为主,然后再逐渐加大训练量和增加参加比赛的次数。每个运动员具体的职业发展规划则依靠运动员职业发展顾问管理团队实施,职业发展顾问首先会综合考虑运动员的个体特征和职业需求的结合点,然后再制定每个运动员职业发展的长期计划,并在确定了运动员的主要职业发展倾向后,教会运动员撰写履历、参加面试等技巧。随着运动员年龄的增长和阅历的增加,这个计划还要不断进行修正和调整,这个

① 蒋志学:《英国运动员文化教育及就业计划》,《体育文化导刊》,2005年第9期。

过程对有些运动员甚至可能要持续十几年。在运动员长期的训练和学习过程中，职业发展顾问会在很多方面给予运动员积极的支持，内容包括如何有效管理时间、如何理财、如何应对媒体、如何从事商业赞助和推广以及谈判技巧和冲突管理方法等。在职业生涯规划和就业建议方面，职业发展顾问主要是帮助退役运动员做好就业准备，帮助运动员在役期间学会灵活的方式就业，同时还要推动政府为优秀运动员制定相关的利好政策。①

英国奥委会利用庞大的商业伙伴计划联络大批的企业，充分利用各种商业资源，形成了较为固定的运动员就业网络，为运动员找到兼职或者全职的工作提供了保障，促进运动员就业。对于运动员的职业发展和职业培训工作，英国各级体育部门广泛加强了国际的交流与合作。此外，为帮助退役运动员就业，英国体育理事会和奥委会合作建立了“奥运会残奥会就业网络”工作机制。这个机制将体育理事会与奥委会结成了合作伙伴关系，为退役运动员就业提供了一个平台，并倡导为运动员开启一扇通往职业之路的大门。英国奥委会和体育理事会认为，这个工作机制的计划对于运动员和公司来讲是双赢的。它可以使退役运动员和公司在志趣、整体形象等方面达成一致，为公司工作岗位找到合适的退役运动员员工，也为退役运动员找到适合自己发展的公司或职位提供了极大的方便。英国体育理事会通过这个平台使“高成就的生活方式计划”得以实现，不但解决了运动员退役后的就业问题，也为在役运动员提供了灵活的就业岗位和更多的实习机会，还对运动员参与商务活动进行辅导，为退役后经商作准备。②

通过对英国竞技体育管理机制、运动员训练和竞赛体制的分析，可以发现，英国优秀运动员培养过程与美国相似，主要是依托的培养机构是大学和体育俱乐部，但是与美国不同的是，国家不仅给予政策上的支持，还给予财力和物力的保障。在英国体育管理体制中，尤其是公共体育是由

① 蒋志学：《英国运动员文化教育及就业计划》，《体育文化导刊》，2005 年第 9 期。

② 王英峰：《英国体育管理体系组织研究》，北京体育大学博士学位论文，2011 年。

政府设立体育部门或授权给协会管理本地区的公共体育事务，利用十分有限的公共资源建设体育场馆，发展体育教育，资助体育协会，举办体育赛事，促进国际体育交流以及培养优秀运动员和开展群众体育活动，在这一点上与中国公共体育管理中实施的举国体制所做的都是相同的。① 英国在退役运动员就业保障方面做得更为细致与完善，不仅为优秀运动员引进了“就业和教育计划”，还为运动员配备了职业发展顾问及管理团队，对运动员的成长给予财政支持以外的指导和教育，强有力地保证了包括文化教育在内运动员综合素质的全面发展，使运动员最终能成为一专多能、能够适应社会经济发展要求的复合型人才，运动员结束运动职业生涯后在职业转型过程中其人力资本价值能够得以有效迁移和延续。

## 第三节　澳大利亚优秀运动员职业发展与转换及其人力资本价值迁移途径

### 一、澳大利亚竞技体育管理机制

澳大利亚是当今世界的体育强国，具有良好的体育运动群众基础，每年都有很多久负盛名的体育赛事在这里举行。澳大利亚作为大洋洲的体育国家，经常代表大洋洲参加各种世界大赛。2004 年雅典奥运会是澳大利亚奥运史上的巅峰，澳大利亚在此届奥运会上共取得 17 金 16 银 16 铜的成绩。其中，仅游泳和自行车两个项目，澳大利亚就获得了 14 块金牌，足见澳大利亚在这两个项目上具有巨大的优势。

澳大利亚的竞技体育管理机构是一种垂直的、自上至下的模式，在国家竞技体育事业中发挥着重要的作用。澳大利亚体育管理组织主要有国家竞技运动委员会、国家体育运动学院、国家奥委会、国家高水平运动俱乐部以及职业体育俱乐部。国家竞技运动委员会与联邦单项体育协会、体育联合会、英联邦运动联合会，以及国家奥委会之间是一种业务上的协作关系，而国家竞技运动委员会与国家体育学院之间则是一种比较明显

① 丁涛：《对英国体育发展状况的考察与调研》，《北京体育大学学报》，2005 年第 11 期。

的业务指导关系。联邦单项协会对于高水平体育俱乐部及职业体育俱乐部具有一定的制约作用,而国家奥委会则主要负责组建国家队,代表国家参加国际体育比赛。① 澳大利亚英联邦运动委员会主要负责澳大利亚参加的四年一届的英联邦运动会,它不隶属于澳大利亚体育委员会,与体育运动委员会之间仅仅是业务上的指导关系。澳大利亚的体育联合会是澳大利亚体育组织的代表,它主要是以一种"协调者"和"承接者"的角色来协调澳大利亚政府和相关体育组织之间的关系。澳大利亚的体育联合会的工作目标是促进澳大利亚体育运动开展,提高相关体育运动技术水平、体育行政管理水平和教练员执教水平,并组织进行相关体育科研工作。澳大利亚体育学院被公认为培养优秀运动员和教练员的最好的训练中心,这里集中了全国最优秀的运动员和教练员。目前,澳大利亚共设有9所体育学院来培养澳大利亚的优秀运动员,其中位于首都堪培拉的国家体育学院由国家竞技运动委员会直接负责管理。此外,澳大利亚有8个洲设有体育学院,是国家体育学院的分院,各分院都有自己优势竞技体育项目,分院工作目标是招收有体育天赋的青少年进行系统性训练,为国家培养各类优秀的运动员。

总体上,澳大利亚的体育管理体制是建立在澳大利亚体育运动委员会统一领导,并与体育联合会、英联邦体育运动协会、国家奥委会等多个社会体育组织广泛合作的基础上进行的。澳大利亚体育运动委员会通过下设的体育学院、商业设施部、协作服务部、社区体育部、财务部和竞赛与发展部6个主要的行政部门来对澳大利亚的体育进行统筹的管理。② 澳大利亚各州政府设有体育发展局,负责制订各州的竞技运动发展规划,设置奥运项目,确定重点项目的发展目标。各州内的职业体育俱乐部和各单项协会负责选拔有潜力的运动员并负责向高一级体育组织输送优秀后备力量。政府通过国家竞技运动委员会与国家奥委会、伤残人体育委员会、英联邦运动联合会,以及全国性和各州的体育组织密切合作,建立起

① Divid Clark. *ABC Australian Sports Almanac*. Hardie Grant Publishing, 2001.

② 孙永亭:《澳大利亚优秀运动员培养模式研究》,上海体育学院硕士学位论文,2010年。

真正的能够取得国际比赛优异成绩的全国体育网络体系。澳大利亚的体育体制很好的切合了其体育发展需求，并充分保障了澳大利亚强大的竞技体育实力。

**二、澳大利亚优秀运动员培养机制**

澳大利亚竞技体育人才培养体系分为初、中、高三级。初级层次的运动员是在中小学和社区体育俱乐部培养，中间层次的运动员是在各州进行培养，最好的运动员也就是高级层次则集中在国家体育学院进行培养。

澳大利亚的中小学在其优秀运动员的培养中扮演着重要的角色，它主要侧重于青少年体育兴趣的培养，基本运动技能的掌握以及活动中教育价值的凸现和教育功能属性的发挥。澳大利亚教育部门与澳大利亚体育运动委员会在合作基础上专门针对中小学生体育的发展制定了中小学生体育发展计划（The Aussie Sport Program）。澳大利亚中小学体育发展计划的实施为优秀运动员的成长打下了良好的发展基础，不过这一切首先都是以教育的完整性和基础性为前提的。澳大利亚青少年运动员如果想要从事更为专业的训练，还需要参加澳大利亚社会上的体育俱乐部。同许多欧美国家一样，澳大利亚体育活动的开展主要依靠体育俱乐部来实现。社会和社区体育俱乐部也是澳大利亚竞技体育的重要基础，澳大利亚大约有30 000多个地方体育俱乐部，平均每3～4人当中就有一名俱乐部会员，可见，俱乐部在澳大利亚是非常普遍的。这种俱乐部形式对于培养社会大众对体育的热爱，尤其是培养青少年对体育的兴趣是非常重要的。澳大利亚运动员选拔的基础也正是分布在这样庞大的社区中的青少年，社区体育俱乐部是澳大利亚运动员培养的基石。这些社区体育俱乐部大多都是由社会企业来运作和经营，俱乐部发展的好坏完全依靠市场来选择，这在很大程度上取决于该社区体育爱好者的数量。

澳大利亚培养高水平运动员的中间层次体育组织主要包括各州的单项运动协会和职业体育俱乐部。澳大利亚的州级体育组织主要是把基层体育俱乐部中有潜力的青少年通过相应的训练和选拔，把具有较高运动水平的优秀青少年输送到更高一级的体育组织——澳大利亚体育学院。州单项运动协会主要职责是为青少年运动爱好者提供体育设施，组织各

种相应的州级青少年体育比赛并通过比赛选拔有潜力的青少年运动员，然后由政府提供资助，对青少年运动员进行培养和进一步的训练以使其达到较高的运动水平。在训练方面，青少年运动员根据运动水平不同而被分成不同级别组，开始参加训练都是自费训练，直到达到一定年龄和一定运动技术水平并被协会选中，才由州政府出钱资助进行集中训练，并准备向更高层级的体育组织输送。澳大利亚职业体育俱乐部一般采用市场化的运作方式，在其发展上受澳大利亚单项协会、国家体育运动委员会的制约。高水平体育俱乐部的发展和其社会化的运作属性使得它在具有较高运动水平运动员的选拔和引进上更加投入。同时体育俱乐部运行机制的良性发展使得澳大利亚运动员的输送渠道更加通畅，更好地保证了运动员向优秀运动员的跨越和提升。①

20 世纪 80 年代以来，澳大利亚制订并实施了以培养参加奥运会为最高目标的运动员“精英计划”。为保证该计划的实施，全国 9 所体育学院承担着培养竞技体育精英运动员的任务。国内有发展前途的青少年运动员，每年都要经过一次考核，运动成绩好的有可能入选国家队，或进入职业队。体育学院作为澳大利亚优秀运动员的重要训练基地，也是澳大利亚优秀运动员训练的主体单位，对澳大利亚竞技体育的发展起到了巨大的推动作用。澳大利亚国家体育学院在整个运动员的训练中处于中心地位，它同时也担负着体育科研和优秀教练员培养的任务。8 所州体育学院利用各自的优势项目承担着部分澳大利亚的训练项目，同时并负责本地区优秀运动员的培养。

奖学金是澳大利亚联邦政府对澳大利亚优秀运动员提供财政支持的最主要的方式。澳大利亚的奖学金主要用来支持和培养在奥运会、联邦运动会中获奖及在国际比赛中有巨大成就的男女运动员。澳大利亚体育学院主要通过实施竞技运动奖学金计划和运动精英计划这两项奖学金计划来对优秀的高水平运动员提供奖励和支持。体育学院奖学金申请以全国锦标赛中的成绩为依据，获得资格的运动员分别采用长期集训、短期集

---

① 孙永亭：《澳大利亚优秀运动员培养模式研究》，上海体育学院硕士学位论文，2010 年。

训、提供装备及资金资助等形式进行训练，此外还可获得科研、文化、生活、医务、就业培训等方面的服务。在1977年，澳大利亚政府还制定出台了“全国体育奖励办法”，资助有潜力的运动员进行训练和学习。① 2002年，澳大利亚又设立了26个体育大项的35个项目的发展规划，每年约有700名左右的优秀运动员会获得体育学院奖学金。② 此外，澳大利亚也十分重视对运动员的平时奖励，在对运动员一次性颁发一定数额的奖金后，澳大利亚还会根据需要在今后数年内每年另发数量不等的训练奖，金牌选手每年可获3万美元左右。这种奖学金制度为澳大利亚培养体育精英奠定了良好的物质基础，同时也使许多从事市场效益不太好的体育项目的运动员得以继续进行训练。

### 三、澳大利亚竞技体育竞赛机制

澳大利亚优秀运动员的训练与竞赛主要是在澳大利亚的州级体育组织和澳大利亚体育学院中进行的。澳大利亚体育运动委员会与体育联合会、英联邦体育运动协会、国家奥委会等多个社会体育组织开展广泛合作，共同组织开展全国范围内的体育竞赛活动。澳大利亚各州单项运动协会主要负责本州的体育发展事务、制订竞技运动发展规划以及确定重点项目的发展目标。州单项运动协会通过组织各种相应的州级体育比赛来挑选各项目的优秀运动员，对其进行系统性训练提高运动员竞技水平，并向更高一级的体育组织和机构输送运动员。澳大利亚体育单项协会与各体育俱乐部之间的管理、指导关系一般是通过注册会员来实现的。体育单项协会对俱乐部的指导也主要是体现在协会对项目的管理上，如负责组织全国锦标赛、与国际体育组织联络、对全国比赛进行经营和宣传、选拔和发展优秀后备人才、组建国家队、负责州级单项协会的注册等。澳大利亚体育单项协会对于高水平体育俱乐部的比赛及各区域间的俱乐部比赛和相关的全国性比赛或国际及地区间的相关比赛在资格认证上都具

---

① 李晒晒：《中国竞技体育奖励制度研究》，上海体育学院硕士学位论文，2010年。

② 王庆伟：《澳大利亚高水平运动员培养体制调查研究》，《体育科学》，2004年第1期。

有绝对权威，而俱乐部则主要负责运动员的具体训练。①

在澳大利亚，一个运动员想要成为一个体育精英，首先是通过自己的家庭投资进行有偿的训练，达到一定运动水平后才能够得到政府的资助。澳大利亚运动员成才路径很多，有体育天赋的青少年可以从社区体育俱乐部直接进入国家体育学院或职业体育俱乐部进行训练，并不一定需要逐层向上流动，关键取决于个人自身的运动素质。此外，澳大利亚各种级别的体育俱乐部里有众多的体育经纪人，为具有运动天赋的体育人才提供了更多的机会，也便于体育经纪人在更广泛的范围内发现体育人才。在运动员参赛方面，澳大利亚运动员所参加的各项体育比赛的费用，如差旅费、训练费以及服装等都由运动员自己负责。不过，澳大利亚的体育组织或社会企业会设立不同的资助计划来帮助运动员消除费用或训练方面的负担。澳大利亚在竞技体育中特别注重科研，在越来越注重科技含量的竞技体育中，体育科研已经成为澳大利亚优秀运动员进行科学训练、提高运动水平的一个重要组成部分。为了将体育科研成果的及时转化，及时运用于运动训练与竞赛中，澳大利亚体育科研应用研究中心设在澳大利亚国家体育学院内，澳大利亚的科研为澳大利亚的竞技体育成绩做出很大的贡献。

### 四、澳大利亚优秀运动员职业发展及退役后职业转型

澳大利亚的优秀运动员在成长过程中，由于参加相关比赛而耽误的课程，体育学院都会有专门的人员负责协调，并专门联系学校和教师帮助其补习。在澳大利亚体育学院进行训练的优秀运动员一般都具有高中以上的文化程度，他们一般会根据自己的兴趣、爱好来选择学校里开设的课程和专业。学分制很好地保证了运动员处理训练与学习间的关系，运动员的发展都是在边训练边学习的过程中完成的，可见合理解决运动员的学训矛盾问题是澳大利亚成功培养出其优秀运动员的一大法宝。澳大利亚体育学院设有专门的部门和机构来负责与学校教育部门沟通协调，以

---

① 潘志琛，郭荣，于洪臣，等：《对英、法、德、澳四国竞技体育管理体制的考察与调研》，《中国体育科技》，2004 年第 6 期。

解决运动员因参加比赛或训练而产生的学训矛盾。正是得益于运动员培养中运动训练和文化教育的有机结合才使得运动员很好地处理了学训矛盾,使自己能够专心训练且不会因为文化教育问题而有后顾之忧,运动员在结束运动生涯后依然可以选择自己感兴趣的专业或从事自己喜爱的职业,而不逊于他人。比如,澳大利亚游泳运动员尼克·弗罗斯特曾多次代表澳大利亚参加世锦赛、英联邦运动会等世界性大赛。弗罗斯特退役后选择了去大学深造。目前,他正在堪培拉大学里面学习管理学专业,对于未来他并不担心,认为可以很好地胜任将来的职业和工作。①

澳大利亚优秀运动员的成才主要是在其专业教育和普通教育相结合的过程中完成的。在运动专项竞技能力方面,运动员通过体育俱乐部、州级体育组织和体育院来完成其专项运动水平的提升,从而具备高水平的运动技能。在文化教育方面,普通教育则一直贯穿于运动员的成长过程,保证了运动员的科学文化素质的提升和积累。专业运动训练与普通学校教育的有机结合很好地促进了澳大利亚优秀运动员顺利成才。澳大利亚对其优秀运动员的培养和关注还体现在对运动员职业生涯的服务上。澳大利亚从 1990 年开始实施了一项运动员职业生涯发展的计划——“就业和教育计划”(The National Athlete Career and Education program,简称 ACE)。② 该计划旨在对各级运动员加强文化等综合素质的提升,以确保为国家培养出全面协调发展的优秀运动员。该计划在各个体育单项协会、体育学院、地方体育机构等组织的协助下,由人力资源管理公司具体操作,并得到了澳大利亚教育、就业和培训部门的认可。

澳大利亚政府注重和强调运动员的全面发展,认为运动生涯只是运动员人生的一个阶段,无论是政府部门还是社会体育协会及俱乐部组织必须为运动员今后的发展考虑。近年来随着人本主义思潮的发展,澳大利亚在优秀运动员的培养过程中开始从重视运动员的职业教育向更加贴

---

① 澳大利亚体育委员会网站。http://www. ausport. gov. au/participating/career and educationg, 2009-11-10.

② 李强:《运动员职业生涯规划的发展研究》,《体育与科学》,2010 年第 1 期。

近运动员生活实际的人文关怀转移,并在实际工作中也越来越呈现出以人为本的色彩。澳大利亚的体育学院一般都设有专门负责运动员职业教育和职业生涯发展规划的部门。这些运动员职业服务部门并不是直接来解决退役运动员具体的就业问题,而是从运动员整个生涯的发展上来着手帮助运动员学习并掌握更多的技能,协调社会就业途径以提供帮助,甚至关照运动员的家庭和运动员的一生。正是得益于这样一种以人为本的运动员职业生涯服务,澳大利亚许多的优秀运动员在体育运动之外的职业发展上取得了很大的成功。澳大利亚的体育明星索普就是其中的一位,他的才华不仅体现在游泳上,同时还在经商上表现得淋漓尽致。前几年,索普已经涉足体育产业,开始使用自己的名字(Ian Thorpe)来注册和生产运动服装和运动饮料。在近几年的一系列国际大赛的商业广告中,索普减少了自己和赞助商的广告合同,转而开始致力于开发属于自己的运动品牌,以期获得更高的市场价值。2009 年,他与一家食品公司合作,开始生产属于自己的品牌食品和运动系列饮料。目前,索普牌运动裤也逐渐在澳大利亚的体育用品商店里崭露头角。

通过对澳大利亚体育管理机制和运动员培养体制的分析,澳大利亚优秀运动员培养模式的最大特点就在于澳大利亚体育学院和普通学校密切合作,共同承担了澳大利亚优秀运动员的培养与教育任务。澳大利亚优秀运动员的成功培养,不仅在于科学的训练方法、一流的体育科研水平以及先进的体育训练器材和设施,更重要的还在于澳大利亚在对优秀运动员的培养过程中始终坚持全面发展的教育培养理念。澳大利亚优秀运动员的成功培养,同样也是澳大利亚政府与社会紧密结合的结果,政府与社会相结合以及多渠道培养后备人才也是澳大利亚优秀运动员培养模式的显著特点。澳大利亚联邦政府对运动员全面发展的重视,使文化教育和职业生涯服务组成了优秀运动员全面发展的保障,并避免了运动员人力资本价值形成的单一性,运动员在结束运动职业生涯中其人力资本贬值风险较小,在退役后职业转换时遇到的困难也相对较小。

## 第四节 日本优秀运动员职业发展与转换及其人力资本价值迁移途径

### 一、日本竞技体育管理机制

随着日本战后经济的恢复，其竞技体育也在短期内获得了快速的发展。1951 年日本再次获准进入国际奥委会后，在赫尔辛基举办的第 15 和 16 届奥运会上，日本代表队就分别获得 9 枚和 19 枚奖牌，排名进入了世界前十，初步展示了日本竞技体育的实力。此后日本逐年加大了对竞技体育的投入，通过举国民众不懈的努力，日本竞技体育发展非常迅速，在 1964 年东京举办的奥运会上获得了 16 枚金牌、5 枚银牌和 8 枚铜牌的优异成绩，总成绩排世界第三，仅次于美国和前苏联，创造了日本奥运史上的最佳成绩。1964 年 12 月 18 日，日本政府又发表了《关于增进国民健康・体力对策》，目的在于普及体育运动，改善国民健康和体力状况，使国家的体育工作重心转移到了大众体育。① 在 20 世纪 80 年代，随着日本经济的迅速发展，日本国民闲暇时间的日益增多以及人口老龄化趋势的发展，日本再次调整了国家体育政策，提出了注重终身体育运动的“生涯体育”新概念。② 由于对竞技体育缺乏重视，日本竞技体育没有延续东京奥运会的强劲势头，反而逐渐走入低谷。为了提高竞技体育发展水平，1961 年日本政府就颁布了专门的体育法规《体育振兴法》，2000 年日本又出台了《体育振兴基本计划》，着力从学校体育、职业体育、终身体育方面的协调发展促进日本竞技体育的发展。

战后日本开始推进体育管理体制改革，通过调整政府管理定位与职能，调整政府与体育社团的分工管理关系，建立政府有限管理模式。③ 日

---

① 周爱光：《战后日本竞技体育与大众体育的走向》，《体育文化导刊》，2003 年第 12 期。

② 高娅：《当代日本武术太极拳竞赛体制的形成和演变——以太极拳竞赛为主的考察（1980—2002）》，《体育科学研究》，2004 年第 3 期。

③ 李莹：《国外运动员商业活动管理模式特征、成因及其对我国的启示》，《沈阳体育学院学报》，2009 年第 10 期。

本体育管理体制改革后与改革前的本质区别是从战前实施的勒令主义转变为法令主义，从权限集中在“天皇”转变为依法建立管理体系以及实施管理职能。日本中央政府组织机构——文部科学省根据《文部科学省设置法》担任着教育、科学、体育等事务的管理工作。文部科学省负责的体育行政管理工作，包括提高体育运动技术水平、教练员资格认定、教练员培养、运动员培养、体育科学研究、体育社会团体的组织、体育设施设备的建设、体育经费的支持等多项内容，并且把体育作为一种文化与教育的组成部分进行综合发展。负责日本体育行政具体工作的是文部科学省下属的体育运动青少年局，体育运动青少年局下设5个科室，分别为规划体育科、终身体育科、竞技体育科、学校健康教育科和青少年科，这5个科室分别负责日本体育事业的政策制定、发展规划、立案实施、青少年体育教育、运动员选拔和培养、组织体育竞赛，以及组队参加奥运会等世界大赛。日本竞技体育的行政管理工作，在国家层面由文部科学省负责协调管理，在都道府县层面由都道府县的教育委员会进行各种体育活动的计划、立案和实施。

日本竞技体育在管理模式上，表现出一个最大的特点就是依法管理，依法行政。由于日本中央掌控“代表中央制”与“政府主导型经济模型”，日本对体育的管理模式偏重于政府管理。文部科学省负责制定体育政策法规与发展战略，宏观监控体育管理实施过程，组织协调各体育管理机构开展体育活动并进行监督以及在不同的体育组织间起信息沟通和联络作用。在制定体育制度时，日本采用的是审议会制度。在决策制定之前，先由审议会听取社会各方面的意见，进行调查然后审议调查报告，经审议会通过后形成具有法律效应的审议方案。具体的执行过程是由各类体育社团组织分工协作，政府定期给予体育社团资金，民间体育社团承担相应的具体事务性工作。①

日本体育协会对于日本体育政策的推进和实施，具有重要的作用。体育社团承担了许多国家体育管理职能，全面参与制定与实施国家体育

---

① 刘青：《政府体育事业职能界定》，电子科技大学出版社，2004年，第55－56页。

政策,合理配置体育资源,并具体执行各项体育管理职能。体育协会的财源70%以上来自于行政当局拨发的补助金和委托金,这也直接造成了日本体育协会对行政的高度依赖。因而,日本体育协会这类社会性团体,可以说实质上是政府机构的执行机关。① 日本体育协会的任务主要是与日本奥委会联合进行奥运会、亚运会运动员的派遣,为优秀运动员训练提供服务、培养教练员和体育少年团以及体育医学科学的推进等。日本国民体育大会是由文部科学省、轮流承办的县和体育协会一起举办,具体工作主要由体育协会和承办县进行组织,体育协会负责国民体育大会的标准、方法和基本要求的检查和制定。受到传统日本文化的影响,日本的体育体制有着明显的集团主体特征。人们从属于共同体的集团,个人利益服从集团的利益,因此产生了强烈的集团主义意识以及由此带来的对集团的高度无私的奉献精神。日本政府对社会体育团体并没有像其他西方发达国家那样给予较多的自主权,虽然日本战后政府管理型体制的大胆革新分割了政府管理的权力,政府只保留了较小规模的体育行政机构,不干预体育管理具体事务,但在尊重民间体育自治权力的同时依旧高度控制竞技体育的发展。

总体上,日本竞技体育的管理结构是在文部科学省的统一领导下,由各省厅协调进行管理实施的,文部科学省是竞技体育事业决策的中心机构,其领导下的体育青少年局负责具体工作。日本财团法人奥林匹克委员会(日本奥委会)、日本财团法人体育协会以及各竞技行政团体协同配合,发挥各自的功能,共同协力促进日本竞技体育的发展。日本实行的审议会制度是体育事业管理基本的决策制定制度,具体的执行过程由日本体育协会、日本奥委会、日本体育振兴中心,以及地方自治体教育部门和体育部门协同配合实施。

### 二、日本优秀运动员培养机制

在日本,体育是培养青少年的重要组成部分,青少年也是日本体育最大的受益群体。这是因为文部科学省对体育与青少年发展关系有着深度

① 曲国洋:《日本竞技体育体制研究》,北京体育大学博士学位论文,2011年。

的认识，并且高度重视青少年的体育教育问题。在制定教育管理制度上，日本把体育与青少年发展联系在一起考虑，体育运动青少年局在发展体育的同时也担任着青少年的一部分教育工作。

体育少年团是日本竞技体育后备力量的重要来源。体育少年团主要是由日本体育协会以地区为基础组织的社会团体，目的是为了对青少年实施有计划、有组织的体育运动训练和教育，促进青少年身心健康的发展。日本体育少年团创设之初有22个团753人，1964年以东京奥运会为契机，体育少年团进行了广泛宣传以获取政府和民众更多的关注和支持。此后的50多年，体育少年团飞速地发展，截至2010年，日本体育少年团大约有3万6千个，团员人数达88万多人。① 体育少年团的活动是在学校教育以外的时间内进行，以青少年所在地区综合性体育俱乐部为基础，活动地点以社区场馆为主，活动形式多样，青少年可以自由选择自己喜欢的项目和团体。体育少年团鼓励青少年广泛地参加多种运动项目，以期发现儿童少年对体育的适应和在某个项目上的天赋，从儿童到青少年阶段的培养都有一个系统的过程。体育少年团的活动与家长广泛联系，以提高家长和整个社会对体育的认知度，形成体育指导者、家庭、社会为培养孩子集体努力的氛围。体育少年团有着明确的测试指标，依据指标进行科学的评定训练效果，严格执行教练员的资格制度，要求教练员要不断提高执教水平和素质。日本体育人才的培养可以认为是一种"过程发掘"，早期发现儿童少年的体育天赋是体育少年团的重要指导思想。日本鼓励儿童少年在学习之余广泛地参加多个运动项目的做法，使得竞技体育从一开始就与培养人、教育人紧密地结合在了一起。

东京奥运会后，日本为了更好更快地发展竞技体育，便大力发展大众体育与学校体育。由于日本的教育比较发达，各级各类学校都有良好的运动场地和场馆设施。因而，业余体育俱乐部并不只存在于大学，从小学—中学—大学的整个体育教育过程，绝大多数学生都会参加相应级别的体育俱乐部，定期参加训练和比赛。业余体育俱乐部的存在，对提高学

① 曲国洋：《日本竞技体育体制研究》，北京体育大学博士学位论文，2011年。

生专项技术水平和促进体育社会化方面均有积极作用。日本著名的游泳运动员北岛康介在谈及优秀运动员选拔时说:“在日本,游泳是深受大中小学重视的基础体育项目,几乎稍微有点规模的中学和小学,都有正规的游泳池,而大学之间经常组织高水平的游泳联赛或者对抗赛。凡是游泳才能出色的选手,从中学开始就可以获得政府津贴,而且在升大学时可以免试入学。我就是十多年前一项游泳辅助计划中被发现的苗子。在日本,政府、企业和学校,都把培养孩子的游泳技能当成了一件大事。”①北岛康介曾三次打破世界纪录,号称日本的男“蛙王”,2008 在北京奥运会上夺得男子 100 米、200 米蛙泳冠军,是男子 100 米蛙泳的亚洲纪录保持者。

此外,日本许多大学设有体育奖学金,有利于吸引具有体育特长的中学毕业生。日本学校运动员的培养独具特色,学校不设由少数人组成的专门的校运动队,而是成立俱乐部,俱乐部中最优秀的运动员代表学校参加各项和各级比赛,学生为了学校的荣誉和取得优异的运动成绩会刻苦训练。大学俱乐部运动队一直在日本竞技运动中占有重要地位,如日本大学的棒球队,顺天基大学、早稻田大学的乒乓球队,庆英大学的划艇队等,都为日本培养了许多的高水平运动员。学生在校期间学习自己的专业,参加训练和比赛,为迎接大型比赛,参加必要的选拔赛进入国家队。日本也没有设立常年的国家队运动员编制,只是在每次大型国际比赛前根据公布的选拔标准,通过比赛按成绩选拔出优秀运动员组成国家队,再进行赛前的短期集训,然后代表国家队参加世界大赛。②

可以看到,把体育作为基本的教育手段是日本培养竞技体育人才的显著特点,日本在儿童少年时期就开始注重体育与教育的相互融合与发展。日本的各级各类学校和业余体育俱乐部是培养竞技体育高水平人才的重要场所,日本中学是培养奥林匹克选手的主要基地和摇篮,大学和体育俱乐部是培养日本高水平运动员的高级阶段。日本竞技的体育人才的

---

① [日]北岛康介:《谈日本游泳选拔制》。http://www.sports.sohu.com,2004-08-21.

② 刘志敏:《中日竞技体育的兴衰与两国运动训练体制的比较》,《体育与科学》,2002 年第 3 期。

培养对象是所有有兴趣参与体育锻炼的儿童少年，在儿童少年成长过程中广泛挖掘，不仅使有运动天赋的运动员不被埋没，而且也夯实了后备人才培养的基础。日本在优秀运动员的培养方面，特别注重培养运动员的整体素质，促进优秀运动员成为文化教育的典范和代表，成为青少年学习的榜样。日本在青少年教育中充分发挥竞技体育的育人功能，正是这种良性循环的培养模式保证了日本竞技体育的可持续发展。

**三、日本竞技体育训练竞赛机制**

发展竞技体育是日本奥委会的重要职能，日本奥委会主要从事的活动是组织和派遣运动队参加奥运会和其他国际大赛，弘扬奥林匹克精神，提高日本竞技体育水平。在大赛来临时，日本奥委会协同日本体育协会选拔运动员参加强化训练。日本选拔优秀运动员主要有两条途径：一条是通过教育系统从高中或大学中选拔优秀运动员进入国家队，另外一条是直接从体育俱乐部选拔优秀运动员进入国家队，选拔运动员最常用的手段是举行全国性的比赛，由文部科学省下属有关部门和机构进行协调管理和实施。2002 年日本奥委会根据《体育振兴基本计划》的发展规划，推出了金色计划，致力于日本运动员训练和竞赛水平的提升。金色计划提出了对日本运动团体具体的支持方式，包括在强化训练的任务中，对运动员的选拔与资格确定、教练员的培养和进修、体育情报的收集以及设施的调查和充实等方面提供全面的支持和保证，并规定了委员会、课题组、事务局等各个部门的责任，明确了各个部门的任务。为该计划的实施，组成了三个协调部门："强化培养委员会""情报战略专门委员会"和"医·科学专门委员会"，这三个部门分工明确，分别在职能范围内为提升运动员竞技能力和全面发展服务。本着信息共享和促进同项群之间交流的原则，日本奥委会把日本的体育项目分成了三个系列，即球类系列、格斗系列和艺术系列，在三个系列中分别从比赛分析、体能训练、提高竞技能力战略制定、训练竞赛环境改善、技术交流等方面加强研究，从政策、资金、科研以及与其他部门的联系等各个方面为运动团体提供服务，对有希望夺得奖牌的项目实施重点扶持计划。

为提高运动员科学化训练水平，培养出世界级高水平运动员，2008

年1月21日，日本的国家体育科学中心(JISS)和国家训练中心(NTC)同时开始运行。运动员与运动团体在集中强化训练的同时，可以听取运动医学和运动科学的报告，并接受心理辅导等辅助训练，这样以运动训练和科学研究为一体的完整的训练基本条件就正式建立了起来。2008年2月，以国家训练中心核心基地的运动员强化训练事业相关的教练员学会、精英学会、职业学会等也相继开始投入工作，共同致力于运动员竞技能力的提升。日本体育指导者制度是整个日本社会的体育工作的指导资格标准，包含着社会体育指导员和竞技体育教练员的培养文件。指导者分为体育组织者、项目技术指导、体育医生、训练师、营养师、体育产业、俱乐部经营、初级体育指导等8类。在日本，只有获得国家级教练员资格才能够执教国家级的运动队。国民体育大会是日本体育水平最高规模最大的综合性运动会，每年举办一次，从1946年开始已经举办了64届。国民体育大会由日本体育协会、文部科学省和承担地方共同举办，承办单位由各都道府县轮流。国民体育大会也是日本《体育振兴法》的一项重要内容，以都道府县为单位进行同场竞技并综合排名，各都道府县都在为争取好的名次而努力，2010年参加的都道府县数目已经达到了46个，运动员参与的体育项目达35个以上。①

日本开展竞技体育运动训练竞赛的资金主要来自于政府行政拨款和社会项目运营两个方面。政府行政拨款并不是一个部门的任务，而是各省厅的综合协力予以保障，社会项目的运营费用则通过体育彩票、职业体育自身的运营等方式筹得。在竞赛激励方面，日本《体育振兴法》第15条规定，国家及地方政府必须表彰运动成绩优秀者和为发展体育运动作出贡献的人。② 以此法律规定为依据，日本文部科学省制定了《体育运动优秀工作者表彰规定》，以奖状、纪念品等形式表彰奥运会上的获奖运动员。备战雅典奥运会之际，日本奥委会为鼓励本国运动员在雅典再创佳

① 曲国洋:《日本竞技体育体制研究》，北京体育大学博士学位论文，2011年。

② 国家体委体育文史工作委员会，中国体育史学会:《中国古代体育史汇编》，北京体育学院出版社，1990年，第349页。

绩，对列入A级的滨口京子等女子优秀运动员以每人每月30万日元生活津贴的形式给予资助，对列入B级的松本慎吾等男子运动员以每人每月15万日元生活津贴的形式给予资助。因此，生活津贴也成为日本体育奖励的一种形式。① 此外，日本采取各方重奖，以激励运动员在世界比赛中夺取奖牌。日本政府对奥运金牌得主只有象征性奖励，但民间组织性质的日本奥委会则设有一定数额的奖金。雅典奥运的金、银、铜牌奖金分别为300万、200万和100万日元，总共实际支付了总额为1亿5600万日元的奖金。② 除日本奥委会的奖金外，各个单项协会也量力发放不同数额的奖金，一些单项协会在雅典奥运会开幕前就公布了奖金数额，以激励选手的斗志。日本的各大企业也是运动员的重要后盾，日本的奥运会选手主要来自学校和企业，来自企业的部分选手除了上述两项奖金外还可以从所属企业那里拿到奖金。

## 四、日本优秀运动员职业发展及退役后职业转型

日本在培养运动员过程中，不仅高度重视青少年的教育问题，而且把体育作为基本的教育手段，把体育融入教育之中，与青少年发展联系在一起培养优秀运动员。体育少年团是日本竞技体育后备力量的重要来源，体育少年团在运行过程中，家长和体育指导员均会对青少年的运动训练和文化教育实施有效监督，确保青少年得到身心健康的全面发展。日本的各级各类学校和业余体育俱乐部是培养竞技体育高水平人才的重要场所，日本竞技体育的选材是建立在全部的有兴趣参加体育活动的青少年基础之上，相关的政策都旨在保障青少年能够得到全面发展。日本在培养儿童少年成为优秀运动员的初级阶段，倡导摒弃胜利至上主义，强调竞技体育的教育功能，特别注重运动员整体素质的提高，并努力促成优秀运动员成为优秀社会文化的代表，成为青少年教育的榜样。在提高运动员技术水平方面也采取了训练、科研、信息与交流、管理和保障等多方面的

① 李晒晒：《中国竞技体育奖励制度研究》，上海体育学院硕士学位论文，2010年。

② 婕潋：《雅典奥运日本军团崛起复兴计划居功至伟》。http://sports.sohu.com/20040907/n221926196.html，2004－09－07.

系统性措施，以促成运动员综合素质的提升。通过分析日本管理机构的划分以及培养运动员的目标，可以发现，日本将体育作为社会文化的一部分进行管理与运作，社会文化又能够最大限度地为体育服务，加之教育的功能又可反作用于体育，这样对青少年的教育和发展就形成了一个良性循环，形成了社会的学术、体育、文化、科技方面共同对运动员施加影响，使运动员能够在成长过程中具备完整的知识储备，不会因为环境的变化而导致其人力资本的急剧下降。

日本在发展竞技体育理念方面不仅把体育作为教育手段，而且在机构设置方面，负责青少年参与运动员训练和竞赛事务的体育青少年局也隶属于文部科学省。文部科学省认为教育是社会发展的基础，学术、体育、文化、科技等都是为教育服务的，因此将体育作为教育的组成部分进行管理，期望在广大青少年成长过程中充分发挥体育的教育功能。在培养竞技体育运动员方面，日本有着宽广的视野，其目的是培养“有着优秀综合素质”的运动员，期望竞技体育运动员能够弘扬体育文化，促进大众体育和体育产业的发展等。日本政府鼓励学校体育与地域体育社团开展广泛的交流与融合，鼓励高水平优秀运动员加强与青少年运动员的交流并对其指导，使高水平运动员在为社会作贡献的同时提高其技术指导能力、社会活动组织能力、沟通能力，以及适应社会能力等综合素质。

此外，为消除青少年从事体育运动的后顾之忧，日本设立了运动员社会保险署，并在全国各地设置了1 400多个运动员社会保障办事机构，对运动员职业发展过程出现的风险和遇到的困境予以保障，以消除运动员参加训练和竞赛的后顾之忧。日本的体育保险在社会保障体系中所占比重较大，覆盖范围较宽，日本充分发挥社会保险和商业保险的优势，形成了一个健全、完善、可操作性强的体育保险体系。日本在运动员保障管理体制上采用集中和分散管理相结合方式，把共性较强的项目集中起来，设立专门的运动员社会保障部门或者在某个部门下设立专门的保险机构对运动员的养老、医疗保险和遗属补助进行统一管理，特殊性较强的项目单列，由相关部门实行分散管理。由此可见，与西方发达国家一样，日本的竞技体育与教育高度融合在一起，保证了优秀运动员的全面发展，运动员具有较高

的综合素质。运动员在成长过程中形成的运动员人力资本价值要素比较均衡，优秀运动员在运动职业生涯期间和退役后其人力资本存量面临贬值的风险很小，加上日本政府健全的运动员保险和保障制度，运动员在结束运动职业生涯后职业转型良好，其人力资本价值能够得以有效迁移和延续。

通过以上对发达国家竞技体育的管理、训练、竞赛、运动员培养、运动员退役后职业转换，以及社会保障等机制的分析，可以发现四个国家体育事业管理和发展机制的共同点在于：其一，实行分权管理模式，政府机构不直接着手竞技体育的管理，而是进行宏观的调控，由政府行政组织与民间体育社团共同分享体育管理权力，分工执行体育管理职能，非政府组织的社会团体以及体育俱乐部广泛参与竞技体育领域，极大地促进了竞技体育的发展。其二，各国都建立了完善的体育法律制度，体育政策与国家法律密切相关，以整个国家制度的法律为基础，建立了一系列的体育法律制度来保障竞技体育的可持续发展。体育法是制定所有体育政策的基础，所有的体育行政和活动都必须在法制的框架下进行，保证了体育事业在有序的良性轨道上发展。其三，在运动员成长过程中，体育与教育紧密结合，各级学校的学生是竞技体育人才的主要来源，各个国家的优秀运动员在大学中都有各自的专业，优秀运动员并不会因为其运动员身份而获得任何照顾，大学依法对其进行管理，保证了他们的学习质量。日本更是将体育作为教育的一个部分，为教育所用，使得竞技体育从一开始就与培养人、教育人紧密地结合在了一起。

总体上，上述四个国家在引导和培养青少年成为优秀运动员的过程中，非常重视儿童少年的文化教育和综合素质的发展，在运动员成长的不同阶段都积极开展职业生涯规划与职业指导工作。从运动员人力资本的形成来看，这些发达国家运动员人力资本价值要素比较均衡，价值较为稳定，运动员人力资本面临贬值的风险较小。此外，四个国家较为完善的社会保障及救助机制，基本保障了退役运动员后职业生涯期间的生活，在很大程度上弥补了运动员人力资本存量的下降和贬损，绝大多数运动员在结束运动职业生涯后职业转换顺畅，其人力资本价值能够得以有效迁移和顺畅延续。

## 本章小结

本章立足于中国优秀运动员人力资本投资形成及贬值问题，以发达国家优秀运动员职业发展、退役转型及人力资本价值迁移途径为切入点，从分析美国、英国、澳大利亚和日本四个国家的竞技体育管理体制和训练竞赛机制入手，研究了四个国家优秀运动员成长与培养过程、职业发展状况以及退役后职业转型等问题，以展开与中国优秀运动员培养机制以及运动员人力资本贬值的比较研究，为中国竞技体育管理、优秀运动员培养机制的改革与完善以及运动员退役后职业转换等问题提供可借鉴的依据。

研究认为：国外运动员大多走院校化发展之路，都是以教育系统和体育系统的高度协同配合来培养青少年运动员。政府行政组织与非政府组织共同分享体育管理权力，非政府组织的体育协会、社会团体和体育俱乐部等对竞技体育的发展和运动员的培养起到了巨大的促进作用。政府通过设立形式多样的高额奖学金，鼓励青少年参与竞技运动训练，并资助有发展潜力的运动员分担其从事业余训练和参加比赛的费用。在运动员成长过程中重视运动员职业生涯的发展、规划与管理，运动员文化教育得到充分保障，政府、协会和社团依法通过多种手段和方式对各类优秀运动员实施资助和扶持计划，保证了运动员在良性的轨道上持续性发展。从运动员人力资本的形成来看，发达国家运动员人力资本价值要素较为均衡，价值较为稳定，运动员退役后面临贬值的风险较小。发达国家较为完善的社会保障及救助机制，有力地保障了退役运动员后职业生涯期间的生活，在很大程度上弥补了运动员人力资本存量的下降和贬损，绝大多数优秀运动员在结束运动职业生涯后职业转换顺畅，其人力资本价值基本能够得以有效迁移和顺畅延续。

发达国家为运动员设立的就业指导与职业培训中心相对完善，运动员在成长过程中掌握了完备的知识技能体系，退役后能够从容面对职业转型和角色转换。美国、英国、澳大利亚和日本四个国家的优秀运动员绝

大多数来自高校，都有各自所学的专业，运动员本身积累的人力资本与其将参加的工作所需要的知识技能基本匹配，在退役后职业转型过程中不会产生匹配错位的现象。发达国家运动员大多自费参加训练和比赛，在取得好的竞赛成绩后才能获得政府的资助。在这种体制下，运动员对于竞技体育管理制度的依赖性较小，对自己未来的职业发展更具规划性，运动员会自主地对退役后的生活做打算，减少了失业风险。在发达国家这种体育与教育高度结合、政府宏观调控、分权管理和依法发展体育事业的机制下，优秀运动员人力资本的积累是广泛而全面的，运动员退役后很少出现由于社会中角色的转变所带来的知识技能不匹配现象。从经济学角度来讲，就是一种表现在知识技能方面的供求关系的平衡，能够有效抵御运动员人力资本贬值的风险，多数运动员退役后其人力资本存量不会发生较大幅度的贬损，在新的职业岗位上运动员人力资本能够得以有效迁移和顺畅延续。

# 第八章　中国优秀运动员人力资本保值增值的策略与政策建议

## 一、国家立法，社会关注，共同解决运动员人力资本闲置、浪费和贬值问题，使竞技体育人力资源在践行体育强国战略目标中发挥应有的作用

在市场经济不断深化和完善的背景下，以人力资本视角审视中国优秀运动员培养和退役运动员职业转型等问题，是落实以人为本的科学发展观，构建和谐社会的应然之举。在中国体育体制改革不断深化的促进下，以人力资本定位运动员的培养、使用、职业转换等，改变的不仅是国家层面的体育观念，更重要的是树立了运动员"促进人的全面发展"的价值观。因此，有效解决中国优秀运动员人力资本浪费、闲置和贬值等问题，可以优化竞技体育人力资源的配置方式，开发和挖掘运动员潜在的经济价值，提升运动员人力资本的综合价值，从经济学视角来看是完善中国竞技体育举国体制的最佳切入点。虽然近年来政府出台了若干针对运动员管理与市场开发的制度和指导性文件，解决了部分运动员产权及市场开发时遇到的人力资本问题，但面向所有层面的运动员社会保障体系仍未建立，运动员人力资本市场仍未实现有法可依，运动员产权制度仍处于理论构建阶段。诸多事实表明，解决中国优秀运动员人力资本贬值等问题，国家层面的立法势在必行且任重而道远。

小政府、大社会是中国治理方式改革的前景目标，它要求第三部门不仅分担政府部门无暇顾及的社会事务，更重要的是系统、细致地建立社会服务网络，必然也包括运动员社会保障、医疗保险、技能培训、慈善救助

等。在现实生活中，人们关注体育，更多的是聚焦于比赛冠军、金牌数量以及国家荣誉等，却长期忽视举国体制背后高淘汰率的人才流失造成的运动员人力资本闲置与浪费。在放大竞技体育发展的同时，却忽视了发展背后的代价。如果这样的发展是以牺牲众多运动员的全面健康发展为代价，那么长此以往还有多少人会为金牌鼓掌欢呼，还有多少家长愿意让自己的孩子投身到竞技体育之中去？由此可见，解决中国优秀运动员人力资本贬值问题，不仅需要国家层面的立法，更需要社会各界的关注，为运动员职业生涯发展营造良好而宽松的环境和完善的保障体系，实现运动员人力资本的保值和增值。

胡锦涛同志在2008年北京奥运会、残奥会总结表彰大会上的讲话中，明确提出中国由体育大国向体育强国迈进的发展战略目标。① 体育大国向体育强国迈进，是党中央根据当前中国的发展阶段和基本国情对新时期体育事业的发展提出的新目标、新定位。体育强国是指在以社会体育为基础，竞技体育为先导的体育事业发展各个方面的总体发展水平在世界上处于一流的国家。② 在由体育大国向体育强国迈进的发展战略中，中国大批的优秀运动员是践行体育强国战略目标宝贵的人力资源。但是由于中国运动员成长过程中文化教育缺失、过早的专业化以及不健全的保障机制，导致中国运动员人力资本综合价值普遍不高，成为践行中国体育强国战略目标的“短板”。因此，避免中国优秀运动员人力资本贬值，使中国大批退役优秀运动员人力资本进行价值的有效迁移，实现其人力资本的保值和增值，在建设体育强国战略中发挥积极作用，对避免大量的体育类专业人力资源的浪费和闲置具有重大战略意义。

由此可见，避免中国优秀运动员人力资本贬值，不仅体现出政府以人为本的施政理念，也是实现体育强国的重要环节。这需要政府管理部门加快建立与社会主义市场经济体制相适应，符合中国竞技体育发展规律

① 胡锦涛：《在奥运会、残奥会总结表彰大会上的讲话》，人民体育出版社，2008年。

② 朱凯：《中国体育确立新航向——从体育大国向体育强国迈进》，《人民日报（海外版）》，2009年1月27日。

的运动员社会保障体系，进一步提升运动员人力资本竞争力，使运动员人力资本市场更加规范、高效，最终实现中国竞技体育的可持续发展。政府及社会各界要以人力资本投资观念审视中国现行的运动员培养模式，不断促进竞技人才培养体系的完善。体育行政管理部门要走出唯金牌意识，重视运动员人力资本价值开发，大力推进中国竞技体育市场化进程，建立合理运动员人力资本产权制度，提高运动员人力资本投资的效率和动力，避免中国优秀运动员人力资本贬值，使竞技体育人力资源在践行体育强国战略目标中发挥应有作用。

## 二、改革运动员培养体制，增强运动员综合素质，提高运动员人力资本价值

### （一）改革运动员培养体制，加快运动员培养的社会化进程

竞争与博弈是生成好制度的环境，竞争是一个优胜劣汰的过程，没有竞争就没有系统的自我完善动力，缺乏自我完善机制就会出现投资的低效率或无效率状态。当前中国运动员培养依然是“体育局中心”格局，尽管出现了一些企业和社会组织培养模式，但也无法与拥有体育资源垄断权的政府进行公平竞争。近些年，中国竞技体育虽居奥运金牌榜首，但竞技体育后备人才存量持续减少、成才率偏低、人力资本投资收益不对等。因此，培育新的后备人才市场，鼓励和扶植更多的社会力量参与优秀运动员培养显得尤为重要。国家选择那些奖牌密度大、市场需求小、传统的奥运竞技项目，如田径、体操、举重、柔道、游泳、跳水、射击、摔跤曲棍球，以及冰雪运动项目等作为政府重点发展的对象。对一些群众基础好、市场需求大的运动项目，如足球、篮球、排球、乒乓球、羽毛球等则可以通过市场化来运作，动用社会力量来培养高水平运动员，拓宽运动员培养渠道，构建起政府、企业和社会组织并存的多元化运动员培养体系。这样的运动员培养模式决不是政府简单地减少培养供给，政府应努力完善投资环境，应以积极的态度鼓励、扶持多种形式的运动员培养主体，拓宽运动员培养口径，丰富培养路径，充分发挥市场机制的作用，打破原有的“体育局中心”格局，形成运动员培养体制改革的竞争环境，促进运动员培养社会化进程。

## (二) 努力推进运动员培养的院校化发展之路，增强运动员综合素质

2000年,国家体育总局颁布的《2001—2010年体育改革与发展纲要》指出中国竞技体育的改革要走体教结合之路,并从宏观上指出体教结合走院校化发展之路是培养竞技体育后备人才的必然趋势。然而,综观近些年体教结合的探索改革历程,中国优秀运动员培养的体教结合模式在某种意义上已经成为食之无味又弃之可惜的"鸡肋",学校在培养高水平运动员过程中暴露出的一些问题令人深思。综观世界体育强国,无不把学校当作竞技人才培养的重要基地。国外竞技体育人才是从中学代表队到大学代表队,再到职业俱乐部或国家代表队,显示出教育系统为竞技体育提供人才的重要作用。而中国最具有广泛人力资源的教育系统,却长期与体育系统相割裂,不能成为优秀运动员培养的主渠道。严德一的调查研究显示,山东省竞技体育后备人才87.6%来源于体育系统的业余体校,教育系统的中学仅占12.4%。① 至今,在全国运动会上不允许大学生代表队参加、清华大学跳水队参赛资格之争也表明了体育系统对教育系统的排斥,体教结合不能到达理想效果,症结就在于计划经济体制下形成的行业封闭在现阶段仍然难以逾越。竞技体育发展走院校化之路不仅是中国体育体制改革的重要突破,也是落实以人为本、促进人的全面发展,提升运动员人力资本综合价值的具体表现。由此,本书提出:

1.不同项目应有不同模式的"体教结合"。根据田麦久的项群理论研究可知,中国优势项目主要有两类,一是技能表演类,如体操、跳水、游泳等;二是同场隔网技能对抗类,如乒乓球、羽毛球、网球等。这两类项目在运动员培养阶段有一个共同特征,即专业训练低龄化。运动员往往在小学甚至更早的阶段就开始接受专业训练,导致学校教育形如虚设,影响了运动员职业转型后的学养素质,造成运动员人力资本贬值之实。因此,建议将此类运动员培养与中小学义务教育、学龄前教育有机结合,在运动员接受正常义务教育的基础上进行专项训练,并对运动员文化教育程度

---

① 严德一:《山东省竞技体育后备人才资源现状与开发》,《中国体育教练员》,2005年第1期。

设定硬性考核评价指标，以保证青少年的可持续发展。对于那些培养周期较长项目，如田径、篮球、足球等，后备人才培养应与高中、大学教育结合起来，一方面，身体素质的发育有利于训练水平的提高，另一方面，正常的学校教育可以提升运动员对训练比赛的理解力。

2．“体教结合”的目标是培养具备综合素质的高水平运动员。因此，从改革竞赛制度入手调整体教结合培养目标是当务之急。首先，要改革现行的全运会参赛报名办法，使学生运动员有机会参加最高层次的全国比赛，清华大学学生胡凯参加全运会便是很好的例证。其次，要完善职业运动员准入制度，借鉴 NBA 相关办法，拥有学位是学生成为运动员的必要条件。第三，要改进人才选拔机制，效仿中国乒乓球队“直通鹿特丹”式的人才选拔模式，让更多的学生运动员出现在国家队的选拔之列。

3．“体教结合”的实践层面就是整合运动员培养的“三级训练网”和教育系统的优质资源，让更多的业余体校设立在中小学，让更多的体校与高级中学实现资源共享。目前，加强运动员文化教育，提高运动员素质已越来越受到各级体校的重视，许多业余体校或与体育传统项目学校合二为一，或与普通中学联合办学，体育与教育管理部门相互配合，以提高运动员的文化素质。应逐步压缩各级各类体校规模，将青少年的基础性训练并入到各级小学、初高中学校，按行政区划建立由下至上、层层衔接的学校竞赛体系，大力发展体育职业技术学院，进一步加强普通高校高水平运动队的建设。

早在 1996 年萨马兰奇就说过：“21 世纪世界各大洲竞技体育发展仍不会平衡，走学院化之路将是总趋势。”美国 20 世纪六七十年代开始重视学生运动员的培养，从学习、训练、科研、管理等方面以完善的制度保证了运动员的全面发展。在中国，体教结合就是应整合体育、教育资源，推动素质教育，摆脱陈旧的制度缺陷和路径依赖，为国家培养高素质劳动者和全面发展的优秀体育后备人才，最终形成院校化发展模式。中国体教结合的学院化发展之路就是将青少年训练嵌入学校体育中，在大中小学布局项目训练基地，形成让体育行业擅长的训练竞赛为学校体育恢复生命活力，学校正规教学方式和优质教育资源为业余训练提供保障的公共服

务体系运行机制。

## 三、推进中国竞技体育社会化进程，健全运动员职业发展保障体系，规避优秀运动员人力资本贬值风险

### （一）加快推进中国竞技体育的社会化进程

改革开放30多年来，中国体育取得的成绩不可谓不大，但其付出的代价和耗费的资源也是有目共睹的，这也是竞技体育举国体制屡遭诟病的重要原因。中国自1994年部分运动项目开始尝试职业化改革以来，始终难以取得理想效果，其中一个重要的制约因素在于中国体育行政主管部门以行政手段过多地干预职业体育的运行，管办不分，违背了职业体育的运作规律。在中国明确提出体育大国向体育强国迈进的发展战略目标后，中国竞技体育职业化改革和社会化进程必将迎来一个新的战略机遇期。在不断深化推进的体制转轨、社会转型、文化转制等改革背景下，中国体育面临着为实现“体育强国”宏远目标而扎实推进的改革重任。在宏观上应以“顶层设计”理念规划中国竞技体育改革路径，立足现实，明确方向，选择方式，规划进度，把握重点，加快推进中国竞技体育职业化、社会化发展进程。此外，在制度上从管理机构改革入手推进管办分离，拆分管理职能，打破体育系统自身封闭运行的体系，努力实现与经济社会其他部门的融合，使各投资体育的主体涉及的责任、权力、利益在更加宽广的平台上运行。

### （二）健全运动员社会保障体系

运动员社会保障是一项系统工程，需要加强法制建设，应专门制定关于运动员社会保障的法规，规范国家、地方、单位和运动员各主体的权利和责任。要不断完善运动员社会保障制度并尽快纳入整个社会保障体系，对于运动员社会保障要坚持“广覆盖、保基本、多层次、可持续”的方针，尽快建立起以社会保险、社会救助、社会福利为基础，以退役安置、基本医疗保险、最低生活保障制度为重点，覆盖所有运动员，并以慈善事业、商业保险为补充的与国家社会保障制度衔接的运动员社会保障体系。政府在立法和监督基础上，将运动员社会保障制度纳入规范化、法制化的轨道，切实解决中国运动员“退役致贫”“伤残难医”“社保难续”的问题，规避竞技体育制度风险和运动员人力资本投资风险。① 现阶段，社会保险保障程度偏低，社会保障制度供给不足，商业保险严重缺失是中国运动员伤残保险领域中的主要问题。面对当前中国市场经济下中国优秀运动员社会保障出现的新情况、新问题，只有与时俱进地构建起以"工资福利、社会保险、医疗照顾、伤残抚恤、就业指导、退役安置、困难帮扶、学习资助、创业支持"等为主要内容，国家、社会、行业、地方和个人共同承担、分级负责的多层面、全方位的运动员保障体系，才能有效规避和降低中国优秀运动员职业发展风险，消除运动员成长的后顾之忧，避免优秀运动员人力资本发生贬值。

## 四、加强中国运动员人力资本市场建设，完善运动员人力资本产权制度，全面提升运动员人力资本市场价值

### （一）加强中国运动员人力资本市场建设

资本是运动的，在运动中增值是资本的本性，资本也只有在市场中才能发挥出最大的经济价值。积极发展中国运动员人力资本市场，促进优秀运动员流动机制，是运动员人力资本积累的重要途径。然而在中国实行市场经济体制以来，体育事业的改革明显滞后于其他行业领域，特别是竞技体育举国体制计划经济特征明显，竞技体育的管理体制、训练竞赛体制、优秀运动员的商业运作及收益分配等关键性领域的改革仍然阻力重重。运动员人力资本市场的建立是在中国市场经济改革持续深入，体育体制改革不断深化的背景下分阶段、分步骤，逐步完善的一个过程。在市场经济条件下，政府必须充分认识到运动员人力资本经济价值的重要性，在保护运动员人力资本各投资主体权益、规范运动员商业开发等领域出台相关政策，保障运动员人力资本市场的有序健康发展。

竞技体育要实施真正意义上的"管办分离"，避免政府管理部门"既当运动员，又当裁判员"的弊病。逐步推进体育社团与行政部门机构分离，行业协会走实体化、法人化之路，实现竞技体育队伍管理主体的多元

① 刘建，于善旭：《运动员人力资本投资风险及其分析的理论框架》，《沈阳体育学院学报》，2008 年第 5 期。

化和竞技体育利益群体的多元化，降低运动员人力资本市场运行的制度约束。以建立运动员人力资本产权制度为契机，深入推进球类集体项目的职业化建设，建立职业联盟，实行企业化运营，大力推广体育经纪人制度，完善运动员转会制度，建立球员工会，形成“利益博弈”治理模式，保障各利益主体受益最大化。必须明确的是，运动员的产权顺畅流动是中国职业体育市场发展与完善的前提，也是形成中国运动员人力资本市场的一种必然选择，是促进运动员流动的制度保障。发展和加强中国运动员人力资本市场，必须以产权改革为切入点，加快运动员人力资本要素市场的发展，这些要素市场包括运动员交易市场、经纪中介市场、竞赛表演市场、运动员商业开发与广告市场，以及运动员保险保障市场等。只有理顺这些要素市场的产权关系，其交易成本才会下降，而减少政府管制，引入竞争机制则是加快要素市场发展的基本举措。中介组织的失活会直接影响运动员人力资本在市场上的流动，其作为市场要素的发展空间或流动载体必定受限，因此要大力发展和完善中介组织，为运动员人力资本要素市场的发展创造有利条件。增加高品级运动员人力资本的有效供给，加速运动员人力资源向人力资本的转化，不断提高运动员人力资本存量水平，以增加运动员人力资本的市场交易价值。构建以运动员人力资本为核心的市场规则，包括商业开发、慈善活动和社会公益等在内的各项制度，加强运动员人力资本无形价值的开发和利用，在市场交易中实现运动员经济价值的最大化，最终实现运动员人力资本的保值和增值。

### （二）完善运动员人力资本产权制度

中国优秀运动员人力资本产权具有明显混合性质，尽管各个项目优秀运动员的投入、产出与分配等问题不一样，但由于运动员人力资本形成过程的复杂性以及产权制度的供给不足，长期以来中国优秀运动员人力资本产权总体上一直处于归属模糊、边界不清的状况。中国体育管理体制、运动员培养模式、人们思维惯性、相关法律制度的缺失、体育管理部门职能错位，以及市场经济的不完善导致了专业运动员人力资本产权边界模糊不清。在举国体制下，中国优秀运动员大多来自“三级训练网”的专业培养体制，政府管理部门对运动员人力资本产权具有绝对的控制权，国家投资运动员的目标基本不会受到损害，而社会团体、企业、家庭和运动员个人等投资主体往往受制于政府部门，处于配置运动员人力资本产权的弱势地位，政府管理部门在处理相关问题时又存在越权和越位等问题，更是加剧了界定运动员人力资本产权的难度。近几年在竞技体育领域所产生的种种乱象，大都与运动员人力资本属性及其产权归属有关，这也是中国体育体制的内在尴尬所在。中国优秀运动员成绩的产出，既有运动员投入的禀赋、健康、时间和精力、为职业选择而放弃其他选择的机会成本，以及承担较高的投资风险等，又有国家投入的巨大的人力、物力和财力等。由于运动员人力资本产权归属既无法律的界定，又无事前契约的约定，也无法区分出投资主体贡献的孰大孰小，从而造成运动员人力资本产权边界的模糊不清，运动员人力资本产权边界的模糊必然引发对运动员产权归属的困惑与争执。因此，建立健全产权边界明晰的中国运动员人力资本产权制度，并在实践中不断完善，是合理分配运动员人力资本收益，促进运动员人力资本市场完善的重要前提。

运动员人力资本产权问题，既与中国现行的体育管理体制有关，也与产权市场的不完善有关。建立健全中国运动员人力资本产权制度，首先，要在现有的运动员管理体制导入运动员产权市场机制，以确立出资者产权和运动员产权的边界。尝试构建以国家和运动员为产权主体，以国家、运动员与中介公司或经纪人为委托代理关系的新型市场运作模式，并代理其无形资产的市场开发与运营。实行运动员人力资本股份制运营方式，采用市场化原则下的契约化管理，在体育管理部门、运动员以及第三方权益主体之间搭建一个相互制约、民主平等、公开透明的平台，将各项事务，特别是与双方利益密切相关、容易引发矛盾的纠纷、产生不稳定因素的事项，以合同、协议、契约等书面形式固定下来，依法或依约进行规范化、制度化的运营与管理。其次，要改革单项运动协会的产权制度，建立科学的内部治理结构。中国的单项运动协会大多是由体育行政部门发起组建的，往往隶属于政府，其产权很不清晰。改革运动协会的产权制度，就是要继续推进运动协会的实体化进程，使其真正成为产权独立、权责分明的法人实体，与国家体育行政部门形成相互监督、相互制约的治理

结构,从而降低运动员人力资本产权界定的复杂度。最后,运动员人力资本产权具有“主动产权”的特殊性,其载体具有主观能动性,是一种个人私产,是合法的产权主体。因此要严格遵循“谁投资,谁受益”的基本分配原则,将运动员人力资本产权划分为对运动员竞技能力和运动成绩的占有权、使用权、收益权和处置权,依法分层次逐一界定各种权能的具体内容和权益边界,并通过契约来明确各方的权利义务关系,争取使各方对培养运动员的投入达到最优均衡水平,从而保证各方投资运动员人力资本的积极性,促进中国竞技体育事业的持续健康发展。

## 五、着力解决运动员退役安置问题，对退役运动员进行再教育、再投资以及职业技能培训，促进退役运动员人力资本价值的有效迁移和延续

中国优秀运动员退役后其人力资本发生的普遍性贬值,造成中国大量的优秀退役运动员失业、体育专业人才资源的浪费、运动员人力资本的闲置、浪费、使用效率低下甚至报废等问题,这些问题长期以来一直困扰着中国政府管理部门、各级运动队和优秀运动员,而且始终未能得到很好的解决,成为中国竞技体育领域的棘手问题。退役运动员的就业安置困难,给运动队建设带来了限制人才更新、挤占有限经费、增加管理难度等问题,大大降低了体育行业的吸引力,给后辈人才的储备、培养和更替带来了许多不良的影响,优秀运动员退役安置问题已经成为制约中国竞技体育可持续发展的瓶颈。中国政府非常重视退役运动员就业安置问题,国家在不同阶段出台了从安置、保障运动员就业到职业转换期的政策和指导性文件,加强退役运动员职业培训和鼓励自主择业。如中共中央国务院《关于进一步加强和改进新时期体育工作的意见(2002)》《关于进一步做好退役运动员就业安置工作的意见(2002)》《自主择业退役运动员经济补偿办法(2003)》《关于做好运动员职业转换过渡时期工作的意见(2007)》等,这些政策的出台不断为退役运动员再就业工作指出新方向和新思路。2003 年的全国政协十届一次会议上,前世界乒乓球冠军、政协委员邓亚萍提交了一份《关于切实采取措施,做好退役运动员安置工作的建议》的提案。2007 年全国政协十届五次会议上,另一位前世界滑冰

冠军、政协委员叶乔波又提交了《退役运动员生存与发展的建议》的提案，这两份提案中都针对中国退役运动员就业安置的难题向中央政府提出了意见和建议，希望国家进一步采取强有力措施，着力解决中国退役运动员就业安置问题。

针对中国退役运动员人力资本的普遍性贬值，对退役运动员进行再教育、再投资和职业技能培训，补偿其人力资本存量的贬损和下降，使退役运动员能够顺利实现就业和职业转换是有效解决退役运动员就业难的重要渠道。国家应进一步改革、完善退役运动员再就业的组织管理工作，以全面发展为理念，引导和帮助退役运动员为再就业做好职业规划，以就业市场为导向加强在训期间和职业转换期的就业指导。应借鉴国外先进经验，构建退役运动员职业转换课程培训模式，针对不同退役优秀运动员的情况采取“取长”“补短”“技能迁移”，以及“技能转换”等不同模式和内容的职业转换培训。① 国家应以集约式管理，实现退役运动员再就业服务的社会化、专业化，并依托运动员特有资源，拓展其再就业空间与渠道。现阶段，中国退役运动员再就业社会支持系统较为单薄，国家还没有成立“退役运动员就业服务中心”的专职机构来专门开展为退役运动员就业指导和提供咨询服务。尽快在全国搭建起一个社会公益性平台，将退役运动员再教育、再就业及技能培训与社会需求有机联系起来，形成逐步完善的信息传递机制，确保信息渠道畅通，使运动员能够更加充分地了解社会，社会也能更深层次地了解运动员。运动员退役就业安置的公益性社会活动平台需要政府部门组织搭建，社会各行业的参与，媒体的积极配合，以及运动员群体的积极参与。② 总之，通过对退役运动员再教育、再投资和职业技能培训，目的就是要提高运动员再就业的知识和技能，增强运动员在人才市场上竞争择业的资本和能力，使退役运动员顺利实现

① 李宝禄，肖建忠：《退役运动员职业转换培训课程模式研究》，《广州体育学院学报》，2010 年第 4 期。

② 刘建：《我国退役运动员再就业资本的获得及资本性功能分析》，《中国体育科技》，2012 年第 4 期。

职业转型,有助于退役运动员人力资本价值实现有效迁移和延续。

## 六、运动员自身要积极采取措施应对职业危机，要扬长避短，发挥专业优势，避免人力资本价值的无谓贬损

中国优秀运动员把竞技体育运动作为一种职业目标,在实现为国争光的人生理想拼搏奋斗的同时,也追求个人效益最大化。然而,在运动员职业生涯发展过程中,运动员人力资本始终面临着三重贬值风险:自然贬值、市场贬值和社会贬值,运动员人力资本一旦发生贬值,将影响到运动员人力资本各投资主体的收益,特别是直接影响到运动员自身,导致运动员个人效益下降,也往往会影响到运动员后职业生涯的生活和职业发展。伴随着当前中国市场经济的不断发展,社会对人才要求的不断提高,面对激烈的市场竞争,身处专业体制内的运动员如何避免自身人力资本价值不贬损,如何在退役后使原有的人力资本价值进行有效的正向迁移和顺畅延续,是运动员自身及其家庭必须要面对和解决的问题。

长期以来,中国运动员面对职业危机和人力资本贬值时所表现出"等、靠、要"态度和做法,不仅无助于规避运动员人力资本贬值风险,而且是各级运动员管理部门也无力触及的盲区。因此,运动员自身及其家庭应采取积极的策略应对运动员职业危机和人力资本贬值的风险。运动员自身要审时度势地及时启动内在的自补偿机制应对人力资本的贬值,并在运动员后职业生涯中扬长避短,发挥专业优势,避免其人力资本价值的无谓贬损。与资本增值的本性一样,运动员人力资本存量本身能够以较快的速度不断增值,即发生一种内生性的人力资本投资,这不仅是对人力资本的简单补偿,而且能降低人力资本贬值的速度,抵御人力资本贬值。在运动员"三级训练网"的培养体制下,中国众多的运动员缺乏学习文化知识的内在动机,自我发展意识淡薄,一味地依靠通过训练比赛获得优异竞赛成绩来改变自身命运,然而一旦退役,许多运动员却因人力资本发生贬值影响了职业转换和二次就业,并导致一部分运动员后职业生涯陷入困境。由此可见,要避免中国优秀运动员人力资本发生贬值,作为运动员人力资本的承载者,运动员自身的意识、态度和作为至关重要。只有运动员自身及其家庭意识到职业危机带来的紧迫感,才有可能撬动运动

员主动学习和自我发展的欲望。中国优秀运动员在训练过程中要主动地加强文化知识的学习，全面提升综合素质，积极进行职业发展规划，克服因伤病过多、文化教育不足、专业化过早等引发的中国优秀运动员人力资本贬值，实现人力资本保值和增值。

本章在本书全部的理论研究和实证分析的基础上，借鉴西方及发达国家在高水平运动员的培养、职业发展状况以及退役后职业转型等做法和经验，纵观全局地从宏观层面上进一步提出了中国优秀运动员人力资本保值和增值的策略和建议。研究认为要实现中国优秀运动员人力资本保值和增值需要切实构建起以国家立法、社会关注、运动员及各方积极行动并有所作为的联动机制，以共同解决中国优秀运动员人力资本的闲置、浪费和贬值问题，使竞技体育人力资源在践行体育强国战略目标中发挥应有作用。要改革现有的运动员培养体制，增强运动员成长过程中的综合素质，不断提高运动员人力资本价值。要深入推进中国竞技体育社会化进程，建立健全运动员职业发展保障体系，规避优秀运动员人力资本贬值风险。要进一步加强中国运动员人力资本市场建设，完善运动员人力资本产权制度，全面提升中国优秀运动员人力资本的市场价值。政府管理部门要着力解决运动员退役安置问题，加强对退役运动员的再教育、再投资以及职业技能培训，促进退役运动员人力资本价值的有效迁移和顺畅延续。运动员自身及其家庭要采取积极的措施应对可能发生的职业危机和人力资本贬值，在运动员后职业生涯中扬长避短，发挥专业优势，避免其人力资本价值的无谓贬损。

# 第九章　研究结论、建议及研究的局限与不足

## 一、研究结论

1. 运动员人力资本是指特定行为主体通过对运动员的体育天赋进行投资,形成的凝聚在运动员身上并能带来未来收益的健康、技能、知识、心理、声誉等因素的价值存量,核心价值要素是运动员具备的专项竞技能力,属于技能型人力资本范畴。运动员人力资本主要内涵是凝结在运动员身上具有经济价值的生产能力,其本质是运动员从事体育生产活动的劳动能力,由运动员劳动力的转化而来,直接表现形式是运动员在比赛中的竞技能力。

2. 运动员人力资本贬值是指因各种内外因素的变化引起运动员在其运动职业生涯和生命周期内专项竞技能力、知识、能力、健康、声誉等价值存量的降低,进而导致运动员人力资本价值或使用价值的减少和损失。运动员人力资本贬值是市场的常态,受各种内外因素的影响,运动员人力资本面临着三重贬值风险:自然贬值、市场贬值和社会贬值。

3. 运动员人力资本贬值最终都体现为运动员收入减少、获取收入能力下降以及拓展收入空间的能力弱化等方面。运动员人力资本贬值的独特性表现为运动员人力资本发生贬值时过程较短,瞬时性贬值特征明显。运动员退役时其人力资本贬值幅度较大,部分运动员在职业转换过渡期人力资本出现暂时失灵现象,运动员人力资本贬值对运动员后职业时期影响较大。

4. 在计划经济时期,中国绝大多数的退役优秀运动员通过指令性安置制度得到了妥善安置,在很大程度上化解了运动员人力资本贬值的风险,退役后其人力资本价值能够得以有效迁移或延续,优秀运动员群体人

力资本价值存量贬损并不严重。市场经济下中国退役运动员安置办法在实践中遇到了较大的困难，运动员综合素质与社会需求之间的差距日益扩大，退役后不能实现就业的运动员群体数量庞大，造成中国大量的优秀运动员人力资本产生贬值。

5. 中国待安置退役运动员存在的突出问题是基数庞大、所占比例高、待安置年限长，经济不发达地区的退役运动员安置最为困难。从事社会化程度低、社会基础薄弱项目的运动员退役后安置难度相对较高。未取得优异的运动成绩，且训练时间长、伤病多、文化水平低、退役年龄较大的退役运动员安置困难最大。中国退役优秀运动员安置难的问题日益突出，造成中国大量的退役优秀运动员人力资本闲置和浪费，是中国原本稀缺的竞技体育人力资源的极大浪费。

6. 中国运动员伤病过多、文化教育不足、专业化过早、职业生涯规划缺失以及运动员人力资本产权边界模糊不清等是导致中国优秀运动员人力资本产生贬值的重要原因。此外，中国较为封闭且相对固化的优秀运动员培养体制、竞技体育过分的功利性和短视行为、竞技体育社会化、市场化程度不高以及运动员人力资本市场欠缺直接或间接地成为中国优秀运动员人力资本贬值的特殊诱因。

7. 运动员人力资本贬值补偿机制包括内在补偿机制和外在补偿机制，针对运动员人力资本发生贬值的可能，运动员自身应积极启动内在“自补偿”机制，着力提升自身综合素质和能力，对职业生涯的发展进行科学规划，消除诱发运动员人力资本存量下降和贬损的因素，尽量防范运动员人力资本贬值的发生。政府、社会和企业要充分发挥运动员人力资本贬值的外在补偿机制作用，为运动员提供必要的职业技能培训机会，创造良好的就业环境，对运动员进行追加投资或二次投资，改善或提高运动员人力资本价值要素结构及其存量水平，实现运动员人力资本保值和增值。

8. 中国优秀运动员内在的自我补偿机制在应对其人力资本贬值过程中起主导作用，能有效降低运动员人力资本贬值风险。外在补偿机制由国家、社会、企事业等主体共同建立并组织实施，应对运动员人力资本贬值效率较高，能调动各方力量来共同应对运动员人力资本价值存量的

贬损。中国运动员职业生涯规划与管理体制不完善，优秀运动员职业生涯规划严重缺失，积极主动对运动员职业生涯进行科学的规划与管理，可以有效降低运动员人力资本贬值的风险，规避运动员人力资本贬值。

9. 发达国家运动员培养大多走院校化发展之路，都是以教育系统和体育系统高度的协同配合来培养青少年运动员。政府行政组织与非政府组织共同分享体育管理权力，非政府组织的体育协会、社会团体、体育俱乐部等对竞技体育的发展和运动员培养起到了巨大的促进作用。在运动员成长过程中重视运动员职业生涯的发展、规划与管理，运动员文化教育得到充分保障，运动员人力资本价值要素均衡，价值较为稳定，运动员退役后面临贬值的风险较小。发达国家完善的社会保障及救助机制，有效弥补了运动员人力资本存量的下降和贬损。

10. 针对中国优秀运动员人力资本贬值，必须要改革和完善运动员培养模式，运动员培养走院校化发展之路，着力提升运动员人力资本综合价值。要建立新型的“训、学、医、科、管”五位一体的运动队训练竞赛管理机制，促进运动员的全面发展。建立健全运动员退役保障制度，加强运动员职业指导、职业技能培训以及运动员保险制度建设。要动员全社会力量，为退役运动员提供就业机会和岗位，拓宽退役运动员就业渠道，完善和扩大运动员公益基金的建设，建立退役运动员帮扶救助机制。运动员要及时识别自身人力资本贬值风险，积极开展职业生涯规划，主动参与职业转换技能培训，实现运动员人力资本的保值和增值。

## 二、研究建议

在中国体育事业产业化、市场化的进程中因运动员人力资本贬值而导致的就业安置问题一直比较棘手，在中国体育事业发展中扮演着消极因素的角色。运动员人力资本贬值是长期以来体育界和理论界忽视的关键问题，建议学者对当前中国优秀运动员人力资本贬值及投资补偿等问题加强研究。本研究建议构建以国家立法、社会关注、运动员及各方积极行动并有所作为的联动机制，以共同解决中国优秀运动员人力资本的闲置、浪费和贬值问题，使竞技体育人力资源在践行体育强国战略目标中发挥应有作用。要改革现有的运动员培养体制，增强运动员成长过程中的综合素质,不断提高运动员人力资本价值。要深入推进中国竞技体育社会化进程,建立健全运动员职业发展保障体系,规避优秀运动员人力资本贬值风险。要进一步加强中国运动员人力资本市场建设,完善运动员人力资本产权制度,全面提升中国优秀运动员人力资本的市场价值。政府管理部门要着力解决运动员退役安置问题,加强对退役运动员的再教育、再投资以及职业技能培训,促进退役运动员人力资本价值的有效迁移和延续。运动员自身及其家庭要采取积极的措施应对可能发生的职业危机和人力资本贬值,在运动员后职业生涯中扬长避短,发挥专业优势,避免运动员人力资本价值的无谓贬损。

### 三、 研究的局限与不足

1. 人力资本包含着个体和群体两个层面的含义,本书主要侧重于从个体层面研究运动员人力资本贬值的问题,主要是基于研究调查对象所具备人力资本的特殊性以及引发人力资本贬值原因的复杂多样性考虑,在部分研究内容中也包含着对运动员人力资本贬值问题的宏观把握。但缺乏从中国优秀运动员群体层面来分析运动员人力资本贬值问题以及对中国竞技体育发展的影响,使本书的研究存在一定的局限与不足。

2. 由于研究主题界定所限,本书主要集中在中国优秀运动员运动职业生涯阶段、运动员退役到实现再就业阶段的人力资本贬值及应对策略方面的研究,没有进一步深入研究退役优秀运动员二次就业后,即运动员后职业时期的人力资本贬值问题。运动员职业的特殊性、中国优秀运动员的成长机制对于运动员的影响是终身的,因此对于运动员后职业时期的人力资本贬值也有深远的影响,由于本书篇幅有限,未能对运动员后置业时期人力资本贬值进行深入研究。

3. 面对退役运动员就业安置的棘手问题,本书在研究过程中调查与访谈的广度和深度均受到一定的限制。涉及中国优秀运动员退役安置和职业转换等敏感问题的访谈、调查恐难以达到预期的设想和目的,因此,对于退役运动员的调查限制了本书研究的深度,难以真正掌握中国退役运动员的真实想法和感受,从而使本书研究存在一些局限和遗憾。

# 附　录

## 附录A　中国优秀运动员人力资本贬值及投资补偿调查问卷

尊敬的先生/女士:

您好!

作为一名优秀运动员,您为中国体育事业的发展作出了重要贡献。本课题组现就中国优秀运动员人力资本贬值及投资补偿的相关问题向您做问卷调查,您对调查内容的如实填写,将使本课题的研究更具有价值,研究成果可为政府管理部门决策提供依据。问卷不涉及您的姓名,请在您认为合适的答案序号上画"✓"(多选题有注明),您所选的答案无对错之分,对您所做的回答我们会严格保密。谢谢您对本研究的大力支持!

国家社科基金"中国优秀运动员人力资本贬值及投资补偿研究"课题组

**一、您的基本情况**

1. 您的年龄_____,性别_____,您所从事的专项________________,您从事运动训练年限为____年,您最高的运动等级是________________。

2. 您的最高运动经历是:

(1) 国家队　(2) 省体工队　(3) 大学高水平运动队

(4) 市体工队　(5) 其他:________

3. 您所获得的最高运动成绩是:

(1) 世界比赛前十名　(2) 全国比赛前六名

(3) 省、市比赛前三名　(4) 其他:________

4. 进入专业队训练之前您户口是:

(1) 城镇户口　(2) 农村户口

5. 您所接受的文化教育程度是:

(1) 未接受过正规教育　(2) 小学　(3) 初中

(4) 高中　(5) 中专、技校、职业高中　(6) 大专

(7) 大学本科　(8) 硕士研究生　(9) 博士研究生

(10) 其他:________

## 二、您对从事运动员职业的一些看法

1. 您选择从事体育运动这个职业的主要原因是什么?(可多选)

(1) 找一条出路,改变自己命运　(2) 出名,将来挣大钱

(3) 父母及家人的安排　(4) 学校老师的安排

(5) 自己喜欢体育　(6) 想当体育明星

(7) 其他:________________

2. 您认为长期的运动训练和比赛影响您对文化知识的掌握吗?

(1) 影响很大　(2) 不太影响　(3) 不影响

3. 您认为长期的运动训练和比赛影响您对其他专业知识和技能的掌握吗?

(1) 影响很大　(2) 不太影响　(3) 不影响

4. 在多年的训练、参赛过程中,您认为自己有以下哪些付出?付出情况是:

(可多选,并在选项后面您认为合适的空格内画"✓")

| 备 选 项 | 付出最多 | 付出较多 | 付出最少 |
|---|---|---|---|
| 精力 | | | |
| 体力 | | | |
| 智力 | | | |

续表

| 备 选 项 | 付出最多 | 付出较多 | 付出最少 |
| --- | --- | --- | --- |
| 财力 | | | |
| 物力 | | | |
| 健康 | | | |
| 青春 | | | |
| 其他:________________ | | | |

5. 从事多年的运动员职业,就你的所得与付出相比,您认为:

(1) 付出多于所得　(2) 付出和所得相当　(3) 所得多于付出

6. 您对自己目前所处的状况满意吗?

(1) 非常满意　(2) 基本满意　(3) 不满意　(4) 无所谓

7. 在您多年的训练、参赛过程中,您认为自己有以下哪些损失?损失情况是:

(可多选,并在选项后面您认为合适的空格内画"✓")

| 备 选 项 | 损失最大 | 损失较大 | 损失最小 |
| --- | --- | --- | --- |
| 健康 | | | |
| 财力 | | | |
| 文化知识 | | | |
| 其他的技能学习机会 | | | |
| 其他工作机会 | | | |
| 适应社会能力 | | | |
| 青春 | | | |
| 其他:________________ | | | |

8. 与其他专业人才相比,您认为退役运动员在就业方面存在的劣势有哪些?(可多选)

(1) 文化知识水平不高　(2) 缺乏其他专业技能

(3) 社会关系面过于狭窄　　　　(4) 适应社会能力不强
(5) 电脑知识和能力有限　　　　(6) 就业缺乏竞争优势
(7) 其他:______________________

9. 您对"职业生涯规划""职业生涯管理"这两个概念的了解程度是:

(1) 非常了解　(3) 基本了解　(3) 不了解　(4) 说不清楚

10. 运动员期间,您是否对自己的职业生涯及发展进行过规划?

(1) 有过　(2) 没有　(3) 只是想过　(4) 不清楚

11. 运动员期间,您所在运动队是否对你的职业生涯及发展进行过规划?

(1) 有过　(2) 没有　(3) 不清楚

12. 对于退役的优秀运动员,您是否觉得其"综合价值"会下降?

(1) 价值下降　(2) 基本不变　(3) 说不清楚

13. 如果您认为优秀运动员退役后其价值会下降,则表现在以下哪些方面?(可多选)

(1) 社会地位下降　　　　(2) 社会影响力和知名度降低
(3) 社会关系的依存度降低　　　　(4) 创造经济价值能力降低
(5) 运动技能与技术水平下降　　　　(6) 社会竞争力降低
(7) 其他:______________________

**三、您对退役就业安置的看法**

1. 面对退役安置时,您的想法是:

(1) 等待政府安置　(2) 选择货币安置,自主就业
(3) 继续深造教育　(4) 其他:__________________

2. 退役后,您最想从事的职业是:(可多选)

(1) 教练或运动队工作人员　　　　(2) 政府部门就职
(3) 体育俱乐部指导员　　　　(4) 经商
(5) 到大学深造　　　　(6) 到企业就职
(7) 体育经纪人　　　　(8) 其他:____________

3. 面临退役安置工作时,你觉得最需要的是:(可多选)

(1) 职业技能培训 (2) 提升文化素质 (3) 提高货币安置力度

(4) 政府提供就业岗位 (5) 其他:________________

4. 作为一名为国家作出贡献的运动员,您认为国家应该对退役运动员进行就业安置吗?

(1) 应该 (2) 不应该 (3) 无所谓

5. 您认为目前国家对退役运动员就业安置工作做得好吗?

(1) 比较好 (2) 一般 (3) 不好

6. 您接受货币化安置的方式吗?

(1) 接受 (2) 不接受 (3) 无所谓

7. 您对当前退役后国家实施货币化安置的方式是否满意?

(1) 满意 (2) 不满意 (3) 无所谓

8. 您认为政府有必要设立专门的"退役运动员安置机构",帮助退役运动员解决就业吗?

(1) 有必要 (2) 没必要 (3) 无所谓

9. 您认为,退役运动员安置难的根源是:(可多选)

(1) 国家相关退役安置及保障政策不健全

(2) 退役运动员人数太多

(3) 运动员文化知识不高

(4) 运动员缺乏相关职业技能

(5) 运动员就业面、就业渠道狭窄

(6) 国家体育产业不发达

(7) 社会、企事业单位为退役运动员提供的岗位有限

(8) 其他:________________

再次感谢您的支持,如果您还有什么要补充的意见,请在以下空白处注明:

________________________________________

________________________________________

________________________________________

# 附录B 调查问卷效度专家评价表

尊敬的专家:

您好!

感谢您能在百忙之中对我的调查问卷的指导,您的宝贵意见将对本研究有着极为重要的帮助,恳请您对这份调查问卷的有效性进行评定。

您的姓名__________职称__________学历__________

研究领域__________________________________

**课题简介**

题目:中国优秀运动员人力资本贬值及投资补偿研究

人力资本贬值是知识经济时代的重要课题,长期以来中国退役的优秀运动员人力资源浪费严重,人力资本贬值普遍存在,运动员职业适应性与事业发展之间的矛盾突出,造成了退役运动员就业十分困难,特别是大批的优秀运动员退役后因其人力资本价值存量急剧贬损而导致的职业危机问题较为严重。在中国运动员人力资本形成过程中,运动员职业发展环境过于封闭,基础教育不够扎实,职业规划意识薄弱,其综合素质与社会需求之间的差距日益拉大,降低了整个运动员群体的职业效能感和就业期望值,运动员职业对比优势不断削弱,引发了运动员职业危机,社会对运动员职业的综合评价下降,这些问题势必成为制约中国竞技体育可持续发展的瓶颈。

当前中国实施由体育大国向体育强国迈进的发展战略,中国大批退役的优秀运动员是践行体育强国战略目标宝贵的人力资源。如何对中国优秀运动员职业生涯进行科学的规划与管理,化解其职业危机,减少或延缓其人力资本价值贬损,避免大量的体育类专业人力资源的浪费和闲置,使其在建设体育强国战略中发挥积极作用具有重大战略意义。研究对于退役运动员群体人力资源的开发以及运动员职业生涯的发展具有十分重要的现实意义和理论价值。

研究的主要内容：

1. 分析运动员人力资本的本质内涵以及形成投资等基础理论问题，界定“人力资本”“人力资本贬值”“运动员人力资本”“运动员人力资本贬值”等重要概念。

2. 全面分析运动员人力资本贬值的内涵、概念、表现形式、类型，以及贬值的特殊性等重要理论问题，构建运动员人力资本贬值理论体系分析框架。

3. 调查中国优秀运动员退役后就业安置和职业转换实际情况，分析优秀运动员人力资本价值存量贬损的现状及表现，探究引发中国优秀运动员人力资本贬值的主客观因素。

4. 对中国部分成功转型和职业转换不成功的优秀运动员进行对比分析，并展开与美、日等发达国家优秀运动员的比较分析，考量中国优秀运动员人力资本贬值的个体、组织以及社会等因素。

5. 构建运动员人力资本贬值风险评估的指标体系，建立中国优秀运动员人力资本贬值—补偿理论模型，探寻应对优秀运动员人力资本存量贬损的补偿机制。

6. 探寻中国优秀运动员退役后职业转换和人力资本价值转移的有效途径，提出中国优秀运动员人力资本贬值的投资补偿应对策略与政策建议。

请您在阅读问卷之后，把您的宝贵意见与建议填写在以下相应的空格。

1. 您对本问卷各项在反映调查内容方面的评价是：

非常合适（ ） 合适（ ） 基本合适（ ）

不合适（ ） 很不合适（ ）

2. 您对本问卷结构设计的评价是：

非常合适（ ） 合适（ ） 基本合适（ ）

不合适（ ） 很不合适（ ）

3. 您对本问卷整体设计的评价是：

非常合适（ ） 合适（ ） 基本合适（ ）

不合适（ ） 很不合适（ ）

您认为哪些内容需要增删或需要更改,敬请指正:

___

___

___

再次感谢您的帮助!

联系电话:

通讯地址:

2012 年 3 月

# 附录C 中国优秀运动员人力资本贬值及投资补偿研究访谈提纲

尊敬的老师：

您好！

您作为中国体育界知名的专家、学者，特别是您对中国竞技体育领域研究方面均有自己独到的理解和建树。现就本人承担的2011年国家社科基金青年项目《中国优秀运动员人力资本贬值及投资补偿研究》相关问题，诚恳地向您请教，您对本项研究当中一些问题的意见和看法将对本论文的研究价值具有很重要的指导意义，因此向您表示真诚地感谢！

**课题简介：**

人力资本贬值是知识经济时代的重要课题，长期以来中国退役的优秀运动员人力资源浪费严重，人力资本贬值普遍存在，运动员职业适应性与事业发展之间的矛盾突出，造成了退役运动员就业十分困难，特别是大批的优秀运动员退役后因其人力资本价值存量急剧贬损而导致的职业危机问题较为严重。在中国运动员人力资本形成过程中，运动员职业发展环境过于封闭，基础教育不够扎实，职业规划意识薄弱，其综合素质与社会需求之间的差距日益拉大，降低了整个运动员群体的职业效能感和就业期望值，运动员职业对比优势不断削弱，引发了运动员职业危机，社会对运动员职业的综合评价下降，这些问题势必成为制约中国竞技体育可持续发展的瓶颈。

当前中国实施由体育大国向体育强国迈进的发展战略，中国大批退役的优秀运动员是践行体育强国战略目标宝贵的人力资源。如何对中国优秀运动员职业生涯进行科学的规划与管理，化解其职业危机，减少或延缓其人力资本价值贬损，避免大量的体育类专业人力资源的浪费和闲置，对于使其在建设体育强国战略中发挥积极作用具有重大战略意义。研究对于退役运动员群体人力资源的开发以及运动员职业生涯的发展具有十分重要的现实意义和理论价值。

现就中国优秀运动员人力资本的形成、投资以及运动员人力资本贬值及投资补偿等方面的一些问题向您进行咨询和请教,谢谢!

**专家访谈提纲:**

第一部分:关于中国运动员人力资本形成及投资方面的相关话题

1. 您认为目前中国运动员培养体制哪些地方值得改进?请就中国运动员培养体制方面请您谈一下您的看法。

2. 您认为在培养中国运动员成才方面都有哪些投资主体进行了投资?

3. 对于培养中国运动员所进行投资的各个主体,请您谈谈各投资主体的投资情况和目的。

4. 您认为运动员经过长期训练、比赛所掌握的运动技能以及参赛能力是一种资本吗?请谈谈您的看法。

5. 谈谈您对于中国竞技体育"举国体制"以及专业运动员培养模式看法。

6. 请您谈谈在市场经济体制下中国运动员培养体制会有哪些方面的变化?

第二部分:关于中国运动员人力资本产权、运动员人力资本贬值及其投资补偿策略方面的相关话题

1. 您对中国运动员权益保障方面有什么看法?

2. 请您就"运动员人力资本及其产权"这个话题,谈谈您的看法。

3. 从您的角度看,您觉得中国运动员产权应该怎样界定?

4. 请您谈谈当前中国竞技体育人才资源配置方面存在的问题及改进措施。

5. 您认为目前国家对中国运动员人力资本及其产权方面的保护做得如何?

6. 就近些年中国出现的"邹春兰""艾冬梅""张尚武"等优秀运动员退役后生活陷入困境的事件,请谈谈您的看法。

7. 对于中国专业运动员的成长环境,您有哪些看法?

8. 对于中国专业体制下成长起来的优秀运动员,您觉得他(她)们身上存在哪些不足? 或存在哪些方面的问题?

9. 从您的角度看,中国退役运动员就业安置方面存在着哪些方面的问题与不足?

10. 您认为导致中国退役的优秀运动员就业难的原因有哪些?

11. 对于中国优秀运动员人力资本贬值的相关问题,您有哪些看法?

12. 您认为中国政府管理部门、社会各界以及运动员自身可以采取哪些措施来有效应对中国优秀运动员人力资本贬值问题?

# 附录D　课题研究过程中对一些退役优秀运动员的调研资料

以下是2011年全国退役优秀运动员转型教练员培训班9位退役运动员个人学习心得。

孟××　青海

2011年11月10日，我参加了由国家体育总局组织的"全国优秀退役运动员转型教练员"的培训班。首次参加这样的培训班，我从中受益很多，了解到很多很实用的训练方法和手段。

培训中心组织的活动，让我从中体会到团队合作的重要性，因为不管是个人项目还是集体项目，都需要团队的合作。

训练量大小的适量、优秀运动员的选材、运动员的损伤与恢复等新知识的接触，丰富了自己头脑，弥补了自己在这个方面的欠缺，在学习中提高，在实践中成长。

通过这次短暂的学习，让我深刻地感受到自己的理论知识的欠缺，学到了以前所没有接触和学到的很多理论知识，也结识到了不同项目的教练员，吸取经验，课余时间进行沟通。同时也认识到了理论和实践的重要性，特别认识到稳定性，协调性，核心力量训练等对运动员的重要性。

经过这样的培训班，我相信我们新教练员会很快地成长起来，为体育事业做一点贡献。

2011年12月18日

于××　前国家队网球运动员　北京

经过这一个多月的教练员培训课程，首先我要感谢国家体育总局给予我们待转型的运动员这样一个很好的学习和就业保障的机会，让我感受到总局对我们退役运动员的关心。在此也感谢所有的老师给予我的帮助，包括个人生活上的，也包括技术能力学习上的。并且在这段时间内结识到了很多很有意义并且谈得来的同学们，因为都是同行，所以非常谈得来，我们都相处得非常融洽。这次的培训对于我个人在体育教学能力，以及人际关系方面都有一个非常明显的提高，并且让我对自己未来转型教练工作的体育发展道路有一个更为明确的目标。

首先,这次培训使我们明白从运动员刚下来如何能够转型成为一名好教练,抛开专项技术不说,我们有很多很多需要学习的方面,这次的培训给予了我们全方位的指导,其中内容包括:团队合作精神的培养;青少年训练强度的掌控;体能的训练实践应用;伤病的预防以及应急处理;与人沟通的基本技巧;心理素质的养成和指导;正确面对媒体和演讲方式;等等。

其中给我印象最深的还是掌握运动员的整体状态与其心理状态是分不开的,需要我们对运动员的心理状态有一个很好的掌控,并且如何能够成为一个队员愿意与他说心里话的教练非常重要,这也是我在教学中所欠缺的部分,我会在接下来的教学中体会并加以改进。

在这次一个半月的课程中,请到的都是我们国家知名的学院教授以及著名的教练来为我们辅导,其收获也不言而喻。我也都是认真记下笔记,在未来的教学道路上尽自己在这次培训班上的所学,给予运动员正确的指导。同时我们全班的同学还建立了一个 QQ 群,为我们在今后的教学路上能够保持沟通,共同带出优秀运动员建立了很好的基础。

最后再次感谢沈老师、楼老师、蔡老师、朱老师、孙老师给予我们的帮助!

2011 年 12 月 14 日

张 × ×　路拳道

40 天的培训过程中,在中心领导的亲自督导下,全体同志通力合作,培训工作紧张有序,时间安排饱满,各处都是培训班学员、工作人员忙碌的身影。学校领导率先做主题授课,国内不同学科专家按计划接连登台授课,讲课内容包含了不同角度直射项目训练、管理等各个领域。我作为学员对本次培训的反响如下:

1. 本次培训,没有像以往那样去安排一些对于专项的讲学,而是从社会、人文、哲学这些方面来教学,给予了我很大启发。这些理论在实践中与训练有非常密切的关系。

2. 重视机构组织攻关能力,训练方向、训练重点、指导思想上的统一，重视技术训练方法，切实提高创新能力，核心是专项能力或比赛能力系统思想的把握。切忌把“不断更新对项目规律的认识与把握”变成官话、套话。规律的认识和把握是没止境的，要不断深入。我们必须走教练员与多学科专家紧密结合之路，最后形成科技为向导的训练体系，获得训练最优化组合。

3. 不仅教练员要创新，同时提出要保护学生的探索精神、创新思维。

4. 运动技能的表现从本体感觉到通过神经反馈进一步完善人体动作表现认知模型，体会到肌肉的用力，运动训练是技术性含量很高的，深感到掌握此知识的重要性。

本次培训采用了前所未有的大强度、高密度的教学手段。学员们反响最大的是国家体育总局北京体育大学王卫星教授的“核心力量与运动训练”，每位专家的授课都给学员留下了深刻印象且受益匪浅，我们只是随机将几个教练的体会中的重点片段摘录汇报，我们几乎可以从每个学员的体会中发现一个或多个亮点，这里不一一列举，无论是专家的授课还是教练的体会都是增强我们业务干部的“体能”的营养。

在听课之余，大家进行了热烈的讨论，逐渐统一了这样一种认识训练竞赛方面，没有新思路、新方法和新举措，如果我们不积极求变、改革和创新，什么都是空的。所以，大家应该迅速把思想统一到齐心协力、埋头苦干、大胆创新、实现突破的轨道上来。只要我们能坚定这次所学习到的知识，敢于在训练中不断解剖和否定自己，同时敢于大胆进行实践创新，不断提高训练质量，我们就一定能实现我们的突破目标。

2011 年 12 月 14 日

陈×× 激流回旋皮划艇 湖北

为提高自身的运动专业技能，促使在工作中进一步更新观念、与时俱进，理清思路。2011 年 11 月 10 日至 12 月 21 日，我们在浙江萧山进行了一次为期 40 多天的优秀退役运动员转型教练员的学习。这是我第一次参加这类培训，坐在教室里，我立刻感受到自己充满了对知识的渴望。老师们的授课内容主要是围绕如何使我们成为新一代优秀教练员而开展的，我从中受益匪浅。

首先,要感谢国家体育总局人力中心和浙江体育职业技术学院给予我这个学习的平台,其次,要感谢湖北省体育局及水上中心领导给予我这次学习的机会。没有你们的关怀和支持我也不能学到这么多书本上都没有的运动竞技知识。现我担任湖北激流队二线主管教练,从事教练工作以来一直都有着老一套的训练模式,什么样的教练带出什么样的队员,甚至连受伤的部位都一样,这样的训练模式是无法再进一步提高竞技水平,这种恶性循环一直困惑着我们前进的步伐,也是一个队伍发展的主要障碍。通过这次学习,我对运动训练新的理念有了很大的认识,老师教会我们如何去思考问题,面对困难,解决问题。比如如何去防止专项上的运动损伤,如何凝聚整个队伍的团队合作能力,包括核心力量上最新的理念知识等。这对于我们教练员来说是非常重要的学习目的,让我们在从教的道路上少走弯路,甚至错路。通过这次培训学习,使我耳目一新,深深地认识到自己的传统训练观念已跟不时代的发展。要想跟上新世纪的训练步伐,就要首先转变传统的训练观念,树立正确的训练观,再就是要不断地接受新的理念。回去后我们可以直接在平时的工作能力上加以改进和巩固,让我们的队员学得更多,练到更多,走得更快、更远!

我希望我能经常参加这样的学习班,不仅给予我学习充电的机会,也给予我们多项竞技项目教练员相互交流相互学习的平台。

2010 年 12 月 14 日

陆×× 女子举重 国家运动健将 湖北

40 天的培训学习一晃就要接近尾声了。在这一段培训时间里我只能用“受益匪浅”这 4 个字来形容。让我们体育人更加充分地认识来自全国体育界各项目的同学们。感谢国家体育总局人力中心浙江体育职鉴站和浙江体育职业技术学院领导大力支持,为我们提供了这次很好的学习机会。老师们的博文广识、生动讲解、精彩案例无不在我的脑海里留下了深刻的印象,我只恨自己才疏学浅、文笔糟糕,不能够将所有的感触都通过文字表达于纸上。但是我还是绞尽脑汁,以祈求能将培训完后心中所想所获能表达出来。

通过这次学习使我更加了解了各体育项目在青少年的培养上的共

性。与对比我们少年时代的盲目。教会了我们将来在培养高水平后备人才先进性。这次培训学习,使我更加深入认识了体育的本质、体育的意义。让我们以后对各自的本职工作多了更大的激情。培训期间还专门来给我们培训礼仪与团队的知识。在这次课上,我学到了应该如何发挥自己的智慧,处理好与他人的关系,如何让自己以后的一言一行更加具有素质以及快速融入团队。让自己在为人处事方面慢慢走向成熟与稳重。学习是可贵的,培训是精彩的。通过这次可贵而精彩的培训学习,我们向优秀教练更进了一步。感叹与憧憬之余,我想我们只有靠自己的聪明与才智、努力去建设好各自的队伍,为我们的项目更好的发展贡献自己微薄的力量,来回报关心与支持我们的人。

2011 年 12 月 20 日

孙×× 前国家男子柔道队队员 安徽

**教练员的主导作用——学习心得**

2011 年退役运动员转型为教练员培训班于 2011 年 11 月 10 日在浙江体院举行,作为一名教练员能够有幸参加本次学习是局领导对我的信任,且本次授课的几位老师都是国内一线金牌教练和优秀的专业课老师。为此,我倍加珍惜这次学习的机会!

听了国家短道速滑杨扬老师的讲课,我深刻地感受到教练主导作用的重要性。她提出:因人施教,教与练相结合,少课时,多课次,大强度,大密度!教练与运动员要完美的磨合,才有可能取胜!新一代的教练员要对训练有新的思路,对外界的理论,理念,手段,方法都要根据自己的专项有选择地去借鉴。善于取舍,善于辩定!

现结合自己的专项特点我得到如下结论:因项目的特性,运动员年龄大小不一,教练员首先要因人施教,对训练量和训练强度的把控,安排训练量和训练强度要张弛有度,循序渐进(训练量:整体的运动量;训练强度:套路动作的难度)。教练员要求运动员要专心,全身心地投入到训练中去,要求其对强度和难度适应。还要把控好训练内容和训练项目之间的关系,注重训练专项力量和个人力量的比例(而且要注重加强对抗肌群的力量练习,从而运动员不容易受伤)。积极地利用有效的资源(如按摩、桑拿等),合理的搭配膳食营养可促进训练后的恢复(特别是大赛前的精神恢复,可以采取在深山里的封闭式训练,那里的氧离子高,安静,没有人为的干扰)。另外,比赛时对于每次的比赛地点、环境、时差、压力等都会不一样,所以教练就要经常的贴近实战,模拟比赛。防伤防病是每个教练员时时刻刻必须注意的。

运动员如何在竞赛中发挥最佳成绩和教练员的现场把控有密切的关系。教练员在赛前要适当的安排训练强度,避免运动员过度疲劳或运动量不到位,在完成大运动量,高强度训练后使疲劳堆积;详细的制定预案,使其保持适度的神经中枢系统的兴奋性,现场如出现情况要会灵机运用,还要提前了解赛场的器械,后场配套设施,这些对运动员的现场发挥都会起很大的作用。

关于人体力量的训练,老师指出,13～16 岁的青少年儿童是发展力量的最好时期,我们可以利用这段时期,合理地安排力量训练,调动其力量的增长点。对肌群的刺激,激发新的肌群,神经系统也可以得到刺激。神经、强度的刺激对爆发力的增长是必不可少的。安排力量训练课时,应以大肌肉群力量发展优先于小肌肉群。主动肌与对抗肌都应当相应发展。上下肢的力量必须要同步。其他的小肌肉群也要配套发展。肌肉力量训练到一定程度时,其恢复时间至少需要 36～48 小时。营养的及时补充会加速训练后的恢复。

运动生涯使我深知,没有教练合理的整体安排与人文关怀,是不可能有我今天的进步,在此我深深地感谢这么多年来对我关心与帮助的领导和教练。

2011 年 12 月 18 日

王× 全国举重冠军 安徽

2011 年 10 月 10 日至 12 月 22 日,在局领导的大力支持与殷切关注下,我有幸赶赴杭州市萧山区,参加了退役运动员转型教练员的培训班。紧张而又忙碌的学习使我受益匪浅,开阔视野的同时也丰富了我的教学训练经验,为今后的教学训练工作提供了极大的帮助与启示。以下是我在本次培训中的几点心得体会:

1. 培训班概况和我参加培训的情况

本次教练员培训班,培训班领导老师邀请了国内知名教授老师给我们授课。主要培训内容包括:课程训练、励志教育、习题练习、实战分析、教练员今后的发展概况、交流学习等。我参加了"如何在本地区发展举重的研讨会"座谈交流会。

2. 参加培训学习的体会

从学习以来,在短短的几十天里我感到通过这次宝贵的学习机会,我在思想觉悟和业务技术素养方面得到了较大的提高。

不断更新观点理念、优化思维方式、完善知识结构、丰富方法手段,真正做到与时俱进是当好举重教练员的保证。通过学习和培训,我深深地感受到,社会在发展,时代在进步。当今社会信息化爆炸的特性要求我们必须学习、学习、再学习。只有不断吸收新的知识,不断完善自我,才能做好本职工作。我们的知识结构需要符合新时代的要求,我们必须不断通过培训、沟通、交流等各种方法进行学习提高,才能具备完成工作任务的能力和水平,才能真正当好举重教练员。只有当好学习员,才能当好举重教练员。我认为,一个好举重运动员不一定能当好举重教练员,但一个好举重教练员必须首先是好举重运动员。那么,好举重教练员的标准是什么呢? 我认为主要有以下几点:必须具有吃苦耐劳的奉献精神和强烈的事业心与责任感、必须具有集体荣誉感、必须具备主动学习的积极性。

总之,我特别感谢本次培训班的领导、老师和工作人员,给我们带来了这样好的学习机会!

2011 年 12 月 12 日

周×× 女子摔跤 国际运动健将 湖北

全国退役运动员转型教练员培训班学习即将结束,这次学习有很多有意义的课程与内容,使我全面地了解到一名优秀教练员应该所具备的理念及知识。

从一开始杨扬老师给我们讲运动员的职业探索课程,让我对体育事业感到更加的自信及自豪;李豪杰教授的运动伤病防护与处理课程,让我学习到更好地去培养保护运动员;刘洋博士的心理技能与心理技能训练让我学习到针对运动员在积极、兴奋、消极等各种不同的情绪下的训练沟通与方式；戴亚娟教授一系列的活动课让我了解到了一些新鲜的事物，培养人主动思考和设计，锻炼了教练员的组织指导能力，使枯燥无味的知识点变得生动有趣；王卫星教授核心力量训练课，让我们了解到科学的训练方法，以及有效的力量训练；陈忠南教授的体育应用写作课程，让我体会到另一种脑力劳动，学习到作为一名教练员应该有的基本的文化素质运用；何欣老师的演讲与口才课程，让我们更加懂得：会说话，得天下；相由心生，生来口之门户！口才也是一个优秀教练员必不可少的学习；黎鹰老师的体育保健课学习到对身体机能的基本了解。还有在户外的班队拓展活动，不仅放松了我们大家的身心，还增强了学员们之间的友谊。感受到，良好的心态，有效的沟通是拓展活动精华的展现。体会到活动能激发每个人的潜在能力、提升个人的素质，熔炼团队合作精神，等等。

为期一个多月的培训学习，让我受益匪浅。我深切地认识到为了更好地胜任教育教学工作，教练员必须不断地全面提高自身素质和现代教育观念，要有好的道德品质、学识修养。教练员应该是有智慧的人，要以饱满的热情带好每一节课，还要增强教学艺术的感染力，使学生接受教练情感与情绪的表达，接受教育者人格魅力的影响。

我将学以致用，将我所学习和体会到的成果充分运用到我的工作中去。

2011 年 12 月 18 日

刘×× 射击 湖北

11 月 10 日至 12 月 22 日，我有幸参加了浙江省职业技术学院退役运动员转型教练员的培训。培训期间我总结了三点：

1. 拓宽了视野，开阔了眼界。

这次学习聆听了国家体育总局人力中心主任关于退役运动员下队后的安置、培训的讲话。了解了运动员走向社会时面对各种心理上不同的问题，从迷失自己，再到克服困难，走向各个不同的岗位所付出的艰辛。所有运动员身上都有常人所比不了的、也是成功者必须具备的素质——吃苦耐劳的精神。老师们知识渊博、理念精深，在各自的研究领域都有独到的分析和精辟的见解，他们精彩的讲解不时闪烁出智慧的火花，使我的思维理念不断地受到新的冲击，从而进一步理清了思想认识上的误区，解开了许多工作、学习、生活中的迷茫和疑惑，大大地拓宽了视野，开阔了眼界。正所谓：聆听的是智者的声音，感悟的是知识的力量。从理论课《体育科学研究方法》到实践课《协调能力训练》，有机地结合在一起，让我们在学习的过程中自己有了体验，学习才真正有了意义。

2. 沟通。

沟通，就是人与人之间的相互了解、相互理解，就是消除误会、化解矛盾、摒弃隔阂，就是密切关系、求得谅解、增进感情、达成共识。在历次活动体验课上，作为体育工作教育者，加强团队内部管理，需要与成员沟通，良好的沟通，能够使团队成员理解管理意图，能够激发大家的参与感和热情，能够引导团队成员朝着共同的目标团结一致，发奋努力。

3. 提高了认识，完善了自身。

在学习中提高，在实践中成长，这是我这次学习重要心得体会之一。通过学习，我感到应从以下两个方面提高和完善自己。一是要注重提高理论修养。养成有计划、有规律地学习理论知识的习惯，而且体现在教学成效上形成自己独特的观点。因此，以后要在教学上更进一步加强，不断提高自身理论水平，在学习中提高、在实践中成长。二是要注重积累实践经验。要勇于实践、不断探索，善于总结，注重积累，注意收集、总结、提炼成功的经验，以提高自己的教学工作水平。

2010 年 12 月 14 日

以下是本研究调研过程中中国优秀运动员在填写调查问卷时就“再次感谢您的支持，如果您还有什么要补充的意见，请在以下空白注明：________________”的一些内心留言，现摘录部分如下，为表达出能体现运动员真实的想法，除了一些病句和错别字，对留言没有做过多的修饰。

希望政府要重视退役运动员安置，让他们体面安定地过好余生。

在训工资太少，待遇不高，希望涨工资。

工资太低，待遇太差。

希望高度重视退役运动员的就业问题，提高货币安置力度。

希望国家政府部门能够重视退役运动员的工作安置。

望经过调查后，能对运动员退役安置及保障有所改变。

提升运动员待遇，政府领导要重视起来。

希望提高专业技能培训，货币安置要力度大，政府重视安排就业。

运动员工资太低，不平衡。

给予更多的机会给予退役运动员职业技能培训。

奖金激励制度太不近(尽)人意，运动员工资太少，普遍让人缺乏上进心。

运动员伤病处理不够到位，工资低(重竞技项目)。

针对运动成绩一般的运动员，达不到国家安置就业水平而选择货币安置、自主就业的运动员，因(应)提高目前的货币安置力度。

运动员玩的是青春，无私的奉献，青春不在，一无所有，有的只是一身的伤病，望政府重视退役安置！

个人认为不可能做到所有人都满意的事情，但如果大家80%都满意也很重要，退役后的运动员很多就像垃圾被扔在大街上，只有自己的专业技能，现在很多世界冠军都在卖艺乞讨。

举国体制，有利有弊，目前中国的运动员都是从小开始专业训练，出了成绩还好，出不了成绩，国家没有相关政策支持的话很难生存，毕竟只有极少数才能出成绩，而有成绩的运动员退役后安置问题基本不大。所以提高运动员待遇和退役安置费，才不会导致压力过大。

中国运动员的社会地位不高，普遍被认为是“头脑简单、四肢发达”。如果国家能在运动员退役期间安排时间进行职业培训或允许其进行第二职业兼职，或许可以避免运动员退役后年龄大、职业技能不足等问题，就业岗位要提前安置、提前适应、赶在退役之前就着手安置。

# 参考文献

[ 1 ] 李万来:《从人力资本理论看运动员的经济价值》,《体育文化导刊》,2005 年第 3 期。

[ 2 ] 邱红武:《市场经济下我国专业运动员人力资本投资分析》,《北京体育大学学报》,2011 年第 2 期。

[ 3 ] Gary Becker. Investment in Human Capital:A Theoretical Analysis. *The Journal of Political Economy*,1962.

[ 4 ] Roomer P. Increasing Returns and Long-Run Growth. *Journal of Monetary Economics*, 1986,94(5).

[ 5 ] Lucas R. On the Mechanics of Economic Development. *Journal of Monetary Economics*, 1988, 22.

[ 6 ] 黄维德,郗静:《人力资本贬值研究评介》,《外国经济与管理》,2009 年第 12 期。

[ 7 ] 唐晓云:《人力资本的正常贬值和非正常贬值》,《中国中小企业》,1998 年第 4 期。

[ 8 ] 张亚莉,杨乃定:《论企业人力资本贬值风险》,《科研管理》,2000 年第 4 期。

[ 9 ] 周源:《人力资本:贬值与增值》,《人才开发》,2003 年第 3 期。

[ 10 ] 韩利红:《人力资本贬值及投资补偿策略》,《江淮论坛》,2005 年第 3 期。

[ 11 ] 张杰,马斌:《论人力资本贬值的方式、成因及防范》,《岭南学刊》,2005 年第 2 期。

[12] 张学英:《人力资本存量贬损研究》,《开放导报》,2008 年第 5 期。
[13] 李晓风:《企业技术型人力资本贬值风险研究》,《价值工程》,2009 年第 2 期。
[14] 武秀波,李艳清:《我国运动员人力资本形成与收益分配的特殊性》,《沈阳师范大学学报》,2006 年第 2 期。
[15] 李红英,岳龙华:《竞技运动员人力资本产权界定与“困境”的破解》,《山东体育学院学报》,2006 年第 4 期。
[16] 范存生:《基于“双产权”视角的奥运冠军产权边界与机制研究》,《武汉体育学院学报》,2007 年第 3 期。
[17] 吴晓阳:《不同运动技能职业运动员人力资本价值测度模式的探讨》,《体育科学》,2006 年第 11 期。
[18] [英]约翰·伊特韦尔,等:《新帕尔格雷夫经济学大辞典(第二卷)》,经济科学出版社,1992 年,由舍温·罗森(Sherwin Rosen)撰写的词条 Human Capital(人力资本)。
[19] [英]亚当·斯密:《国民财富的性质和原因的研究》,郭大力,王亚南译,商务印书馆,1974 年。
[20] [英]马歇尔:《经济学原理(上卷)》,朱志泰译,商务印书馆,1964 年。
[21] 周坤:《论人力资本的特征及其价值实现》,《中国科技论坛》,1997 年第 3 期。
[22] 丁栋虹:《从人力资本到异质型人力资本》,《生产力研究》,1999 年第 3 期。
[23] 李建民:《人力资本通论》,上海三联书店,1998 年。
[24] 王建民:《人力资本生产制度研究》,经济科学出版社,2001 年。
[25] 吴震棚,韩文秀:《人力资本概念的扩展》,《天津大学学报(社会科学版)》,2004 年第 4 期。
[26] 柯武刚,史漫飞:《制度经济学》,商务印书馆,2000 年。
[27] 程承坪:《对人力资本概念的新认识》,《江西财经大学学报》,2001 年第 5 期。

[28] [美]西奥多·舒尔茨:《论人力资本投资》,吴珠华,等译,北京经济学院出版社,1990年。

[29] 周其仁:《市场里的企业:一个人力资本与非人力资本的特别合约》,《经济研究》,1996年第6期。

[30] 段兴民:《中国人力资本定价研究》,西安交通大学出版社,2005年。

[31] 张文贤:《人力资本》,四川人民出版社,2008年。

[32] [德]马克思,恩格斯:《马克思恩格斯全集》,人民出版社,1980年。

[33] 詹建强:《信息时代下的人力资本贬值研究》,中国人民大学博士学位论文,2003年。

[34] Moreh J. Human Capital:Deterioration and Net Investment. *Review of Income & Wealth*, 1973,19。

[35] Rosen S. Measuring the Obsolescence of Knowledge. In Thomas Juster (ED.). *Education*, *Income and Human Behavior*. National Bureau of Economic Research,1975.

[36] Neuman S, Weiss A. On the Effects of Schooling Vintage on Experience Earnings Profiles: Theory and Evidence. *European Economic Review*, 1995,5.

[37] 李宝元:《人力资源本运营——新经济时代企业经营战略与制胜方略》,企业管理出版社,2001年。

[38] 张杰,马斌:《论人力资本贬值的方式、成因及防范》,《岭南学刊》,2005年第2期。

[39] 靳卫茹:《技术性人力资本贬值的成因及风险防范研究》,《商业经济》,2012年第1期。

[40] 曾湘泉:《劳动经济学》,中国劳动社会保障出版社,2005年。

[41] 李永胜:《关于社会系统复杂性的哲学思考》,《系统科学学报》,2006年第2期。

[42] 田麦久:《运动训练学》,人民体育出版社,2000年。

[43] 刘平,张贵敏:《论我国运动员人力资本研究的当代价值》,《沈阳

体育学院学报》,2007 年第 1 期。

[ 44 ] 何世权:《论我国运动员人力资本的形成和特征》,《北京体育大学学报》,2004 年第 8 期。

[ 45 ] 杨年松:《职业体育人力资本所有权性质特点与政策建议》,《体育学刊》,2005 年第 1 期。

[ 46 ] 董伦红:《论竞技运动员人力资本与产权价值》,《武汉体育学院学报》,2007 年第 10 期。

[ 47 ] 田麦久:《论运动训练过程》,四川体育出版社,1988 年。

[ 48 ] 冯子标:《人力资本运营论》,经济科学出版社,2000 年。

[ 49 ] 肖兴政,彭礼坤:《人力资本论》,西南交通大学出版社,2006 年。

[ 50 ] 何世权:《论我国运动员人力资本的形成和特征》,《体育大学学报》,2004 年第 8 期。

[ 51 ] 王武年:《我国运动员人力资本形成与投资研究》,《首都体育学院学报》,2012 年第 5 期。

[ 52 ] 苏雄,曹春宇:《“邹春兰式”悲剧的社会学审视》,《体育文化导刊》,2006 年。

[ 53 ] 钟秉枢:《社会转型期我国竞技体育后备人才培养及其可持续发展》,北京体育大学出版社,2003 年。

[ 54 ] 何炼成:《社会主义劳动新论》,科学出版社,2005 年。

[ 55 ] 张保华:《现代体育经济学》,中山大学出版社,2004 年。

[ 56 ] 李艳翎:《经济体制转轨时期中国竞技体育运行的研究》,北京体育大学博士学位论文,2000 年。

[ 57 ] 杨越:《市场经济体制下中国竞体育经济发展研究》,中国社会科学院博士学位论文,2003 年。

[ 58 ] 李元伟,鲍明晓,任海,等:《关于进一步完善我国竞技体育举国体制的研究》,《中国体育科技》,2003 年第 8 期。

[ 59 ] 钟秉枢:《成绩资本和地位获得——我国优秀运动员群体社会流动的研究》,北京体育大学出版社,1998 年。

[ 60 ] 宋继新:《竞技教育学》,人民体育出版社,2003 年。

[61] [德]马克思:《资本论》,曾令先,卞彬,金永译,华夏出版社,2006年。
[62] 刘树成:《现代经济学词典》,江苏人民出版社,2005年。
[63] 武秀波:《我国运动员人力资本形成与收益分配的特殊性》,《沈阳师范大学学报》,2006年第2期。
[64] 武秀波:《我国运动员人力资本投资风险及其规避》,《沈阳体育学院学报》,2006年第3期。
[65] [美]西奥多·舒尔茨:《论人力资本投资》,吴珠华,等译,北京经济学院出版社,1990年。
[66] 朱必祥:《人力资本理论与方法》,中国经济出版社,2005年。
[67] 国家体育总局人事司:《全国体育系统人才状况调研数据研究成果汇编》,2007年。
[68] 程杰:《我国优秀运动员人力资本投资与收益研究》,《国家体育总局社会科学研究项目》(52ss06084),2006年。
[69] 邱晓德:《世界体育用品品牌十项指标分析与我国实施名牌战略的对策研究》,《成都体育学院学报》,2003年第1期。
[70] 袁永清:《我国优秀运动员保障政策研究》,北京体育大学博士学位论文,2008年。
[71] 俞继英:《国竞技体育后备人才培养现状与出路》,《2001年全国体育发展战略研讨会专题报告汇编》,2001年。
[72] 叶乔波:《退役运动员生存与发展理论实践研究》,中共中央党校博士学位论文,2007年。
[73] 华宇:《发挥保险社会管理职能,发展运动员保险——桑兰诉讼事件引起的反思》,《中国保险报》,2011年7月1日。
[74] 卢元镇:《中国竞技体育现行管理体制的制度性代价》,《体育学刊》,2010年第3期。
[75] 袁永清:《我国优秀运动员保障政策研究》,北京体育大学博士学位论文,2008年。
[76] 田麦久,李斗魁,张蓉芳,等:《我国优秀运动员退役安置情况及改

进对策》,《北京体育学院学报》,1993 年第 1 期。
[77] 国家体育总局人事司:《全国体育体育系统人才状况调研数据研究成果汇编》,2007 年。
[78] 张锐铧:《运动员职业生涯规划与管理研究》,北京体育大学博士学位论文,2007 年。
[79] 刘峥:《我国退役运动员安置制度变迁研究》,西南师范大学硕士学位论文,2008 年。
[80] 国家体委政策研究室:《体育运动文件汇编(1949—1981)》,人民体育出版社,1982 年。
[81] 李琳瑞:《退役运动员安置政策的演进研究》,《北京体育大学学报》,2011 年第 2 期。
[82] 陈林祥:《我国优秀运动员退役安置的现状及对策研究》,《体育科学》,2004 年第 5 期。
[83] 李卫红:《我国中部地区退役运动员就业安置现状与对策研究》,武汉体育学院硕士学位论文,2007 年。
[84] 陈进良:《河南省退役运动员安置工作调查与研究》,《武汉体育学院学报》,2010 年第 7 期。
[85] 钟莉莉,孙晋海,张显军:《退役运动员再就业状况调查研究——以山东省为例》,《北京体育大学学报》,2012 年。
[86] 刘国涛:《福建省运动员退役就业的现状分析与对策研究》,福建师范大学硕士学位论文,2005 年。
[87] 马国祥:《上海市退役运动员就业安置现状调查研究》,上海体育学院硕士学位论文,2010 年。
[88] 闫静:《江苏省退役运动员再就业现状分析与对策研究》,扬州大学硕士学位论文,2009 年。
[89] 叶星理:《浙江省优秀运动员退役后就业安置的研究》,扬州体育学院硕士学位论文,2009 年。
[90] 郑继全:《辽宁省 2001—2009 年退役运动员就业安置方式探析》,西南大学硕士学位论文,2010 年。

[91] 于萍:《我国退役运动员就业安置现状与对策研究——以吉林省为例》,北京体育大学硕士学位论文,2010年。
[92] 李家喜:《青海省退役运动员再就业分析与对策研究》,青海师范大学硕士学位论文,2010年。
[93] 卢元镇:《中国竞技体育现行管理体制的制度性代价》,《体育学刊》,2010年第3期。
[94] 关培兰,刘学元:《论人力资本市场的有效性及其构建》,《江汉论坛》,2000年第7期。
[95] 王武年,千少文:《我国专业运动员人力资本产权现状及归因分析——基于案例研究》,《武汉体育学院学报》,2010年第11期。
[96] 刘汉辉,李磊:《人力资本充值——一种新的人力资本及投资理念》,《生产力研究》,2007年第14期。
[97] [美]雅各布·明塞尔:《人力资本研究》,张凤林译,中国经济出版社,2001年。
[98] 韩利红:《人力资本贬值及投资补偿策略》,《江淮论坛》,2005年第3期。
[99] 王艳:《人力资本投资风险及其规避问题研究》,西南财经大学硕士学位论文,2003年。
[100] 张亚莉,杨乃定:《论企业人力资本贬值风险》,《科研管理》,2000年第4期。
[101] 周文霞:《职业生涯管理》,复旦大学出版社,2005年。
[102] 张莹:《如何进行职业生涯规划与管理》,北京大学出版社,2004年。
[103] 刘方琳,张力为:《运动员心理疲劳的定性探索》,《体育科学》,2004年第11期。
[104] 于晓光:《加强"体教结合"改进和完善竞技体育举国体制》,《2009年全国体育发展战略研讨会论文集》,北京体育大学出版社,2010年。
[105] 李欣:《运动心理咨询师工作绩效评价研究》,华中师范大学硕士

学位论文,2009 年。

[106] 刘江南:《四轮齐驱——竞技体育由大做强的创新模式》,《2009 年全国体育发展战略研讨会论文集》,北京体育大学出版社,2010 年。

[107] 聂振亭,王玲玲:《探析我国优秀运动员退役安置问题》,《山西师大体育学院学报》,2008 年。

[108] 马敏:《公益金为运动员保障埋单,体彩巨额资金出面解忧》,《中国体育报》,2007 年 12 月 20 日。

[109] 潘书波:《改革开放前后 30 年我国运动员职业化培养的研究》,《2009 年全国体育发展战略研讨会论文集》,北京体育大学出版社,2010 年。

[110] 蒋志华:《从法律视角对退役运动员社会保障机制的研究》,《湖北体育科技》,2009 年第 7 期。

[111] 陈太彬:《我国退役运动员潜人才资源开发的研究》,《科技信息》,2008 年第 5 期。

[112] 王进:《从过程理论观点探索我国运动员的退役——社会支持与退役教育的构想》,《体育科学》,2006 年第 8 期。

[113] Peltpas A, Danish S, McKelvain R, et al. A Career Assistance Program for Elite Athletes. *Journal of Counseling Development*, 1992, 70.

[114] 龙丽群:《专业运动员职业生涯管理——完成“体育人”向“社会人”的成功转型》,华东理工大学出版社,2010 年。

[115] 张晓琳:《中美竞技体育管理体制与运行机制的比较研究》,北京体育大学博士学位论文,2011 年。

[116] 凌平:《中美高校大学生体育运动竞赛管理体制的比较》,《体育与科学》,2001 年第 5 期。

[117] 王波:《中美高等学校高水平运动队外部领导和内部管理体制的比较研究》,《西安体育学院学报》,1997 年第 7 期。

[118] 池建:《竞技体育发展之路——走进美国》,人民体育出版社,2009 年。

[119] 池建:《美国大学竞技体育管理体系的研究》,北京体育大学博士学位论文,2003 年。
[120] 潘前:《美国奥运优势项目青少年竞赛体制主要特点研究》,《福建体育科技》,2009 年。
[121] 潘前:《美国青少年篮球竞赛体制主要特点初探——以得克萨斯州高中篮球联赛为例》,《体育科学研究》,2010 年第 1 期。
[122] 贾佩丰:《世界体育强国优秀运动员培养模式研究》,吉林大学硕士学位论文,2009 年。
[123] 郑久华,张淑华:《中美竞技运动员培养模式的比较研究》,《邢台学院学报》,2007 年第 6 期。
[124] 张友韬:《世界大奖辞典》,北京奥林匹克出版社,1992 年。
[125] 李晒晒:《中国竞技体育奖励制度研究》,上海体育学院硕士学位论文,2010 年。
[126] 李强:《运动员职业生涯规划的发展研究》,《体育与科学》,2010 年第 1 期。
[127] 黄志剑:《优秀运动员的职业变迁与人生发展》,北京体育大学出版社,2006 年。
[128] 王英峰:《英国体育管理体系组织研究》,北京体育大学博士学位论文,2011 年。
[129] 汤际澜:《英国公共服务改革和体育政策变迁》,《南京体育学院学报》,2010 年第 4 期。
[130] 张天白:英国竞技体育的调研与思考》,《体育文化导刊》,2004 年第 8 期。
[131] [英]伊恩·亨利:《英国和欧洲大众体育哲学思想的变迁》,徐通译,《体育学刊》,2007 年第 12 期。
[132] 蒋志学:《英国运动员文化教育及就业计划》,《体育文化导刊》,2005 年第 9 期。
[133] 王英峰:《英国体育管理体系组织研究》,北京体育大学博士学位论文,2011 年。

[134] 丁涛:《对英国体育发展状况的考察与调研》,《北京体育大学学报》,2005 年第 11 期。
[135] David Clark. *ABC Australian Sports Almanac*. Hardie Grant Publishing,2001.
[136] 孙永亭:《澳大利亚优秀运动员培养模式研究》,上海体育学院硕士学位论文,2010 年。
[137] 王庆伟:《澳大利亚高水平运动员培养体制调查研究》,《体育科学》,2004 年第 1 期。
[138] 潘志琛,郭荣,于洪臣,等:《对英、法、德、澳四国竞技体育管理体制的考察与调研》,《中国体育科技》,2004 年第 6 期。
[139] 周爱光:《战后日本竞技体育与大众体育的走向》,《体育文化导刊》,2003 年第 12 期。
[140] 高娅:《当代日本武术太极拳竞赛体制的形成和演变——以太极拳竞赛为主的考察(1980—2002)》,《体育科学研究》,2004 年第 3 期。
[141] 李莹:《国外运动员商业活动管理模式特征、成因及其对我国的启示》,《沈阳体育学院学报》,2009 年第 10 期。
[142] 刘青:《政府体育事业职能界定》,电子科技大学出版社,2004 年。
[143] 曲国洋:《日本竞技体育体制研究》,北京体育大学博士学位论文,2011 年。
[144] 刘志敏:《中日竞技体育的兴衰与两国运动训练体制的比较》,《体育与科学》,2002 年第 3 期。
[145] 国家体委体育文史工作委员会,中国体育史学会:《中国古代体育史汇编》,北京体育学院出版社,1990 年。
[146] 朱凯:《中国体育确立新航向——从体育大国向体育强国迈进》,《人民日报(海外版)》,2009 年 1 月 27 日。
[147] 严德一:《山东省竞技体育后备人才资源现状与开发》,《中国体育教练员》,2005 年第 1 期。
[148] 刘建,于善旭:《运动员人力资本投资风险及其分析的理论框架》,

《沈阳体育学院学报》,2008 年第 5 期。

[149] 李宝禄,肖建忠:《退役运动员职业转换培训课程模式研究》,《广州体育学院学报》,2010 年第 4 期。

[150] 刘建:《我国退役运动员再就业资本的获得及资本性功能分析》,《中国体育科技》,2012 年第 1 期。

[151] Mincer, Jand Ofek H. Interrupted Work Careeres: Depreciation and Restoration of Human Capital. *Journal of Human Resources*, 1982.

[152] Lance Lochner. Education, Work, and Crime: A Human Capital Approach. *International Economic Review*, 2004,45.

[153] Moller, Joachim. A Labor Market Model with Hysteresis Implications. *Empirical Economics*, 1990,15.

[154] Roy J. Shephard. Aging and Productivity: Some Physiological Issues. *International Journal of Industrial Ergonomics*, 2000,25.

[155] Yoram Ben-Porath. The Production of Human Capital and the Life Cycle of Earnings. *The Journal of Political Economy*, 1967,75.

[156] 李晓风:《企业技术型人力资本贬值风险研究》,《价值工程》,2009 年第 2 期。

[157] 张学英,周东丽:《人力资本存量贬损研究》,《开放导报》,2008 年第 5 期。

[158] 韩利红:《人力资本贬值及投资补偿策略》,《江淮论坛》,2005 年第 3 期。

[159] 钟秉枢:《成绩资本与地位获得》,北京体育大学出版社,1998 年。

[160] 张贵敏:《我国运动员成绩的产权界定》,《体育科学》,2000 年第 3 期。

[161] 何世权:《论我国运动员人力资本的形成和特征》,《北京体育大学学报》,2004 年第 8 期。

[162] 梁晓龙,鲍明晓,张林:《我国竞技体育举国体制的内涵及历史发展》,《体育科研》,2005 年第 6 期。

[163] 靳英华:《运动员为何遭遇再就业难题》,《法律与生活》,2006 年第

21 期。

[164] 林显鹏,虞重干:《我国体育产业发展现状及对策研究》,《体育科学》,2006 年第 2 期。

[165] 关北光:《论体育在追加人力资本投资中的意义》,《吉林体育学院学报》,2007 年第 3 期。

[166] 武秀波:《下岗失业职工人力资本贬值的经济学分析》,《辽宁行政学院学报》,2004 年第 3 期。

[167] 易剑东:《当代中国体育奖励体系的形成与发展》,《山东体育学院学报》,1996 年第 4 期。

[168] 田麦久:《2020 年我国竞技运动水平发展目标定位及实现策略》,《体育科学》,2002 年第 3 期。

# 后　记

近几年来，中国运动员人力资本相关问题成为体育理论界的研究热点，国内许多学者都从不同的视角对该领域进行了深入的探索和研究。本书拓展运用人力资本理论，以中国运动员人力资本贬值的崭新视角为切入点，针对普遍存在的中国优秀运动员人力资本贬值的问题，展开对中国优秀运动员人力资本贬值及投资补偿问题的深入分析和研究。经过近两年的调研访谈，苦苦思索、秉烛熬夜并结合专家意见反复字斟句酌地修改，最终完成了本次研究任务，撰写完成了300多页配有41张表、18张图、约30万字的研究报告，期间的艰辛和困顿是别人无法感知和体会的。但是，如没有他人的帮助，课题的研究任务是无法顺利完成的。

本书撰写过程中得到了国家体育总局有关部门、江苏省体育局、北京体育大学、武汉体育学院、南京体育学院等单位的大力支持和帮助。相关专家、学者和领导对本研究给予了高度的关注和大力支持，并提出了许多宝贵意见。在此向接受研究访谈、问卷调查的专家、领导、教练员、运动员等致以衷心的感谢！同时也感谢所有参与本课题立项、鉴定、评审的各位领导、专家和学者！

感谢武汉体育学院前任院长杨鹏飞教授和苏州大学校长助理王家宏教授对课题开展研究给予的支持！感谢国家体育总局人事司刘成亮处长为研究提供重要的资料和数据！感谢程一军、吴艳萍、陈静、吴国清、于亚军等老师对研究付出的心血和努力！感谢江苏大学体育部的领导为课题研究提供的必要条件保障和给予的大力支持！

本书研究过程中参考了大量的国内外资料，引用了一些专家学者的文献和数据，因限于篇幅，未能一一注明，在此向著作者深表谢忱！本书虽已完成，但我们深感由于时间和水平所限，在科研探索之路上所提出的一些观点未必成熟，还有许多问题需要进一步深入研究和探讨，研究存有不足和错误之处也在所难免，敬请广大的专家、学者和读者朋友批评指正。

作　者

2013 年 10 月